中国社会科学院创新工程学术出版资助项目

中国社会科学院国情调研丛书
CASS Series of National Conditions Investigation & Research

吉林省经济高质量发展研究2022

Research on High-Quality Economic Development in Jilin Province 2022

李海舰 著

中国社会科学出版社

图书在版编目（CIP）数据

吉林省经济高质量发展研究.2022／李海舰著.—北京：中国社会科学出版社，2022.8

（中国社会科学院国情调研丛书）

ISBN 978−7−5227−0541−5

Ⅰ.①吉… Ⅱ.①李… Ⅲ.①区域经济发展—研究—吉林—2022 Ⅳ.①F127.34

中国版本图书馆 CIP 数据核字（2022）第 129009 号

出 版 人	赵剑英
责任编辑	黄 晗
责任校对	周 昊
责任印制	王 超

出	版	中国社会科学出版社
社	址	北京鼓楼西大街甲 158 号
邮	编	100720
网	址	http://www.csspw.cn
发 行 部		010−84083685
门 市 部		010−84029450
经	销	新华书店及其他书店
印	刷	北京明恒达印务有限公司
装	订	廊坊市广阳区广增装订厂
版	次	2022 年 8 月第 1 版
印	次	2022 年 8 月第 1 次印刷
开	本	710×1000 1/16
印	张	17
插	页	2
字	数	275 千字
定	价	89.00 元

凡购买中国社会科学出版社图书，如有质量问题请与本社营销中心联系调换
电话：010−84083683
版权所有　侵权必究

编选委员会

主　任　　李培林
副主任　　马　援
成　员　　（按姓氏笔画为序）
　　　　　王　岚　王子豪　王延中　邓纯东　李　平
　　　　　陆建德　陈　甦　陈光金　张　平　张车伟
　　　　　张宇燕　高培勇　黄群慧　潘家华　魏后凯

目　　录

前　言 ·· （1）

理 论 篇

第一章　高质量发展的理论基础和内涵特征 ······················· （3）
　一　高质量发展的理论基础 ·· （3）
　二　高质量发展的核心内涵 ·· （10）
　三　高质量发展的主要特征 ·· （15）
　四　高质量发展的理论创新 ·· （17）

第二章　国内外高质量发展指数研究综述 ······················· （24）
　一　高质量发展的定义与内涵 ··· （24）
　二　国外高质量发展相关指标体系 ··································· （26）
　三　国内高质量发展评价指标体系梳理 ····························· （28）

专 题 篇

**第三章　吉林省坚持新发展理念推动区域高质量发展的
　　　　　典型实践** ·· （35）
　一　吉林省区域经济创新发展状况 ··································· （36）
　二　吉林省区域经济协调发展状况 ··································· （40）

  三　吉林省区域经济绿色发展状况 …………………………………（44）
  四　吉林省区域经济开放发展状况 …………………………………（46）
  五　吉林省区域经济共享发展状况 …………………………………（51）
  六　吉林省区域经济高质量发展的经验 ……………………………（54）

第四章　吉林省经济高质量发展指数分析 ……………………………（56）
  一　省域经济高质量发展评价指标体系构建 ………………………（56）
  二　吉林省经济高质量发展指数的省际比较分析 …………………（66）

产 业 篇

第五章　吉林省工业（制造业）高质量发展研究 ……………………（79）
  一　吉林省工业发展概述 ……………………………………………（79）
  二　吉林省各地级市工业发展概况 …………………………………（84）
  三　吉林省重点行业高质量发展概况 ………………………………（89）
  四　环长春四辽吉松工业走廊高质量发展概况 ……………………（95）
  五　吉林省工业高质量发展存在的问题及政策建议 ………………（97）

第六章　吉林省畜牧业高质量发展研究
    ——以肉牛养殖为例 …………………………………………（100）
  一　发展背景 …………………………………………………………（100）
  二　突出矛盾 …………………………………………………………（102）
  三　从肉牛养殖到农牧业高质量发展 ………………………………（105）
  四　相关政策建议 ……………………………………………………（111）

第七章　吉林省冰雪经济高质量发展研究 ……………………………（114）
  一　吉林省冰雪产业发展现状 ………………………………………（115）
  二　吉林省大力发展冰雪经济的现实意义 …………………………（119）
  三　典型省份在冰雪产业链各环节的竞争力比较 …………………（122）
  四　国内外代表性冰雪旅游项目的开发与运营 ……………………（126）
  五　吉林省冰雪经济高质量发展面临的困难及存在的问题 ………（129）

六　对策建议 ……………………………………………………（132）

企 业 篇

第八章　中国一汽推动高质量发展实践 ……………………………（137）
　一　一汽高质量发展概况 …………………………………………（137）
　二　一汽推动高质量发展的经验 …………………………………（140）

园区和地区篇

第九章　长春净月高新技术产业开发区高质量发展路径探究 ……（155）
　一　净月高新区概况 ………………………………………………（155）
　二　净月高新区高质量发展的政策措施与成就 …………………（158）
　三　净月高新区高质量发展路径、目标及存在短板 ……………（165）
　四　对策建议 ………………………………………………………（169）

第十章　坚持生态保护和生态旅游发展相得益彰
　　　　——松原市推动高质量发展的实践探索 ………………（171）
　一　松原市经济社会发展概况 ……………………………………（172）
　二　松原市推动经济高质量发展的优劣势与挑战 ………………（174）
　三　松原市推动生态保护与生态经济发展相得益彰的主要
　　　实践与成效 ……………………………………………………（180）
　四　培育网红经济：利用数字技术发展新生态经济的探索 ……（188）
　五　关于推动松原市经济高质量发展的思考和简要讨论 ………（189）

第十一章　粮食主产区农业高质量发展面临的挑战和思考
　　　　——以农安县为例 ………………………………………（192）
　一　农安县及其农业发展概况 ……………………………………（193）
　二　农安县推动农业高质量发展实践的典型经验 ………………（195）
　三　农安县以农产品深加工推动农业高质量发展面临的挑战 …（199）
　四　农产品深加工驱动农业高质量发展的机理和路径 …………（204）

五 促进粮食主产区农业高质量发展的现实思考与
对策建议 ……………………………………………（208）

政 策 篇

**第十二章 吉林省实现经济高质量发展的优劣势与面临的
挑战分析** …………………………………………（217）
 一 吉林省经济发展现状 ……………………………（217）
 二 吉林省实现经济高质量发展的主要优势 ………（220）
 三 吉林省推动经济高质量发展存在的主要劣势和问题 ………（227）
 四 吉林省实现经济高质量发展面临的挑战 ………（232）

第十三章 加快吉林省经济高质量发展的政策建议 ………（236）
 一 依托吉林省主导和特色产业打造产业链优势 ……（236）
 二 打造良好营商环境，培育壮大战略新兴和特色产业 ……（241）
 三 凝聚创新优势资源，实现创新驱动发展 ………（243）
 四 突破区域发展屏障，畅通双循环通道 …………（246）

参考文献 ……………………………………………………（249）

前　言

调查研究是我党的优良传统，党的正确的理论、路线、方针和决策都是在广泛调查研究的基础上产生的。习近平总书记提出，"广大科技工作者要把论文写在祖国的大地上，把科技成果应用在实现现代化的伟大事业中"。这一要求同样适用于我们社会科学工作者。开展国情调研就是对国情、民情、党情进行调查研究，是落实习近平总书记重要指示的具体实践。

根据中国社会科学院和吉林省人民政府签署的协议和相关安排，由中国社会科学院数量经济与技术经济研究所对接吉林省社会科学院，具体负责吉林省基地工作，为期五年。中国社会科学院国情调研都是紧密围绕中央治国理政的重大理论和现实问题，围绕社会大众关注的热点问题和关心的难点问题来开展。东北地区是中国重要的农业基地和工业基地，在"维护国家国防安全、粮食安全、生态安全、能源安全、产业安全"中具有十分重要的战略地位，东北振兴发展"关乎国家发展大局"。党中央高度重视东北地区振兴发展。自2004年中央开始提出东北振兴战略以来，东北振兴取得了明显成效，但开启中国特色社会主义现代化新征程，东北地区发展也面临一些困难。吉林省在东北三省中处于中心位置，在推动东北振兴中有很多很好的措施，取得了很多宝贵经验，但可能也存在不少挑战。选取吉林省作为典型地区，调研东北振兴发展实践，总结取得的成效和经验，分析面临的挑战和存在的问题，对我们立足当代，认清社会主义初级阶段的基本国情，准确把握东北振兴发展的新形势、新任务，对于帮助我们捕捉前瞻性、战略性的重大研究课题，把握中央精神，紧紧围绕中心、服务大局，尤其是提高助力东北全面振兴全方位振兴的决策服务能力，都具有重要现实意义。

党的十九大报告明确指出，"我国经济已由高速增长阶段转向高质量发展阶段"。以深化供给侧结构性改革为主线，坚定不移推动高质量发展，是中国特色社会主义和中国经济进入新时代后，遵循基本经济发展规律、适应中国社会主要矛盾变化的必然要求，也是在新发展阶段坚持贯彻新发展理念的根本体现，是建设现代化经济体系，推动经济发展质量变革、效率变革和动力变革的必经之路，对构建全面建设社会主义现代化强国的坚强物质基础具有极为重要的战略作用。2020年7月，习近平总书记在吉林省考察调研时强调，"要坚持用新发展理念深入实施东北振兴战略"，要在"走出一条质量更高、效益更好、结构更优、优势充分释放的发展新路上实现新突破"。走高质量发展道路是新时代东北全面振兴的必然选择。

有鉴于此，我们将调研主题设计为"东北振兴背景下的吉林省高质量发展"。对于第一年的调研工作和调研报告，调研组试图通过调研，分析在新发展阶段下，按照新发展理念，吉林省经济高质量发展实践及面临的老难题和新挑战，全方位了解吉林省经济发展现状，为今后开展进一步的深入调研奠定基础。为此，中国社会科学院数量经济与技术经济研究所和吉林省社会科学院合作，组成联合调研组，在长春市召开了有吉林省相关厅局等参加的吉林省高质量发展座谈会，听取各方面情况介绍，并在此基础上分别深入长春市和松原市的相关园区、企业和县（区、市）进行了走访调研。

本书即是吉林省基地国情调研的初步成果之一。调研工作由我和吉林省社会科学院院长王颖领导统筹开展，书中报告虽然是由数量经济与技术经济研究所的同事分别执笔完成，但离不开王颖院长、吉林省社会科学院其他各位领导和同事的支持，也非常感谢参加座谈会的吉林省相关厅局领导，感谢调研过程中给予支持的长春市和松原市相关部门、园区和企业领导，以及接受调研的相关部门和单位。本书是合作的集体成果。

国情调研知易行难。调研虽然力图全方位分析展现吉林省高质量发展实践的立体图像，但我的同事们多数没有在吉林省生活和工作的经历，对吉林省了解不深，调研时间和获取的信息总是有限的，只能选取不同问题和若干典型结合各自感受与经验进行分析，难免挂一漏万，甚至可能出现盲人摸象的情形，内容和观点也不一定非常准确，恳请读者批评指正。另外，书中报告由不同研究人员完成。为了尊重不同研究者的劳动，也是有利于从不同视角展现吉林省推动经济高质量发展实践，我们在后期编辑加工过程中，尽可能保持不同报告的原貌，只做了一些技术上和内容上的必要调整，因此全书在部分资料的使用和观点上难免存在一定的重复交叉或不一致的情况，敬请读者理解。

全书各章报告撰稿人如下：

第一章：胡安俊、唐瑜、李涵

第二章：赵奇锋

第三章：赵奇锋

第四章：王宏伟

第五章：张慧慧

第六章：万相昱

第七章：冯烽

第八章：胡洁

第九章：朱兰

第十章：彭绪庶、张宙材

第十一章：杜爽

第十二章：彭绪庶、张宙材

第十三章：郑世林

李海舰

2022 年 2 月

理 论 篇

第 一 章

高质量发展的理论基础和内涵特征

习近平总书记在党的十九大报告中指出:"我国经济已由高速增长阶段转向高质量发展阶段,正处在转变发展方式、优化经济结构、转换增长动力的攻关期,建设现代化经济体系是跨越关口的迫切要求和我国发展的战略目标。"中国社会主要矛盾已转化为人民日益增长的美好生活需要与不平衡不充分的发展之间的矛盾,高质量发展体现了对中国发展实践与客观发展规律的理解和把握,成为中国发展思路与政策实施的根本要求[①]。

一 高质量发展的理论基础

回顾经济学与管理学的经典理论,总结中国特色社会主义建设的伟大实践,高质量发展具有非常深刻的理论基础,具体包括:新发展理念、需求层次理论、结构转变理论、创新驱动理论、人力资本理论和供给侧结构性改革(见图1-1)。

(一) 新发展理念

2015年10月在党的十八届五中全会上,习近平总书记提出了创新、协调、绿色、开放、共享的新发展理念,坚持以提高发展质量和效益为中心,实现更高质量、更有效率、更加公平、更可持续的发展。由此,以新发展理念引领高质量发展成为中国破解经济发展难题、开创经济新局面的必然要求。新发展理念是中国经济发展方向目标和方式动力在思维层面的

---

① 高培勇:《经济高质量发展理论大纲》,人民出版社2020年版。

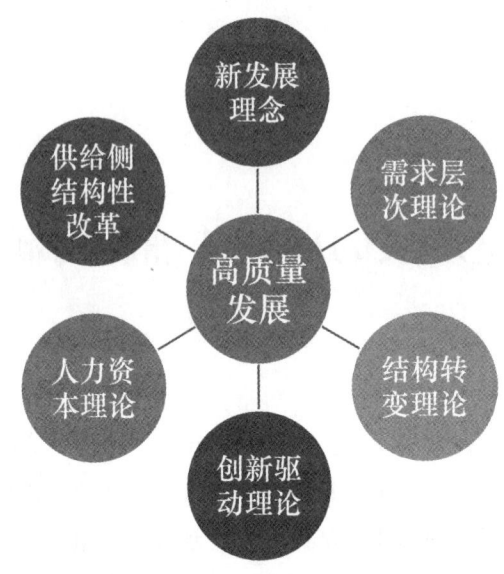

图1-1　高质量发展的理论基础

转变,是针对中国现阶段发展问题的创新理念。作为中国现代化建设的指导原则,新发展理念是一场发展理念的革命①;坚持问题导向,聚焦突出问题和明显短板,回应人民群众的诉求和期盼,是新发展理念提出的基本方法,也是新发展理念创新的基本立场②。契合于新发展理念,实现高质量发展就是要推动以满足人民日益增长的美好生活需要为目标的高效率、公平和绿色可持续发展③。对应于高质量发展的动力、特点、形态、路径、目的,新发展理念给出创新、协调、绿色、开放、共享的思维指导,概括性地刻画了高质量发展的宏大蓝图。在新发展理念的指引和贯彻中,创新成为第一动力、协调成为内生特点、绿色成为普遍形态、开放成为必由之路、共享成为根本目的,高质量发展的主要逻辑与核心要求得到逐步明确。综上所述,新发展理念下的高质量发展就是要以解决现阶段中国社会主要矛盾为中心,在依靠创新推动发展动力转换的过程中促进城乡区

---

① 李猛:《新发展理念:全面建成社会主义现代化强国的方法论创新》,《江苏社会科学》2021年第5期。
② 顾海良:《新发展理念与当代中国马克思主义经济学的意蕴》,《中国高校社会科学》2016年第1期。
③ 张军扩等:《高质量发展的目标要求和战略路径》,《管理世界》2019年第7期。

域、社会经济的协调发展，充分利用内外联动的发展机制、充分重视人与自然的和谐共生，通过现代化经济体系的建设实现发展质量与发展效益的明显提升。

（二）需求层次理论

需求层次理论由马斯洛在 1943 年首次提出，刻画了个体需求从基础向高级延伸扩展的路径，给需求变化规律以理论可循[1]。其所阐释的人类生理需求、安全需求、社交需求、尊重需求和自我实现需求对应于马克思主义实现人的自由而全面的发展的目标[2]，其需求层次的不断满足也契合于全面建成小康社会的要求[3]。落实到现阶段新常态下的中国经济发展，在投资与出口放缓、主观实际的需求饱和与财富约束下，需要把握人民对美好生活的需求变化规律，从主观与客观两方面、基本与高级多层次着手提升整体需求空间。因而，马斯洛需求层次理论也成为当下引领高质量发展目标方向的一个参照系。伴随中国乡村振兴战略的实施、精准扶贫的开展与全面小康社会的建成，中国人民的生理需求和安全需求得到极大满足，对美好生活的向往也更加强烈；以马斯洛需求层次理论为导引，如何进一步满足广大人民的社交需求、尊重需求和自我实现需求成为高质量发展迫切需要关注的重要目标。生产劳动与消费休闲构成了人民日常生活的两大方面。以社交需求、尊重需求和自我实现需求为参照，在生产劳动方面，需要更公平的劳动机会、更适度的劳动强度、更全面的劳动保障，从为温饱而劳作到为幸福而奋斗；在消费休闲方面，需要更舒适的生活环境、更健康的生活方式、更丰富的生活服务，从为生产而休息到为生活而休闲。沿此方向目标，高质量发展注重统筹劳动过程与最终消费、平衡经济效率与社会效益，把握人民的多样化需求与根本利益，着力推进社会经济的发展与主要矛盾的解决。

---

[1] Abraham Harold Maslow, "A Theory of Human Motivation", *Psychological Review*, Vol. 50, No. 1, 1943.

[2] 马克思、恩格斯:《共产党宣言》，中央编译出版社 2005 年版。

[3] 李克强:《全面建成小康社会新的目标要求》，《人民日报》2015 年 11 月 6 日第 3 版。

(三）结构转变理论

结构转变理论最早在李斯特的《政治经济学的国民体系》一书中得到关注，通过对国民经济部门变迁与国家经济发展关系的阐述，说明经济发展的过程也是结构变迁的过程①。把握国家发展的历史规律，中国经济从高速增长到高质量发展的转变必然也伴随着商品服务、要素投入等诸多方面结构的转变。从结构转变的视角看中国经济高质量发展，一方面是商品服务的需求结构变化，经济新常态下需求结构的变化在以消费率、投资率和净出口率直接影响产业结构的同时，通过鲍莫尔效应和恩格尔效应在消费和投资渠道上的相对大小间接促进产业结构转型②，以多层次市场需求引致企业创新③；另一方面则是要素投入的生产结构变化，宏观经济结构与效率变动一致是中国经济保持长期高速增长的原因之一④，向高质量发展的迈进需要生产结构的相应调整，发挥现阶段结构转变对全要素生产率的促进作用⑤，以全要素生产率的提高和产业结构优化的促进提升经济竞争力⑥。充分考虑经济发展中的结构变迁、把握住经济运行中的供需两端，结构转变理论重点挖掘了形塑中国经济高质量发展的突破路径。基于此，由需求、产业和要素投入结构转变所带动的城乡结构、区域结构、分配结构和组织结构变迁又对高质量发展提出了要求；从供需两端结构转变推动高质量发展不能忽视要素组合与消费实现的诸多中间环节。由此，需要统筹城乡发展，建设城乡经济社会一体化的发展格局；推动区域协调发展，建立多层次区域空间结构并实现区域间的良性互动与协同发展；完善

---

① ［德］弗里德里希·李斯特：《政治经济学的国民体系》，陈万煦译，商务印书馆 2009 年版。
② 颜色、郭凯明、杭静：《需求结构变迁、产业结构转型和生产率提高》，《经济研究》2018 年第 12 期。
③ 钱学锋、刘钊、陈清目：《多层次市场需求对制造业企业创新的影响研究》，《经济学动态》2021 年第 5 期。
④ 李帮喜等：《生产结构、收入分配与宏观效率——一个马克思主义政治经济学的分析框架与经验研究》，《经济研究》2019 年第 3 期。
⑤ 刘志彪、凌永辉：《结构转换、全要素生产率与高质量发展》，《管理世界》2020 年第 7 期。
⑥ 张海军、岳华：《科技创新投入、金融发展与经济增长——基于门槛模型的实证分析》，《贵州社会科学》2019 年第 3 期。

收入分配制度，在处理好一次分配和二次分配关系的基础上提倡三次分配促进共同富裕；加快组织适应调整，减小结构转变中政商关系与央地博弈的摩擦与阻碍。在高质量发展中，结构转变既是过程，也是结果；既提供了重点突破路径，也提出了多方具体要求，需要强调对结构转变的适应与引领。

（四）创新驱动理论

创新驱动发展的思想最早可追溯到马克思在《资本论》中对自然科学在技术进步中作用的论述①，熊彼特在《经济发展理论》中对创新概念进行了系统探讨②，波特在《国家竞争优势》中从国家竞争的视角出发，正式将创新驱动作为国家的一个发展阶段③。党的十八大以来，伴随创新驱动发展战略的实施，一方面，中国在全球的创新地位不断提升，进入创新型国家行列④；另一方面，科技创新对经济发展的驱动成效初现，主要表现为全要素生产率在制造业高新部门的贡献率提升⑤，但创新驱动高质量发展的主要逻辑和具体机制还有待探讨。基于中国经济增长新旧动能转换，创新驱动理论强调了技术进步对经济发展的根本性作用，主要通过创新因素的整合突破资源要素瓶颈、带动传统产业转型升级。从动能转换的视角看创新驱动下的高质量发展，经济增长动能转换的内在路径基于创新对经济发展驱动的门槛效应⑥，高质量发展阶段更依赖于创新驱动对资源要素瓶颈的突破，且创新驱动力量也能得到更好的发挥；从科技创新与整体推进的视角看高质量发展中的创新驱动，科技创新通过提高全要素生产率、驱动产品服务高质量供给、提升社会消费结构水平、推动经济结构转型升级、促进资源利用和环境改善以及增强社会公平的保障力量以支持高

---

① 《资本论》，人民出版社 2004 年版。
② [美] 约瑟夫·熊彼特：《经济发展理论》，何畏、易家祥译，商务印书馆 1990 年版。
③ [美] 迈克尔·波特：《国家竞争优势》，李明轩、邱如美译，华夏出版社 2002 年版。
④ 根据世界知识产权组织（WIPO）发布的《2020 年全球创新指数报告》，中国在 131 个经济体的年度创新排名中居第 14 位，从 2013 年的第 35 名逐年攀升至前 15 名。
⑤ 对 1978—2018 年中国工业生产率的测算表明，高新制造业部门的全要素增长贡献度约为 30%，超过资本投入（李展，2021）。
⑥ 陶长琪、彭永樟：《从要素驱动到创新驱动：制度质量视角下的经济增长动力转换与路径选择》，《数量经济技术经济研究》2018 年第 7 期。

质量发展①。可见，创新驱动理论把握住了实现高质量发展的动力机制，强调在动能转换过程中以创新技术牵引高质量发展的各个环节。在国家创新体系中进一步考察这一动力牵引的具体过程，创新体系致力于对创新竞争的激励和对社会整体创新能力的发展②，创新驱动在从技术引进、模仿到自主创新的创新体系演进中逐渐获得力量，经由从外生到内生的过程，以促进人才培养、突破要素瓶颈和推动产业升级嵌入高质量发展；以创新驱动高质量发展就需要注重国家创新体系，通过改善创新基础环境支持科研探索、发展新型举国体制攻坚关键技术、完善产学研合作机制推广创新成果，促进创新能力的提升与创新应用的实现。

（五）人力资本理论

人力资本理论从 Schultz（1961）开始得到系统阐释和重点关注，在解释国民收入增长与国民资源增长之间的缺口中逐渐被视为社会经济增长的源泉③。人口转变是经济体跨越中等收入陷阱时发生的普遍现象，也是中国经济高质量发展阶段所面临的基本特征④；基于人口转变的历史背景，劳动力在数量和质量方面逐渐发生长期趋势的改变。作为支撑经济发展的基本要素，劳动力在数量投入、劳动强度与人力资本积累方面的变化都将通过不同机制和渠道改变经济发展方式。处于高质量发展阶段的中国经济同时存在人口转变长期趋势的交叠，物质资本自身积累能力有限、对全要素生产率的促进乏力，劳动力数量面临限制、供需结构出现矛盾，更需要侧重于人力资本的积累，通过企业家的成长和劳动力素质技能的提高实现人力资本替代、引领要素配置和组织⑤。重视人力资本积累、从劳动力质量提升方面挖掘高质量发展的源泉，以劳动力的高质量支撑产业经济

---

① 孙祁祥、周新发：《科技创新与经济高质量发展》，《北京大学学报》（哲学社会科学版）2020年第3期。
② 封凯栋：《百年变局中的国家创新系统》，《中国科技论坛》2021年第6期。
③ Theodore W. Schultz, "Investment in Human Capital", *The American Economic Review*, Vol. 51, No. 1, 1961.
④ 郭凯明、颜色、李双洺：《结构转型、生育率选择与人口转变》，《世界经济》2021年第1期。
⑤ 洪银兴：《再论产业化创新：科技创新和产业创新的衔接》，《经济理论与经济管理》2016年第9期。

创新发展的高质量，是人力资本理论在高质量发展应用领域的主要创见。发展中国家对发达国家的经济追赶背后蕴含着人力资本的追赶与一般演进规律①，现阶段中国迈向高质量发展也需要人力资本的不断积累与合理配置，一方面是人力资本结构的梯度升级、高层次人才的长期培育；另一方面则是人才部门间配置的激励矫正、人力资本创造性的挖掘发挥。由此，只有关注人力资本的总量和结构问题、引导人才的基础积累和配置优化，才能够真正释放人力资本在长期人口转变与持续科创研发中对高质量发展的支撑作用。

（六）供给侧结构性改革

在 2015 年中央财经领导小组会议上，习近平总书记提出要加强供给侧结构性改革，并在当年中央经济工作会议上明确推进供给侧结构性改革的关键是"去产能、去库存、去杠杆、降成本、补短板"，把推进供给侧结构性改革作为适应和引领经济发展新常态的重大创新和必然要求。经过初步探索实践，2018 年中央经济工作会议强调把"巩固、增强、提升、畅通"这八字方针作为当前和今后一个时期深化供给侧结构性改革、推动经济高质量发展总的要求，供给侧结构性改革与高质量发展得到了密切结合。从主要目标来看，供给侧结构性改革旨在释放企业活力、提高全要素生产率并解决有效供给②，抓住支撑高质量发展的微观主体、保证高质量发展的源头活水；从整体任务来看，供给侧结构性改革在短期通过"三去一降一补"实现经济结构的调整、在长期落实新发展理念以转变经济发展方式③，着手解决影响高质量发展的短期风险、突出高质量发展要素机制的长期培育；从实践路径来看，供给侧结构性改革在产业转型、要素创新、制度改革这三个层面推进④，破除制约高质量发展的要素扭曲

---

① 高培勇（2020）利用 Barro-Lee 教育数据库进行了劳动年龄人口各级受教育平均年限的跨国比较，发现规律性趋势，即初级和中级教育劳动者占比发生下降的拐点也是经济体实现增长跨越的关键节点。

② 洪银兴：《准确认识供给侧结构性改革的目标和任务》，《中国工业经济》2016 年第 6 期。

③ 胡鞍钢、周绍杰、任皓：《供给侧结构性改革——适应和引领中国经济新常态》，《清华大学学报》（哲学社会科学版）2016 年第 2 期。

④ 冯志峰：《供给侧结构性改革的理论逻辑与实践路径》，《经济问题》2016 年第 2 期。

与体制障碍。由此，作为经济发展的主线，供给侧结构性改革在适应和引领经济新常态中为高质量发展提供了可行方案，成为新时代中国推动高质量发展的治本良方。中国经济要实现高质量发展，必须解决结构转变的主要矛盾，解决这一主要矛盾则必须抓住供给侧这一主要方面。在中国经济发展的结构矛盾中，针对过剩产能、污染产能和落后产能，在供给侧通过提高质检准入标准、技术改造与产业的国际转移，进行淘汰和化解；针对房地产较高的无效库存，在供给侧通过土地供应把控、市场监管整改与信贷政策调节，渐次消化、去除；针对企业金融债务的高杠杆，在供给侧通过改革投融资体制、精准帮扶企业解套债务链条，于发展中顺势而为；针对企业经营的高成本，在供给侧通过为企业减税降费、构建亲—清新型政商关系、创造良好营商环境，致力于社会负担和制度摩擦的下降；针对市场供给的短板，在供给侧通过创新体系的演进、市场秩序的规范、市场机制的完善，着力优化产品结构和提升供给质量。

二　高质量发展的核心内涵

党的十九大报告指出，我国经济已由高速增长阶段转向高质量发展阶段，高质量发展是解决中国经济长期发展的关键因素，也是中华民族实现伟大复兴的必由之路。高质量发展的目标是解决改革开放四十多年来发展中存在问题的根本方法。为了解决中国近年来发展所积累的问题，提出了创新、绿色、协调、开放、共享的新发展理念，贯彻落实新发展理念是转换增长动能、稳定增长速度、提升发展水平和人民生活水平的关键所在。

（一）实施创新驱动发展战略，提升原始创新能力

改革开放以来，中国的经济发展主要依赖于地方政府"竞争锦标赛"激励机制[1]和价格机制。在此作用下，劳动力和资源环境在发展水平不足的情况下其优势逐步得到释放。近年来，随着国内国际形势的新变化，国

---

[1] 张五常：《中国的经济制度》，中信出版社2009年版。

内的城乡二元经济体制逐步解体，人口红利逐步消失①，低成本优势逐渐下降，潜在增长率有所下降②。同时，海外对国内低附加值产品的需求趋近饱和，特别是近两年来，逆全球化不断加剧，原有的循环模式受到重大挑战，必须转为国内国际双循环模式。这些导致中国的原有增长动能受到重大冲击，必须寻求经济增长新动能以促进发展③。另外，中国在尖端技术领域面临着许多"卡脖子"难题，在逆全球化和单边主义的背景下，这一问题尤为突出。高科技产品具有高附加值、绿色等特点，特别是有利于改善中国现在的科技状况，因此必须坚定不移地发展。如今，创新已经成为中国经济增长的重要动能之一，在科技创新领域，必须要贯彻深化科技体制改革，加大科技领域的投入和政策支持，优化创新生态系统；强化创新市场导向，建立产学研合作新机制；加强知识产权创造和保护，融入全球创新网络④。必须提高中国的原始创新能力，提高中国产业的附加值，提升中国的竞争力。

（二）提升发展效率，注重发展公平

中国在过去的经济快速发展过程中，虽然经济发展速度很快，人民生活水平迅速提升，但由此带来的是发展不平衡，特别是区域和城乡间的发展不平衡问题尤为突出。由于历史原因，在新中国成立初期，为了让农业为工业快速发展提供资本积累，实现快速的工业化，形成了城乡分割的体制，在资源有限的条件下，资源配置偏向城市。改革开放后，政府放弃了重工业优先的发展战略，代之以比较优势战略，城乡二元体制逐步解放⑤。然而，在户籍制度等因素的制约下，生产要素的不完全流动使得低收入地区不可能获得较好的投资机会，最终产生"马太效应"，加速了资源流出速

---

① 许经勇：《刘易斯二元经济结构理论与我国现实》，《吉首大学学报》（社会科学版）2012年第1期。

② 孙金山、李钢、汪勇：《中国潜在增长率的估算：人力资本变化的视角》，《中国人口·资源与环境》2021年第7期。

③ 曲玥：《制造业劳动生产率变动及其源泉——基于中国2000—2007年规模以上制造业企业数据的估算》，《经济理论与经济管理》2010年第12期。

④ 丁涛、胡汉辉：《创新驱动经济高质量发展分析——以中美贸易战为背景》，《技术经济与管理研究》2019年第12期。

⑤ 张海鹏：《中国城乡关系演变70年：从分割到融合》，《中国农村经济》2019年第3期。

度，导致资源逐步向城市集中，区域发展的不平衡性逐步加深，伴随而来的则是中国收入差距的逐步扩大。2020年中国基尼系数为0.465，虽有所降低，但仍处在高位。同时，城乡差距依然较大。巩固脱贫成果、全面建成小康社会、实现全面小康和共同富裕，必须进一步注重发展的公平性，注重收入的再分配和第三次分配，在效率中兼顾公平，使得发展惠及全体国民。

（三）维系生态平衡，实现人与自然和谐共生

长久以来，为了提高中国人民的生活质量，中国的发展重心一直在经济建设方面，对于生态保护则有所不足[①]。没有充分认识到发展与生态环境保护的关系，部分民营企业缺乏环境意识，环保管理水平低，且管理的环保理念主要局限于污染防治论，且在一定程度上让位经济发展，当经济发展和环境保护有冲突和矛盾时，在短期利益面前往往会选择经济发展作为主要方向，没有重视生态环境的重要性[②]。近年来，随着国内人民生活水平的提高、环境意识的加强和国际对气候变化等全人类共同面对的问题的重视，雾霾、气候变化等生态环境问题日渐成为人民关注的热点，极端天气及空气质量问题已经成为人民日益关注的重要民生问题。2005年8月，时任浙江省委书记习近平同志在浙江安吉余村考察时，提出"绿水青山就是金山银山"理念；2006年第六次全国环境保护会议提出了"三个转变"[③]，调整了经济发展和生态环境保护的关系；党的十九大报告指出坚持人与自然和谐共生的观点。环境保护在经济发展中占据越发重要的地位，每年国家环境保护财政支出逐步提升，除2020年财政支出相对较少，但总体占比持续保持稳定（见图1-2）。同时，国际社会对气候变化问题日益关注，中国也适时地提出了2030年前碳达峰、2060年前实现碳

[①] 尹艳秀、庞昌伟：《中国共产党生态文明建设百年探索的演进逻辑》，《青海社会科学》2021年第4期。

[②] 张小筠、刘戒骄：《新中国70年环境规制政策变迁与取向观察》，《改革》2019年第10期。

[③] 加快实现从重经济增长、轻环境保护向保护环境与经济增长并重转变，从环境保护滞后于经济发展向环境保护与经济发展同步转变，从主要用行政办法向综合运用法律、经济、技术和必要的行政办法解决环境问题转变。

中和的宏伟目标。无论是作为大国担当，还是为了实现可持续发展的代际公平，维系生态环境都必须秉持"绿水青山就是金山银山"的观点，推进生态文明建设有序开展，将发展和保护协同推进，实现人与自然的和谐共生。

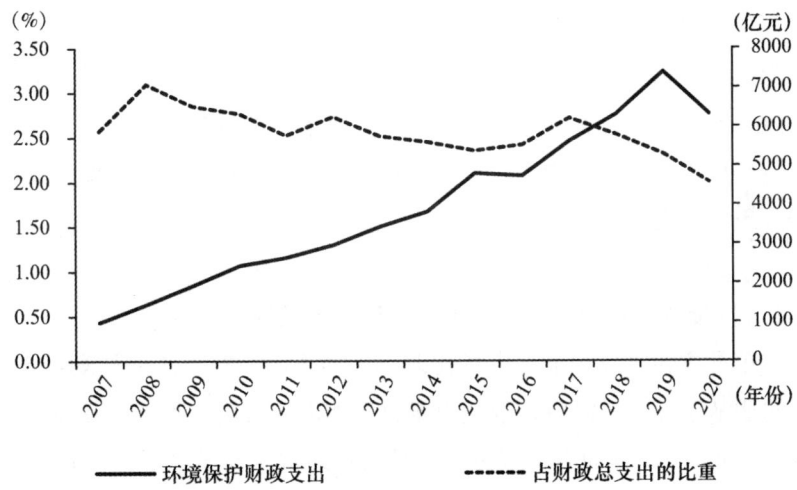

图1-2 中国环境保护财政支出及其占比

资料来源：国家统计局。

（四）依托"双循环"发展战略，继续加大对外开放

改革开放以来，中国的经济发展离不开对外资的合理利用。在过去的四十多年里，特别是2001—2008年，随着中国加入WTO，进出口对中国经济增长的拉动很大。同时，外资的进入给中国经济带来了极大的促进作用，作为提供更高水平技术和资金的一方，外资为中国提供了补缺效应、增长拉动效应、竞争效应、技术溢出和创新促进效应以及就业促进效应，有效促进了进出口与产业结构升级，使得中国的劳动力供给近乎无限的优势得到了充分利用，并使得技术得到了充分提高[①]。同时，长期以来中国在利用对外开放带来的机遇过程中，也在不断利用中国经济劳动力成本低等优势，利用进出口拉动经济增长，特别是自2003年以来，中国进出口

---

① 刘建丽：《新中国利用外资70年：历程、效应与主要经验》，《管理世界》2019年第11期。

差额不断增加。但随着金融危机以及近年来外部环境和中国发展所具有的要素禀赋的变化,原有的借助中国劳动力及资源低成本的"国际大循环"动能明显减弱,同时地缘政治等风险明显增大,传统贸易圈受到重大挑战,新型贸易圈往来日趋频繁①。中国现在正在由高速增长阶段转向高质量发展阶段,依托所拥有的最大、最完整的工业体系和全球最大的市场,中国要构建以国内大循环为主体、国内国际双循环相互促进的新发展格局。但新发展格局不是单纯的国内循环,不能闭关锁国,要进一步加大开放力度,开放的国际大循环对国内循环具有显著的提升作用,可以通过技术外溢等政策,促进国内发展质量,还可以利用外资,以开放促进改革和竞争,进一步促进发展质量的提升②。

(五)推进市场经济改革,提高经济运行效率

改革开放四十多年来,市场化改革不断推进,在传统的计划经济下,企业只服从于计划,没有市场化思维,不能面向市场,不重视亏损和效率问题③。而对于个体而言,按劳分配虽然在终端实现了平等,但在分配的过程中,由于不存在明确的指标衡量劳动量的多少,因此最终导致了低效率和要素的难以流动。在这种条件下,我们逐步认识到,贫穷不是社会主义④。唯有市场经济才能先提高生产力,进而实现共同富裕,在这种认识下,中国实行市场化改革,取得了显著的成就。未来必须进一步加大改革,实现市场调节和政府调控相结合,充分利用二者的优点,提高经济总体运行效率⑤,必须推进要素市场化改革,利用市场经济的优势,推进资源的合理配置,提高经济整体运行效率⑥。

---

① 黄莉芳、吴福象:《双循环大背景下中国制造业的国际贸易格局演变:事实与启示》,《兰州学刊》2021 年第 11 期。

② 王嵩、范斐、卢飞:《国内大循环、国际大循环与区域高质量发展》,《统计与决策》2021 年第 19 期。

③ 李义平:《我们为什么选择了社会主义市场经济》,《南方经济》2021 年第 8 期。

④ 《邓小平文选》,人民出版社 1993 年版。

⑤ 金英姬:《新时代我国国家经济发展方式的选择——自由的市场经济 vs 协调的市场经济》,《上海经济研究》2021 年第 9 期。

⑥ 杨勇、李忠民:《供给侧结构性改革背景下的要素市场化与工业全要素生产率——基于 31 个地区的实证分析》,《经济问题探索》2017 年第 2 期。

三　高质量发展的主要特征

近年来随着国际形势和国内形势的变化，过去支撑中国经济增长的要素粗放投入无法持续。随着人口红利的逐步消失，系统性金融风险成为隐患，生态环境问题成为人民日益关注的重要问题，经济进入新常态，更加注重经济的发展质量而非速度。高质量发展是维持经济增长、转换增长动能的重要渠道和根本途径。高质量发展不同于以往的发展，更加注重发展的质量和发展的平衡性，以及发展成果的公平分配。为了提升发展的质量，必须将创新摆在更为突出的位置，改变产业结构，在发展和分配保证效率的情况下更加兼顾公平，同时重视生态环境保护。

（一）创新成为发展的根本驱动力，产业结构明显改善

自 2008 年国际金融危机以后，当今世界实际上没有实现真正复苏，世界经济增长的新引擎主要来源于新兴经济体，当今世界正在急切地期盼着新一轮科技革命[1]。当今世界经济仍处在依靠劳动力和投资驱动的粗放式发展模式中，创新经济比重相对较小[2]。中国在"贸易战"中所暴露的问题根源是原始创新能力不足，在部分领域面临"卡脖子"的问题，同时，人口红利逐步消失，要素价格不断上升，使得近几十年的经济增长动力被打破，必须寻找新的增长动能。在这种背景下，中国无论是从国家安全的角度还是从经济发展的角度，都必须使创新成为发展的根本驱动力。创新是高质量发展必不可少的一部分。同时，要避免旧动能衰减过快，要实现增长动能的平稳转换，实现"稳增长"的基本目标，在平稳中逐步转变经济增长方式。中国的产业结构主要有两方面问题，一是第三产业与世界先进水平有较大差距，二是制造业质量和附加值相对世界发达国家差距较大。2020 年中国第三产业占比已经达到 59.5%，经济结构逐步改善，但相比世界的发展水平，特别是发达国家的第三产业占比仍有一定差距，

---

[1] 徐康宁：《当代世界经济重大变革的政治经济学分析》，《江海学刊》2020 年第 1 期。
[2] 赵娟：《创新驱动对经济增长形成惯性发展了吗——基于 44 个国家的研究》，《广东财经大学学报》2021 年第 5 期。

无论是产业结构和产业的质量都有相当大的改善空间。高质量发展意味着供给侧的产业结构更加趋于合理，更能够满足新时代人民的需要，并且在"双循环"格局下既能降低对国际市场的依赖，又能提高中国在国际市场上的竞争力。

（二）注重发展的平衡性、协调性和包容性

改革开放以来，中国经济发展的总体思路是以经济建设为中心，目的是提高可分配的产出，解放和发展生产力，使一部分人能够先富起来，以先富带动后富，在国家资源不充足的情况下，优先给予城市完全的保障。经过四十多年的发展，中国已全面建成小康社会，但同时，中国的贫富差距不断增大，收入分配愈加不平等，并由此导致了诸多不平等问题。随着中国进入高质量发展阶段，今后的发展必须注重发展的平衡性问题，必须以先富带动后富，推动收入分配改革，在效率中兼顾公平，巩固脱贫成果，推动乡村振兴事业有序实施；提高发展的包容性，促进人民福祉，坚持以人民为中心，最终实现共同富裕。

（三）在发展的同时兼顾生态保护

高质量发展的目标就是兼顾发展和生态环境保护，给子孙后代留下继续发展的空间，实现代际公平。当今世界的生态环境已经受到人类活动的严重影响，气候变化导致的极端天气增多，极端天气已经严重危害到人民的生活需求。尽管在很多问题上世界各国存在着分歧和争议，但在气候问题上，世界各国的态度近乎趋同，足以显现出气候问题的重要性。中国作为负责任的大国，积极参与全球治理，推进构建碳市场等气候治理体系。高质量发展，就是要进一步减少对生态环境的影响，还人民群众绿水青山。高质量发展，必须做到绿色发展，在发展中保护，在保护中发展，统筹好发展和保护之间的关系，使绿水青山更美、金山银山更大。

（四）在"双循环"格局中建成高水平开放型经济

"双循环"战略的提出是为了在逆全球化浪潮不断涌现的国际形势下，推进中国经济增长的动能转换，其目的是建成高水平开放型经济，全

面扩大开放的领域和层次。要深化要素市场化配置改革,打通生产、分配、流通、消费各个环节,提升经济总体运行效率。实施创新驱动发展战略,深化科技体制改革,加强关键核心技术攻关,提升原始创新能力,强化工业基础能力,提高综合集成水平,打造未来发展新优势,发挥对外贸易大国优势,发展高水平开放型经济,促进内外市场和规则对接,创造"你中有我、我中有你"供应链生态,形成国内循环与国际循环相互促进。通过在各领域相互促进实现在竞争和合作中提升供给能力和需求能力,经济实现在更高水平上均衡,实现经济发展的转变,进而使得发展水平不断提升。

(五) 在发展中改善民生,发展的成果人人共享

发展的根本目的是提高人民的生活水平,解决人民生活中遇到的种种问题,使全体人民共同分享发展的成果。而高质量发展最终要惠及人民,使居民的收入得到提高,收入差距及城乡差距保持适度。近年来,中国的经济发展较好地被居民所共享,但仍有进一步提升的空间[①]。加强民生保障体系,健全多层次社会保障体系,使居民老有所养、病有所医,不断借助发展实现公共产品质量和覆盖范围的逐步扩大,使得发展的成果能够真正惠及人民,发展的成果人人共享,人民的生活水平在发展中真正提高。

四 高质量发展的理论创新

建设现代化经济体系、实现高质量发展是新时代中国经济发展的目标与追求,对高质量发展理论基础的探寻将在战略部署与政策实施层面为中国实现高质量发展提供学理支持,有助于实践的推进与理论的完善。有关高质量发展的理论是对过往不同经济发展理论范式的批判继承,更是经济发展理论在新时代、新常态与百年大变局下的前沿创新。

[①] 史琳琰、胡怀国:《高质量发展与居民共享发展成果研究》,《经济与管理》2021 年第 5 期。

（一）对结构主义与新古典范式的批判继承

对经济增长的早期讨论大致沿着两条路径延伸：一方面是对国家财富积累来源的讨论①；另一方面则围绕人口—经济关系展开研究②。这些早期研究着重剖析了构成物质生产的种种要素和推动资本积累的潜在动因，对经济发展中的几类基本关系做出了详细而富有洞见的论述。但在此之后，尤其是以 1870 年为历史性的转折点③，增长理论逐渐被边缘化；从古典经济学的探讨到现代经济增长理论的产生，得益于在第二次世界大战以后各国政府对产业升级与多样化的需求。伴随着发展中国家的经济追赶与工业化进程，结构主义在 20 世纪 50—70 年代中期经历了"黄金时代"④。但结构主义对经济发展微观基础的忽视、对具体政策评估的缺乏造成了政策实践的失败，从强调"市场失灵"到强调"政府失灵"在新古典范式对结构主义的批判中完成转换。作为一个简易的动态一般均衡模型，索洛—斯旺模型已成为分析现代经济增长动态过程的起点，其对经济增长要素的分析揭示出不具有正外部性的实物资本对经济增长的贡献仅存在于从旧均衡向新均衡过渡的短期。而后围绕资本的讨论，往往通过对资本贡献的重新核算和内涵的广义延伸，发展出新增长理论⑤。伴随新古典方法的应用，经济发展理论走上了一条更追求一般性的道路，围绕政府和市场关系形成各有侧重的理论体系。但由于对经济发展中结构问题的长期忽视，新古典范式对发展中国家开出的药方并不见成效，往往缺乏对具体政策的指导意义。虽然也有研究试图把结构问

---

① ［英］大卫·休谟：《休谟经济论文选》，陈玮译，商务印书馆 1984 年版；［英］亚当·斯密：《国富论》，郭大力、王亚南译，商务印书馆 2015 年版；［德］弗里德里希·李斯特：《政治经济学的国民体系》，陈万煦译，商务印书馆 2009 年版；《资本论》，人民出版社 2004 年版。

② ［英］大卫·李嘉图：《政治经济学及赋税原理》，郭大力、王亚南译，商务印书馆 2021 年版；［英］马尔萨斯：《人口原理》，朱泱、胡企林、朱和中译，商务印书馆 1992 年版；［英］约翰·穆勒：《政治经济学原理》，赵荣潜等译，商务印书馆 2009 年版。

③ ［美］罗斯托：《经济增长理论史》，陈春良等译，浙江大学出版社 2016 年版。

④ 黄阳华：《战后发展经济学的三次范式转换——兼论构建迈向高质量发展的发展经济学》，《政治经济学评论》2020 年第 2 期。

⑤ Paul M. Romer, "Increasing Returns and Long-Run Growth", *The Journal of Political Economy*, Vol. 94, No. 5, 1986; Gary S. Becker, Kevin M. Murphy and Robert Tamura, "Human Capital, Fertility, and Economic Growth", *Journal of Political Economy*, Vol. 98, No. 5, 1990.

题纳入新古典分析框架中，进而在结构主义与新古典范式之间搭建起桥梁①，但新结构经济学的"有为政府"与发挥比较优势实现赶超等诸多问题依然有待研究夯实。

综上所述，以结构主义范式或新古典范式为基础的现代经济发展理论，既没有沿着马尔萨斯人口—经济关系的路径探索②，也没有在熊彼特创新理论基础上建立起一套经济发展的现代体系③，而是在"二战"后实践应用的发展问题导向下与理论反思的数理模型追求中步入一个令人眼花缭乱的时代④。也可以说，由于历史条件与时空差异，每个时代都需要相应的经济发展理论。在工业革命早期，需要探索资本积累与物质生产的方式，找到促进经济增长的关键要素；在发展中国家经济追赶中，需要对发达国家进行模仿、借鉴并在日益复杂的经济系统与国际关系中找到本国经济可持续发展的稳定路径与支撑要素；而当发展中国家经济总量达到一定水平、经济增长由"量"到"质"，即迈入高质量发展阶段，相应地也需要根据实践对经济理论进行创新发展。

高质量发展理论是中国经济高质量发展阶段实践的总结概括；扎根于熊彼特的创新理论，通过对人口—经济关系的重新关注与内涵挖掘，在转型国家政府与市场关系的认识基础上，高质量发展的理论基础得以构建。具体而言，高质量发展理论首先表现在对现实问题的关切与回应，而后逐渐形成一定的逻辑框架与分析范式。

（二）对现实问题关切的理论革新

中国经济已由高速增长阶段转向高质量发展阶段，建设现代化经济体系是跨越关口的迫切要求和中国发展的战略目标。高质量发展是体现新发展理念的发展，即实现以创新为第一动力、协调为内生特点、绿色为普遍

---

① 林毅夫：《新结构经济学——重构发展经济学的框架》，《经济学（季刊）》2010年第1期。

② 蔡昉：《万物理论：以马尔萨斯为源头的人口—经济关系理论》，《经济思想史学刊》2021年第2期。

③ 实际上，新古典经济增长模型通过其对技术的种种假设而绕过了熊彼特的理论洞见。

④ ［美］罗斯托：《经济增长理论史》，陈春良等译，浙江大学出版社2016年版。

形态、开放为必由之路、共享为根本目的的发展①,它需要现代产业体系、均衡发展战略、生态环境内化、效率公平兼顾、高水平的开放与制度供给保障等要素的支撑②。这些都契合于高质量发展理论有关经济发展要素机制与演化动力的基本命题,也可以被纳入高质量发展理论统一逻辑框架中进行分析;高质量发展理论正是在对中国高质量发展阶段现实问题的回应中得到逐步构建,主要表现在发展目标、产业优化、空间协调与制度供给等几个方面。

打破传统经济指标单一评价的标准,高质量发展理论将逐步还原在现代主流经济学框架中被抽象和回避掉的"质量"因素③,尝试构建紧扣高质量发展内涵和新时代中国社会主要矛盾变化、兼顾宏微观一体化测度的指标体系④,以经济活动质量⑤重新定义结构⑥,从对总量增长的单一数量评价向对质量改进的整体多维评价逐步探索完善。根据历史经验,经济思想史上每一次对发展目标认识的转变势必带来新的发展实践及其理论创新⑦,而高质量发展理论对人口—经济关系的重新关注与内涵挖掘在发展目标上得到充分重视,这也将赋予理论探索更丰富的内容维度。

落实到产业优化层面,高质量发展理论以熊彼特创新租金为基础,把握外部经济与报酬递增机制,沿着科技创新、人力资源与现代金融互补互

---

① 高培勇:《经济高质量发展理论大纲》,人民出版社2020年版。

② 刘志彪:《理解高质量发展:基本特征、支撑要素与当前重点问题》,《学术月刊》2018年第7期。

③ 金碚:《关于"高质量发展"的经济学研究》,《中国工业经济》2018年第4期。

④ 李金昌、史龙梅、徐蔼婷:《高质量发展评价指标体系探讨》,《统计研究》2019年第1期;简新华、聂长飞:《中国高质量发展的测度:1978—2018》,《经济学家》2020年第6期;陈景华、陈姚、陈敏敏:《中国经济高质量发展水平、区域差异及分布动态演进》,《数量经济技术经济研究》2020年第12期;张涛:《高质量发展的理论阐释及测度方法研究》,《数量经济技术经济研究》2020年第5期。

⑤ Erik S. Reinert, "The Role of the State in Economic Growth", *Journal of Economic Studies*, Vol. 26, No. 4/5, 1999.

⑥ 黄阳华:《战后发展经济学的三次范式转换——兼论构建迈向高质量发展的发展经济学》,《政治经济学评论》2020年第2期。

⑦ 如从重商主义以金银货币的增长为目标到古典经济学寻求资本积累及商品产出增加,再到新古典经济学围绕总产出对资本和劳动力等要素贡献的分割、对全要素生产率的探寻,每一次发展目标的转变都带来了经济理论的创造性发展。

促推动实体经济发展的逻辑线索，刻画了现代产业体系构建的路径①。不同于对一定技术与禀赋条件下李嘉图租金的追求，高质量发展理论突出企业主体依靠创新不断获取创新租金驱动产业发展，实质上是拓宽边界的资源创造②。考虑人口—经济关系的线索，高质量发展的产业不再局限于消费数量需求而追求生产规模的扩大，不再仅仅发挥静态的比较优势充分利用人口红利，转而更注重通过产品创新与市场发现挖掘受制于人口因素的总需求、通过技术创新和资源配置重组突破受制于劳动力因素的总供给。此外，产业发展也将更多地在投入和产出中考虑与人民生活相关的资源环境、人才培养与就业保障、收入分配等问题，诸如将资源利用效率、生态环境保护内化到产业发展评估，跳出短期劳动力市场供求均衡看人才培养与就业保障以筑牢创新基础、保障民生发展，兼顾效率与公平处理好收入分配以在产业体系运行中支持创新投入和惠及广大人民。

对于伴随产业演进产生的空间协调发展问题，高质量发展理论一方面注重区域自身比较优势的演化发展，另一方面也充分重视均衡战略的统筹协调。在区域经济发展过程中，可能出现要素禀赋、政策禀赋和区域自我发展能力这三种比较优势③。契合于区域发展过程的比较优势转换，高质量发展理论基于雁阵模型，在着重考虑技术对投入要素的开发中将比较优势动态化，充分挖掘效率空间在各地促成创新"头雁"、在全局形成多个雁形布局④。基于高质量发展理论的区域经济政策尤其注重区域自身演化基础上的统筹协调发展。考虑区域自身发展能力与演化路径，高质量发展理论在区域经济政策上注重创新搜寻与环境选择对区域局部变革的作用，充分发挥人力资本对环境的影响和创造⑤。回到人口—经济关系的线索，人口流入、劳动力和创新集聚的区域更具备高质量发展的基础条件，区域协调

---

① 杜宇玮：《高质量发展视域下的产业体系重构：一个逻辑框架》，《现代经济探讨》2019年第12期；黄阳华：《战后发展经济学的三次范式转换——兼论构建迈向高质量发展的发展经济学》，《政治经济学评论》2020年第2期。
② 黄阳华：《战后发展经济学的三次范式转换——兼论构建迈向高质量发展的发展经济学》，《政治经济学评论》2020年第2期。
③ 蔡之兵、张可云：《区域发展的逻辑及启示》，《教学与研究》2015年第11期。
④ 张永恒、郝寿义：《高质量发展阶段新旧动力转换的产业优化升级路径》，《改革》2018年第11期。
⑤ 金铸：《区域经济政策的演化经济学思考》，《现代管理科学》2013年第2期。

过程需要劳动力的流动与创新的溢出。实际上，劳动力及其人力资本的持续提升既是区域高质量发展的支持载体，又是区域高质量发展的目的旨归。

在转型国家，经济发展中的适应与调整都离不开制度保障与政府行为的作用。作为经济有效运行和高质量发展的基础条件与核心要素，高质量的制度往往被视为经济增长的核心因素[1]。承继发展经济学关于政府与市场关系的探讨，高质量发展理论强调了政府在改革开放中逐渐形成的制度供给能力。由于支持创新投入与核心技术突破才能奠定高质量发展的基石[2]，政府对高质量发展的制度供给围绕预算约束硬化、竞争政策与法治化调控等方面展开[3]，而政府行为的转变成为支撑高质量发展制度供给的基础。财政分权改革为地方政府竞争提供了空间与动力，高质量发展阶段的地方政府由于发展目标的变化而从"为增长而竞争"逐渐转到"为创新而竞争"，由此促进对创新投入的支持[4]。与此同时，地方政府的政策工具由要素投入转向创新驱动，高质量和可持续发展得以实现[5]。在人口—经济关系上，政府行为的转变与高质量制度的提供旨在为创新主体营造良好的创新空间，因地制宜、因人而异地提供适度公共服务，把握创新要素与创新成果互相促进的关系，也即通过制度供给与政策支持等方式，帮助和依靠人才、劳动力实现技术创新，再将创新的社会效益回馈补偿各创新主体，形成创新的开放共享。

（三）对经济发展认识的范式转变

多数学者将高质量发展理论的阐释纳入马克思主义政治经济学框架[6]；

---

[1] Daron Acemoglu, Simon Johnson and James Robinson, "The Rise of Europe: Atlantic Trade, Institutional Change, and Economic Growth", *The American Economic Review*, Vol. 95, No. 3, 2005.

[2] 辜胜阻等：《创新驱动与核心技术突破是高质量发展的基石》，《中国软科学》2018年第10期。

[3] 刘志彪：《理解高质量发展：基本特征、支撑要素与当前重点问题》，《学术月刊》2018年第7期。

[4] 卞元超、白俊红：《"为增长而竞争"与"为创新而竞争"——财政分权对技术创新影响的一种新解释》，《财政研究》2017年第10期。

[5] 徐现祥等：《中国经济增长目标的选择：以高质量发展终结"崩溃论"》，《世界经济》2018年第10期。

[6] 钞小静、薛志欣：《新时代中国经济高质量发展的理论逻辑与实践机制》，《西北大学学报》（哲学社会科学版）2018年第6期；任保平：《新时代高质量发展的政治经济学理论逻辑及其现实性》，《人文杂志》2018年第2期；周文、李思思：《高质量发展的政治经济学阐释》，《政治经济学评论》2019年第4期。

另有学者根据比较政治经济学和福利国家理论,提炼发达国家高质量发展典型事实,把高质量发展的理论逻辑阐述为经济系统、社会系统与制度系统整体的发展演化①。沿着学科范式转变的历史线索,高质量发展理论构建的背后还有发展经济学范式的转变。不同于结构主义对资本与消费良性循环的关注,也不同于新结构经济学对要素禀赋结构引起产业结构变动的关注,围绕技术创新与需求之间的循环累积因果效应,演化范式下推动高质量发展的理论含义就是推动作为一种高质量经济活动的共谋型技术进步②。在世界经济长期停滞与中国经济新常态的历史背景下,传统数量型经济增长与高质量发展在发展目标、动力机制与政策实践等方面都产生了矛盾,重新确立以创新能力为基础、以创新租金为动力的经济发展范式,进而延展到与创新关联的前后向机制分析,形成一套创新驱动发展范式。

范式的发展代表着相关理论的丰富。创新驱动发展范式以熊彼特创新理论为基础,沿袭以马尔萨斯为源头的人口—经济关系,与结构范式相联系而更注重技术创新带来的结构变迁,与新古典范式相联系而把发展动力从对李嘉图租金的汲取转换到对熊彼特租金的寻求。经济发展理论的三次范式转型为认识中国经济发展历程提供了重要启示③。创新驱动范式及其相关理论也将为中国经济高质量发展实践提供科学可行的理论指南,并在实践中不断地丰富和完善。

---

① 高培勇:《经济高质量发展理论大纲》,人民出版社2020年版。
② 黄阳华:《战后发展经济学的三次范式转换——兼论构建迈向高质量发展的发展经济学》,《政治经济学评论》2020年第2期。
③ 黄阳华:《战后发展经济学的三次范式转换——兼论构建迈向高质量发展的发展经济学》,《政治经济学评论》2020年第2期。

第二章

国内外高质量发展指数研究综述

一 高质量发展的定义与内涵

对高质量发展,不同学者有不同的研究视角,其中多数学者是从经济发展质量的视角开展研究。例如,张军扩(2018)认为,高质量的发展从高速强调质量的转换,强调增长到发展的变化[1]。金碚(2018)认为,高质量发展是一种能够更好地满足人们日益增长的实际需求的经济发展模式、结构和动态状态。[2] 王春新(2018)认为,高质量发展意味着提高质量和协同创新驱动、低碳绿色、协调共享。[3] 任保平(2018)认为,高质量发展是经济发展质量的高水平状态,包括经济发展、改革开放、城乡发展和高质量生态环境。吕薇(2018)认为,为实现高质量发展,第一,必须提高全要素生产率;第二,必须不断提高保障和改善人民的生活水平;第三,必须保持稳定性、可持续性和经济运行的风险较低。[4] 高质量的发展是商品和服务质量不断提高、生产效率和经济效率提高、创新成为第一动力、绿色成为普遍模式,坚持将改革和开放作为主要目标[5]。朱启贵(2018)认为,高质量发展,一是贯彻新发展理念;二是坚持质量第一、效益优先;三是以供给侧结构性改革为主线;四是供给体系和产业结构迈向中高端;五是国民经济创新力和竞争力显著增强;六是能够很好满

---

[1] 张军扩:《高质量发展怎么看、怎么干?》,《经济日报》2018年2月1日第14版。
[2] 金碚:《关于"高质量发展"的经济学研究》,《中国工业经济》2018年第4期。
[3] 吕薇:《打造高质量发展的制度和政策环境》,《经济日报》2018年4月27日第14版。
[4] 吕薇:《打造高质量发展的制度和政策环境》,《经济日报》2018年4月27日第14版。
[5] 林兆木:《关于我国经济高质量发展的几点认识》,《人民周刊》2018年第2期。

足人民日益增长的美好生活需要。① 高质量发展意味着高质量的供给、高质量的需求、高质量的配置、高质量的投入产出、高质量的收入分配和高质量的经济循环②。徐赟（2018）认为，高质量发展要更好发挥能动因素作用，实现绿色发展和经济增长结构优化，产品和服务质量升级，经济增长成果分配更加公平公正。③ 高质量发展也使资源配置的效率和发展高质量的微观生产效率大幅提高，成为经济发展的第一动力，战略性新兴产业和高新技术产业比重增加，实现从低技术、低附加值的产品转向注重高科技、高附加值产品，实现从高排放和高污染经济向循环和环境友好经济的转变④。

新发展理念和社会主要矛盾是另一个主要研究视角。例如，何立峰（2018）认为，高水平发展是体现新发展理念的发展，是满足人民日益增长的美好生活需要的发展。⑤ 一是界定高质量发展，突出经济社会发展不平衡不充分问题；二是看高质量发展是否有利于解决新时代中国社会主要矛盾，是否有利于解决发展不平衡不充分问题，是否有利于满足人民日益增长的美好生活需要⑥。杨伟民（2018）和刘志彪（2018）认为，高质量发展是满足人民日益增长的美好生活需要的发展，体现了新发展理念。⑦ 创新是第一动力、协调是内生动力、绿色是共同动力、开放是必由之路、共享是根本目的。高质量发展意味着更高水平、更高效、更公平、更可持续的发展，意味着从规模的"量"到结构的"质"，从"有无"到"好坏"的转变⑧。

---

① 朱启贵：《建立推动高质量发展的指标体系》，《文汇报》2018 年 2 月 6 日第 12 版。
② 李伟：《我国有能力有条件长期保持高质量发展的良好态势》，《求是》2018 年第 16 期。
③ 徐赟：《选准推动高质量发展的着力点》，《中国改革报》2018 年 2 月 5 日第 2 版。
④ 麻智辉：《推动江西经济高质量发展的重点和路径》，《江西日报》2018 年 4 月 16 日第 B3 版。
⑤ 何立峰：《大力推动高质量发展积极建设现代化经济体系》，《宏观经济管理》2018 年第 7 期。
⑥ 赵昌文：《推动我国经济实现高质量发展》，《学习时报》2017 年 12 月 25 日第 1 版；程承坪：《高质量发展的根本要求如何落实》，《国家治理》2018 年第 5 期。
⑦ 杨伟民：《解读中国经济高质量发展理念内涵》，《全球商业经典》2018 年第 2 期；刘志彪：《理解高质量发展：基本特征、支撑要素与当前重点问题》，《学术月刊》2018 年第 7 期。
⑧ 任晓：《高质量发展之钥》，《温州人》2021 年第 9 期。

二 国外高质量发展相关指标体系

(一) 美国新经济评价指标体系

1996年12月30日,美国《商业周刊》发表了一篇名为"新经济的胜利"的文章,首次提出了"新经济"一词,旨在描述信息技术革命和由高科技产业主导的经济现象。此后,美国发展政策研究所(Progressive Policy Institute,PPI)先后在1999年和2002年发布了两期《美国各州新经济指数报告》。第一份报告基于5个一级指标和17个二级指标,一级指标包括知识型就业、全球化、活力和竞争、数字化转型和创新基础设施。第二份报告将创新基础设施更名为创新能力,并引入了三个新的数字转型二级指标,包括农民互联网和电脑接入情况、制造商互联网接入情况、家庭和企业宽带电信接入情况。自2007年以来,新经济指数报告的发布机构由PPI改为美国信息技术与创新基金会(Information Technology and Innovation Foundation,ITIF)。从ITIF发布的六份报告(2007年、2008年、2010年、2012年、2014年和2017年)来看,虽然评价指标体系始终围绕知识型就业、全球化、经济活力、数字经济和创新能力这五个一级指标,但是二级指标的选择也在不断调整。例如,2007年增加新成立企业数量、独立发明人获得专利数量、快速发展企业数量、制造业增加值、服务出口等指标。2017年,知识基础下设置的IT就业指数被应用于IT行业的7个二级指标,如设置外商直接投资全球指数等3个二级指标,经济活力指数设置就业波动下的4个二级指标,数字指标下设置互联网、计算机使用等4个二级指标,创新能力指数下设置高技术就业人数等7个二级指标。

(二) 欧盟可持续发展评价指标体系

2001年5月,欧盟委员会发表了《可持续的欧洲使世界变得更美好:欧盟可持续发展战略》,首次提出了可持续发展的战略概念,提出了建设繁荣的经济、有效管理资源、充分保护环境和和谐社会发展的愿景。此后,欧盟可持续发展战略在2006年进行修订,并从2007年开始定期评估,于2010年被纳入"欧洲2020战略",2015年被纳入联合国的"2030

年可持续发展议程",它已成为欧盟国家经济社会发展的重要指南。为了动态监测欧盟可持续发展战略的进展情况,欧盟统计局于2007年开始编制可持续发展指标,并发布可持续发展监测报告。迄今为止,已印发了六份可持续发展监测报告(每两年一次)。2017年5月,欧盟统计局改变了延续十年的评估主题,由社会经济的发展、气候变化和能源、全球合作扩大等10个主题拓展为没有贫穷、没有饥饿、健康幸福、优质教育、性别平等、干净的水和卫生设施、可支付的清洁能源、经济增长和工作体面、产业创新和基础设施、减少不平等、可持续发展的城市和社区、负责任的消费和生产、气候行动、水底生命、陆地生命、和平公正和强有力的机制、为达成目标而合作17个主题。

(三) 德国国家福利测度指标体系

德国联邦环境部于2008年启动了福利与可持续发展会计研究项目,促进了福利计量研究的进一步发展。2010年3月,德国联邦环境、自然保护和核安全部联合发布了国家福利指数(National Welfare Index, NWI)。NWI特别关注GDP指标中缺失的社会公平、环境破坏和自然资源枯竭等方面,选取了6大类21个指标,包括贫富差距、消费支出、福利增加、福利减少、环境破坏和国家实力。贫富差距和消费支出分别通过收入分配指数和调整后的个人消费支出来反映。福利增加体现在3个指标上,包括家务劳动的价值、志愿工作的价值、保健和教育方面的公共开支;福利减少反映在6个指标上,包括耐用消费品的成本和效益之差、家庭和工作场所之间的交通成本、交通事故、犯罪、酗酒和吸毒以及环境影响造成的补偿性社会支出;环境破坏由8个指标反映,包括水污染损害、土壤污染损害、空气污染损害、噪声损害、湿地变化损害、农业面积损失损害、掠夺不可再生资源重置成本损害、二氧化碳排放损害。国家实力通过固定资本净变化和国际地位的变化来体现。随后,德国发布了NWI 2012和NWI 2016。为突出生态建设的重要性,2016年版NWI取消了2项衡量国家经济实力的指标,增加了核能成本。

(四) 荷兰绿色增长评价指标体系

2011年5月,经济合作与发展组织部长理事会通过了《经济合作与发展组织绿色增长战略》，提出了一套涉及环境生产率、自然资产基础、生活环境质量、经济机会与政策回应4个项目，碳和能源生产率等14个主题、能源生产率等25个指标的绿色发展评价指标框架。荷兰统计局根据上述4个项目对部分指标进行了调整，确定了20个项目的荷兰绿色增长评价指标体系，并发布了首份OECD成员国绿色增长报告。2012年，为完善指标体系，荷兰统计局对绿色增长评价指标体系进行了细化。具体来说，环境生产力项目分为两个子项目，包括环境生产力和资源生产力；自然资产基地项目增加到鱼类储备、能源储备、生物多样性等7个指标；生活环境质量项目扩大到包括地表水生态质量、关注程度、支付意愿等6个指标；经济机会与政策回应项目分为"经济机会"和"绿色发展政策工具"。荷兰统计局2015年12月发布的最新一期绿色增长评估报告，仍然沿用了2012年的指标体系。

三 国内高质量发展评价指标体系梳理

（一）改革开放初期的经济发展评价指标体系

1978—1993年是中国对外开放的初级阶段。在这一时期，党的十一届三中全会做出了把全党工作重点转移到社会主义现代化建设上来、实行改革开放的历史性决策。党的十二大强调把经济建设作为核心任务，提出到20世纪末工农业总产值基本翻两番的目标。党的十三大进一步阐明了党在社会主义初级阶段的基本路线的核心内容是经济建设。这一阶段的评价指标体系主要侧重于对经济发展，特别是区域经济发展水平的考察。其中，朱乐尧（1989）认为，可通过区域社会总产品占全国社会总产品的比重、地区国民收入（或国民生产总值）增加额占全国国民收入（或国民生产总值）增加额的比重、区域货币投放与回笼量占全国货币投放与回笼总量的比重等一系列相对指标来衡量区域经济发展效果及贡献。[1] 郑魁浩和张红营（1990）认为，可以从农村经济发展、城市经济发展和区

---

[1] 朱乐尧：《区域经济发展效果的宏观评价》，《数量经济技术经济研究》1989年第9期。

域经济综合发展三个方面建立区域经济综合评价指标体系。① 国务院发展研究中心（1992）建立了一套城市经济社会发展评价指标体系，包括社会结构、人口素质、经济效益、生活质量、社会秩序5个子系统39个指标。② 朱庆芳（1993）选取了人均国民生产总值、社会劳动生产率、人口自然增长率等19个重要经济社会指标，对区域经济社会发展的综合水平进行了评价。③

（二）全面开放发展阶段的社会经济发展评价指标体系

1993—2007年，中国处于全面发展阶段。党的十五大就推进政治体制改革、依法治国、建设社会主义法治国家提出了新的论断。党的十六大提出了全面建设小康社会的目标。党的十六届三中全会和十六届四中全会明确提出了构建和谐社会的战略任务。在科学发展观的指导下，"十一五"规划突出了六个重点，其中包括推动转变经济增长方式和加强和谐社会建设。显然，这一阶段的发展已不再仅仅强调经济建设，而是重视以人为本的科学发展，促进经济、文化、政治、社会等方面的全面发展。一般来说，现阶段的评价指标体系大致可以分为以下三类。

第一，基于科学发展观的社会经济发展评价指标体系。邵腾伟和丁忠民（2006）认为，科学发展观应该体现在经济发展、社会进步和良好生态三个方面，并构建了一个包含10个维度、61个指标的评价指标体系。④ 周长城和谢颖（2008）认为，科学发展观综合评价指标体系应以民生、教育和环境为重点，提出了包含26个指标的评价指标体系。⑤ 张彩霞（2011）指出，科学发展要体现"以人为本"的发展理念，其评价指标体系包括人均经济成果份额、经济运行效益、经济运行质量、经济发展速

---

① 郑魁浩、张红营：《区域经济综合评价及评价指标体系的设置》，《当代经济科学》1990年第6期。

② 国务院发展研究中心管理世界杂志社等：《1991年188个地级以上城市经济社会发展水平评价》，《管理世界》1992年第6期。

③ 朱庆芳：《社会指标的应用及评价比较实例——改革开放以来哪些地区经济社会发展速度快、水平高》，《社会学研究》1993年第2期。

④ 邵腾伟、丁忠民：《科学发展观的评价指标体系构建》，《西南农业大学学报》（社会科学版）2006年第2期。

⑤ 周长城、谢颖：《科学发展综合指标评价体系构建研究》，《理论月刊》2008年第10期。

度、经济结构与可持续发展等25个指标。①

第二，和谐社会评价指标体系。张德存（2005）构建了包含民主法治、公平正义、活力、稳定秩序、人与自然和谐等29个指标的和谐社会评价指标体系。②国家统计局调研组等（2006）构建了包含民主法治、公平正义、诚信友爱、活力、稳定秩序、人与自然和谐等25个指标的和谐社会统计监测指标体系。③齐心和梅松（2007）将和谐社会的内容拓展到精神层面，将社会信赖度、对人友爱度、社会发展乐观度等主观指标纳入评价指标体系。④

第三，全面建设小康社会的评价指标体系。陈友华（2004）设计了全面建设小康社会的评价指标体系，包括经济发展、生活质量、社会结构和社会公平等10个指标。⑤宋林飞（2010）将生态环境作为小康社会指标体系的一级指标，通过人均公园绿地面积、工业废水达标排放率、生活垃圾无害化处理率等指标进行评价。⑥国家统计局（2008）构建了由经济发展、社会和谐、生活质量、民主法制、文化教育、资源环境等6个方面23个指标组成的全面建设小康社会统计监测指标体系。⑦

（三）创新驱动发展阶段的可持续发展评价指标体系

2007年以后，中国开始进入创新发展阶段。党的十七大把国民经济又好又快发展确定为中国经济发展的重大战略任务。党的十八大对全面建成小康社会和实施"五位一体"战略提出了新要求。党的十八届五中全会明确指出，实现"十三五"时期发展目标，必须牢固树立和落实新发展理念。基于此，现阶段的评价指标体系更加注重发展的平衡性、协调性和可持续性，强调人与自然、生态环境和经济增长之间的协同关系，大致可分为以下四类。

---

① 张彩霞：《河北省区域经济评价研究——基于科学发展观视角》，《河北经贸大学学报》2011年第3期。
② 张德存：《和谐社会评价指标体系的构建》，《统计与决策》2005年第21期。
③ 国家统计局调研组等：《和谐社会统计监测指标体系研究》，《统计研究》2006年第5期。
④ 齐心、梅松：《大城市和谐社会评价指标体系的构建与应用》，《统计研究》2007年第7期。
⑤ 陈友华：《全面小康社会建设评价指标体系研究》，《社会学研究》2004年第1期。
⑥ 宋林飞：《中国小康社会指标体系及其评估》，《南京社会科学》2010年第1期。
⑦ 国家统计局：《全面建设小康社会统计监测方案》（国统字〔2008〕77号）。

第一,"国民经济又好又快发展"的经济增长质量评价指标体系。钞小静和任保平(2011)建立了包括经济增长结构、经济增长稳定性、经济增长福利变化和成果分配等 11 个子指标和 28 个基本指标的经济增长质量评价指标体系。[①] 李娟伟和任保平(2014)构建了包含经济增长稳定性、经济结构、生产效率、生态环境成本、国民经济质量、福利变化和成果分配六个维度、37 个指标的经济增长质量综合评价指标体系。[②] 宋明顺等(2015)设计的宏观质量评价指标体系包括竞争质量、民生质量和生态质量三个维度的 9 个指标。[③]

第二,五大领域综合发展评价指标体系。牛桂敏和王会芝(2015)指出,应加强资源环境生态指标,提出了包括经济发展、资源利用、环境质量、生态安全、社会进步五个方面、29 个指标的"五位一体"发展评价指标体系。[④] 周永道等(2018)将经济建设、政治建设、文化建设、社会建设、生态文明建设作为一级指标,构建了区域综合发展"五位一体"评价指标体系。其中,在生态文明建设下,从资源利用、生态环境保护、年度评价结果、生态环境事件四个方面共纳入 24 个指标。[⑤]

第三,全面建成小康社会的指标体系。全面建设小康社会统计监测课题组(2011)根据党的十八大精神,将 2008 年全面建设小康社会统计监测指标体系修改为全面建成小康社会统计监测指标体系,从经济发展、民主法制、文化建设、人民生活和资源环境五个方面对指标体系的内涵进行了分析,建立了包含 39 个指标的评价指标体系。[⑥] 肖宏伟(2014)从经济发展、民主法制、文化建设、人民生活、生态文明五个维度构建了包含

[①] 钞小静、任保平:《中国经济增长质量的时序变化与地区差异分析》,《经济研究》2011 年第 4 期。

[②] 李娟伟、任保平:《重庆市经济增长质量评价与分析》,《重庆大学学报》(社会科学版) 2014 年第 3 期。

[③] 宋明顺等:《经济发展质量评价体系研究及应用》,《经济学家》2015 年第 2 期。

[④] 牛桂敏、王会芝:《生态文明视域下我国经济社会发展评价体系研究》,《理论学刊》2015 年第 5 期。

[⑤] 周永道、孟宪超、喻志强:《区域综合发展的"五位一体"评价指标体系研究》,《统计与信息论坛》2018 年第 5 期。

[⑥] 全面建设小康社会统计监测课题组:《中国全面建设小康社会进程统计监测报告(2011)》,《调研世界》2011 年第 12 期。

42个指标的全面小康评价指标体系。① 赵紫燕等（2016）设计了涵盖经济发展、法制保障、文化建设、民生、资源环境五个方面、40个指标的"全面小康指标体系"。② 朱启贵（2017）提出了由经济建设、民主法制建设、民生建设、文化建设、生态文明建设5个一级指标和58个二级指标组成的全面小康生活评价指标体系。③

第四，"五大发展理念"评价指标体系。杨新洪（2017）构建了包含37个指标的社会经济发展评价指标体系，包括创新、协调、绿色、开放、共享五个部分。④ 易昌良（2016）以新发展理念的核心内容为指导，编制了中国发展指标体系，建立了创新发展指数、协调发展指数、绿色发展指数、开放发展指数、共享发展指数五大一级指标。⑤

---

① 肖宏伟：《我国全面建成小康社会评价指标体系研究》，《发展研究》2014年第9期。

② 赵紫燕：《中国的全面小康指数——指标体系建构及综合评价》，《国家治理》2016年第32期。

③ 朱启贵：《全面建成小康社会评价指标体系研究》，《人民论坛·学术前沿》2017年第4期。

④ 杨新洪：《"五大发展理念"评价指标体系构建——以深圳市为例》，《调研世界》2017年第7期。

⑤ 易昌良：《2015中国发展指数报告："创新协调绿色开放共享"新理念、新发展》，经济科学出版社2016年版。

专 题 篇

第三章

吉林省坚持新发展理念推动区域高质量发展的典型实践

2020年7月，习近平总书记在吉林省考察调研时强调指出，"要坚持用新发展理念深入实施东北振兴战略"①，要在"走出一条质量更高、效益更好、结构更优、优势充分释放的发展新路上实现新突破"②。2021年3月，习近平总书记在福建省考察调研时进一步强调指出，"新发展理念和高质量发展是内在统一的，高质量发展就是体现新发展理念的发展"③。

推动新时代吉林省全面振兴全方位振兴，贯彻新发展理念，走高质量发展道路既是必然选择，也是吉林省委、省政府持之以恒始终坚持的重要实践。党的十八大以来，吉林省为贯彻落实习近平总书记重要指示精神和党中央、国务院关于坚持新发展理念、推动高质量发展的一系列重大战略部署，重点"抓好深化供给侧结构性改革、激发各类市场主体活力、实施乡村振兴战略、促进区域协调发展、全力打造新时代开放型经济格局、提高保障和改善民生水平、加快推进生态文明建设等方面的工作"④，实现了高质量有效增长，取得了较好成效。合抱之木，生于毫末；九层之台，起于累土，这些成就的取得离不开地方着力构建高质量发展载体和平台等重要实践。本章分别从创新发展、协调发展、绿色发展、开放发展和

---

① 《坚持新发展理念深入实施东北振兴战略》，《瞭望》2020年第30期。
② 《奋力谱写新时代吉林振兴发展新篇章》，《人民日报》2021年5月12日第9版。
③ 《习近平在福建考察时强调　在服务和融入新发展格局上展现更大作为　奋力谱写全面建设社会主义现代化国家福建篇章》，http://m.xinhuanet.com/2021-03/25/c_1127254519.htm。
④ 岳富荣：《不断开创新时代吉林振兴发展新局面——访吉林省委书记巴音朝鲁》，《人民日报》2018年4月4日第2版。

共享发展五个方面简要介绍吉林省各地推动高质量发展的若干重要举措，以便更好理解吉林省高质量发展实践，也便于各地相互借鉴参考。

一 吉林省区域经济创新发展状况

（一）长春建设国家级创新创业基地

长春建设国家级创新创业基地区域布局是形成"一心多点"的"双创"空间总体布局，重点建设"双创"中心，以及一批具有区域特色的汽车制造、文化创意、光电信息、装备制造等专业化"双创"示范点。"一心"即建设"双创"中心总部基地；建设以长春市"双创"中心主体项目为主，以长春市科技大市场、长春市科技金融中心、长春市大学生创新创业示范园区等为支撑的"双创"中心总部基地。"多点"即在示范区内建设产业特色鲜明的产业"双创"示范点，建设提升"双创"服务能力与水平的服务要素"双创"示范点。

产业创新创业示范点包括：（1）汽车及零部件创新创业示范点。依托一汽创新创业基地、国家汽车电子高新技术产业化基地、吉通创新创业产业园建设汽车及零部件创新创业示范点。（2）文化创意创新创业示范点。依托吉林省东北亚文化创意科技园建设文化创意创新创业示范点，这是吉林省唯一的国家级文化产业示范园区，也是规模最大的文化科技企业重点集聚区、创新创业孵化平台。（3）光电子产业创新创业示范点。依托吉林省光电子创业孵化基地建设光电子产业创新创业示范点，孵化器公司于2009年成立，由中国科学院长春光机所管理和运营。（4）智能装备制造产业创新创业示范点。依托长春光电和智能装备产业园建设智能装备制造产业创新创业示范点。目前，产业园已入园企业达25户，总投资24亿元，占地面积38万平方米。（5）航天信息产业创新创业示范点。依托长光卫星、吉林省一号创业孵化基地建设航天信息产业创新创业示范点，该基地是以促进航空航天遥感信息产业应用以及其他科研成果转化、创客创业加速、培育科技型中小企业和企业家为宗旨的投资促进型科技企业创业孵化基地。（6）生物及医药技术创新创业示范点。依托吉林省摆渡中医药健康产业园建设生物及医药技术创新创业示范点，产业园成立于2017年3月，由吉林省摆渡创新工场有限公司投资建设。产业园以"大健康+大平台+大数据+大服务+大金融"为运营愿景,创新中国中医药产业园的发展运营模式、商业模式,促进中医药健康产业发展。(7)现代服务业创新创业示范点。依托长春高新国际服务外包产业园建设现代服务业创新创业示范点,占地面积0.18万平方米,建筑面积0.75万平方米,从业人数达300人以上,其中高端人才20人。(8)动漫产业创新创业示范点。依托吉林省动漫游戏原创产业园建设动漫产业创新创业示范点,总投资达4.5亿元,建筑面积6.4万平方米,其中孵化场地面积达3.9万平方米。(9)新材料创新创业示范点。依托新材料产业园、中国科学院长春应用化学研究所建设新材料创新创业示范点,占地面积26万平方米,建筑面积20万平方米。

服务要素创新创业示范点包括:(1)对外合作创新创业示范点。依托长春中俄科技园、长春中关村创新中心和津长"双创"服务中心建设对外合作创新创业示范点。(2)大学生创新创业示范点。依托林田创客公园建设大学生创新创业示范点,分为创客广场、创客微工厂、汽车标识工厂、大学生创业园公寓、汽车标识和智慧城市产品户外展示区五个功能区域。(3)创客综合性创新创业示范点。依托益田集团建设创客综合性创新创业基地,建设占地面积75万平方米,规划建筑面积150万平方米。(4)科技创新创业示范点。依托长春北湖科技园项目建设科技创新创业示范点,这是吉林省大众创业、万众创新示范基地。

依托吉林省大学建设高校创新创业示范基地,主要包括"一区两园四平台"。"一区"即长春新区·吉林大学北湖"双创"服务功能区,打造涵盖创业苗圃、众创空间、孵化器、加速器等众多形态的一体化创业孵化链条,聚集电子信息、生物医药、新材料等行业的创业团队以及处于初创期、孵化器、成长期、加速期等不同阶段的创新创业团队和企业,形成良性循环发展的创业生态。"两园"即吉林省大学科技园、学生创新创业园,依托科技园转化优秀科技成果、孵化优质创新创业项目、浓厚创新创业氛围、优化园区功能,探索集教育、实训、孵化多功能于一体的创新创业孵化模式。"四平台"即创新创业教育平台、高科技成果转化平台、创新创业指导与服务平台、创新创业育成孵化平台。

依托中国科学院长春光机所建设科研院所示范基地。基地现有"T2T"创业工作室、光电子产业孵化器等创业服务平台,多年来始终坚持在科技创新、产业发展、人才培养等方面积极开展实践，呈现创新成果不断涌现、"双创"人才辈出的良好态势，初步形成具有长光特色的"双创"模式。

依托国信现代农业建设企业创新创业示范点。国信现代农业成立于2010年，占地面积1000余公顷，总投资3亿多元，是国家级农业产业化重点龙头企业。公司以现代农业为主导，农产品加工、休闲农业和乡村旅游为延伸，一二三产业融合发展为方向，采用"纵横结合一体化"的产业模式，着力建设产学研一体化的现代农业示范区。目前，国信现代农业建有70万平方米的众创空间、创业孵化基地等涉农孵化器，采用"政用产学研"的科研方式，通过合作互助、项目落地、政府补贴等方式实现科研成果转化。

（二）白城建设国家级高载能高技术基地

白城风电、光伏和生物质资源丰富，是全省乃至全国重要的清洁能源基地，建设国家级高载能高技术基地，能够最大限度就地消纳富余电力，变能源输出为产品输出，进而拉动发电端，将能源优势转化为经济优势。现代高载能高技术产业具有环境友好、清洁低碳、循环再生、可持续延伸发展的特点，建设国家级高载能高技术基地，有利于培育壮大新动能、推动高质量发展。白城属国家大兴安岭南麓集中连片特困地区，建设国家级高载能高技术基地，有利于加快脱贫攻坚、实施乡村振兴。

建设千万千瓦风电基地。吉林省是全国九大千万千瓦级风电基地之一，白城是吉林省风能资源最好的地区，也是吉林省最早开发风电的地区。白城风力资源优势明显，与国内其他地区相比，白城风能资源具有风切变大、风速稳定、极端最大风速小、空气密度大、可开发面积大等特点，风能品质较高。白城地处大兴安岭和长白山山脉之间西南气流通道上，是全国风能储量丰富地区之一。根据中国气象局第四次风能资源调查结果，吉林省潜在可装机容量约为5400万千瓦，其中，白城可装机容量约为2280万千瓦，占全省的比重达42%。

建设千万千瓦太阳能发电基地。白城属温带大陆性季风气候，形成了"光照充足，降水变率大，旱多涝少"的气候特点。白城四季分明，冬长夏短，春季干燥多风，十年九春旱；夏季炎热多雨，雨热同期；秋季温和凉爽且短暂；冬季干冷，雨雪较少。白城光照资源充足，太阳能开发潜力大，水平面辐射值由东向西递增，年均光照时间2900小时左右，分布范围每平方米主要在4900—5350兆焦。按年平均太阳能总辐射量每平方米5200兆焦计算，光照年有效发电小时数可达1500小时以上，为吉林省光照资源最优地区。根据资源分布概况和各区域可利用土地面积估算，白城光电可开发面积约6700平方千米，理论装机容量1675万千瓦，是建设太阳能地面光伏电站的重点区域。

推进生物质能源利用。白城是国家大型商品粮基地市，现有耕地1278万亩，农业人口人均耕地10.5亩，是全国人均值的4.5倍、全省人均值的2倍。每年农作物播种面积稳定在1500万亩以上，种植量较大的农作物多达18种，秸秆类型丰富。2017年，全市农作物秸秆资源量达592万吨，其中玉米秸秆273万吨，占46.1%；水稻秸秆158万吨，占26.7%；杂粮杂豆及瓜果菜等农作物秸秆161万吨，占27.2%。白城地区玉米、水稻、豆类和稻壳的农业生物质预计每年可获得资源量600万—700万吨，具有很大的开发潜力。

建设中国北方氢谷。氢能被誉为"21世纪终极能源"，适用于交通运输、工业制造和居民生活等领域，氢燃料电池及其应用正在成为新兴朝阳产业。白城利用本地丰富的风能、太阳能电力优势，全力打造"中国北方氢谷"，发展制氢、储氢及氢资源利用产业，实现从开发到利用全过程零排放、零污染、可持续的氢能全产业链条。建设"中国北方氢谷"是一项极具战略意义的重要举措，将有效解决大面积弃风问题，对破解风电产业发展瓶颈、促进风电消纳能力具有重要意义，并将探索出风电本地消纳的新途径。

建设中国北方云谷。白城建设中国北方云谷拥有以下优势：第一，区位优势明显，白城位于吉林、黑龙江、内蒙古三省（区）交界处，是联合国开发计划署设计的第四条欧亚大陆桥的主要枢纽城市之一，形成了铁路、公路、水路、空中组成的交通运输网络。第二，运营成本低。白城气候特点是夏季短促、降水集中，冬季漫长、多寒潮天气，利于设备的散热和运维，属于国家规定数据中心地区划分中的一类地区。第三，电力资源丰富，白城既是国家唯一的风电本地消纳综合示范区，又是吉林省富余电力消纳示范区，具有优越的供电条件。第四，水资源丰富。白城地处嫩江流域，嫩江干流过境水资源丰富，地下水资源开发利用潜力较大。建设以联通北方云计算中心为主体，白城工业园区数据灾备基地、经开区数据产业基地为两翼的"一体两翼"产业格局，打造立足吉林省、辐射东北、服务全国、面向东北亚，提供全方位数据处理、存储和灾备服务的"中国北方云谷基地"。

二 吉林省区域经济协调发展状况

（一）长春—吉林一体化协调发展

长春、吉林两市地理空间毗邻，经济社会联系紧密、开发条件优越、发展要素集中，是全省经济、科教、文化中心区域，具有率先实现一体化协同发展、建设现代化都市圈的良好基础。

长春—吉林一体化协调发展有利于构建吉林省区域协调发展新格局。能够进一步优化长吉两市生产力布局，加快提升吉林省中部城市群整体实力；能够进一步增强优势区域经济增长核心能力，推动实现高质量快速发展；能够更好地发挥长吉两市在全省区域格局中的纽带桥梁功能和辐射带动功能，提升协调发展水平和经济综合实力。长春—吉林一体化协调发展有利于探索新时代东北全面振兴发展新路径。能够加快破除制约区域经济社会发展的体制机制障碍，推动形成振兴发展的体制机制构架；能够更好发挥市场在资源配置中的决定性作用，营造公平竞争、优胜劣汰的市场环境；能够为东北地区一体化发展提供新模式，推动东北老工业基地实现转型升级和创新发展。长春—吉林一体化协调发展有利于打造东北亚区域开放合作新引擎。能够进一步巩固长吉两市作为长吉图开发开放先导区、哈长城市群的腹地支撑作用，强化承东启西、连接南北的枢纽功能，形成"一带一路"和"冰上丝绸之路"重要支点，推动开放合作在更高层次上向纵深发展。

打造文明和谐现代化都市圈。统筹谋划长春—吉林一体化协同发展空间布局，明确城镇节点功能定位和发展方向，推动长吉两市建设成为层次分明、分工合理、文明和谐的现代化都市圈。按照"功能互补、区域联动、节点支撑、网络发展"的思路，着力打造"一区、两核、三带、四节点、若干功能区"的空间发展格局。全面提升核心聚集和对一体化区域的辐射带动能力，建设国际知名、国内有重要影响的东北亚区域性中心城市。全面实施乡村振兴战略，打造一体化区域美丽乡村带，着力加强长吉城镇群之间的横向经济联系。深度融入"一带一路"建设，以重点开放平台为载体，强化国际产能合作和国内产业对接，推动形成陆海联动、全方位开放新格局。

推动产业发展一体化。依托区域产业基础，选择具备合作发展和融合发展潜力的产业领域率先突破，推动区域间同类产业分工协作和错位发展，强化区域间上下游产业紧密衔接，促进形成布局合理、分工有序、错位发展、互动融合的产业格局。协同发展先进制造业合力壮大优势产业，进一步增强汽车产业、轨道交通产业对区域协同发展的拉动作用。提升现代服务业，完善区域物流基础设施和重要物流节点建设，构建以大型物流集散中心为统领，专业物流园区、区域分拨中心和城乡配送网络为支撑的物流网络体系。协同发展现代农业，统筹划定粮食生产功能区、重要农产品生产保护区和特色农产品优势区，巩固区域粮食生产基础，优化粮食生产布局。推动平台联动发展，形成资源、政策的优势互补，更好地发挥平台优势，提升平台整体功能和水平。

推动基础设施一体化。加快推进交通、能源、水利和信息等重大基础设施建设，形成互通互联、高效便捷、安全环保、保障充分的现代基础设施一体化体系。优化综合交通运输体系，完善区域公路交通网络，提升铁路和航空设施支撑能力，提升城市交通设施水平。强化能源基础设施保障，加快推进油气输油管线建设。加强水利基础设施建设，提高水资源保障能力。整合现有供水格局，合理配置水资源，建立地域水资源开发利用一体化格局，形成区域江库连通、相互补给、灵活调度的多层次供水网络。加快信息基础设施建设，构建时空大数据云平台，提升数字信息基础设施支撑能力。

推动生态环保一体化。深入贯彻"绿水青山就是金山银山"发展理念，统筹优化区域生态安全格局，努力提升区域生态承载能力，保护好区域生态环境，加强生态共建共保、环境共治共管，提高资源综合利用水平，促进生态文明建设，全面增强区域可持续发展能力。合力提升生态承载能力，建设大都市区生态林系和绿地系统，共同打造大都市区河湖生态系统，联合保护都市湿地系统。共同加强环境污染治理，深化大气污染联防联控，携手加强流域水污染防治，联合开展区域环境监管。协同强化资源综合利用，协同提高资源利用效率，共同践行绿色低碳发展，构建一体化循环经济体系。

推动公共服务一体化。以和谐城市、幸福城市、文明城市建设为契机，积极推进医疗、养老、教育、文化等重要民生领域的公共服务一体化，促进社会建设和公共服务领域协同发展，不断增强人民群众对协同发展的归属感、获得感、幸福感，打造以人为中心的现代化都市圈。协同发展教育事业，强化长吉一体化区域作为东北地区重要的高等教育中心的地位，突出办学特色，优化教育资源和人文环境。完善医疗卫生服务体系建设，统筹配置长吉两市医疗卫生资源。共同打造文化品牌。加强对城市文化遗产的保护、开发和利用，围绕汽车文化、电影文化、雕塑文化、冰雪文化、警示文化等特色文化资源，打造特色文化品牌。促进群众体育、竞技体育、体育产业和体育设施建设均衡协调发展。联合加强公共就业服务。

（二）长春—公主岭同城化协调发展

同城化是地域相邻、经济社会联系密切的城市通过相应的制度安排和协同合作，实现基础设施建设、产业分工合作、空间开发整合、公共服务共享、行政管理统一等融合一体和协调发展的过程，是打破行政壁垒、优化资源配置、提升城市能级、形成共赢格局的重要路径。长春、公主岭两市地域邻近，经济社会联系紧密，融合发展已达成共识，具备同城化协同发展的基本条件。

长春—公主岭同城化协调发展有利于将长春打造成东北亚区域性中心城市，进一步优化长春市空间结构，拓展城市发展新空间，提升中心城市发展规模、综合承载能力以及城市量级，提高城市发展竞争力和影响力，为建设东北亚区域性中心城市注入新动力、提供新支撑。有利于实现环长春四辽吉松工业走廊率先突破，通过推动长春和公主岭两市在汽车产业、装备制造、农产品加工等工业领域的分工协作，进一步整合资源、提高规模效率和集聚效益，强化环长春四辽吉松工业走廊的创新引领、产业支撑和要素集聚等综合功能，实现工业走廊建设率先突破。有利于探索跨区协同发展新模式和同城化新路径，推动长春、公主岭两市在基础设施、产业分工、公共设施、生态环境、社会服务等领域实现协同发展，将进一步探索跨行政区城市协同发展新模式，并为创新同城化发展新路径积累经验。

全面推进长春、公主岭两市资源整合，进一步优化资源配置，构建高效合理的空间格局，促进区域整体联动发展，形成"一区两带"的同城化协同发展布局。"一区"即长春—公主岭经济合作区，加快推动经济合作区建设，推进城市道路等基础设施的共建对接，强化产业协同合作，促进基本公共服务共享和生态环境共治，打造长春—公主岭同城化协同发展的先行区和支撑区。"两带"分别为长春—四平协同发展带、长春—双辽协同发展带，通过轴带引导，支撑长春、公主岭两市对接与同城化发展。承接长春各类要素扩散，不断提升产业协作水平，推进长春—双辽协同发展带要素集聚，基于"一区两带"同城化协同发展布局构建，进一步优化长春空间布局结构，拓展中心城市发展空间，引导产业、人口等要素集聚，打造长春都市区。促进经济圈内城镇、产业功能的相互联系与分工协作，提升区域内部关联度，形成协调联动发展格局。

推进基础设施互联互通。构建同城交通网络，强化长春、公主岭两市快速铁路连接，优化路网结构和枢纽建设，加快推进道路网络建设，完善长春、公主岭两市干线公路对接体系，依托长春龙嘉国际机场，开发国际、国内航线，共同推进航空枢纽建设。同享数字信息资源，统筹建设信息基础设施，优化信息资源配置，统筹推进"数字城市"建设，推进城市数字信息设施建设，推进信息安全保障和网络信任体系建设，建立信息与网络安全联合防护管理和协作机制。建设能源保障体系，统筹规划布局电力能源基础设施，加强供气设施和供气管网连接。强化共享水利设施建设，加快推进中部城市引松供水工程建设，完善长春、公主岭两市引松供水配套工程和供水设施建设，构建城市防洪除涝排水工程体系。

推动产业深度对接合作。打造制造业产业集群，以汽车智能化、网联化、电动化等为发展方向，布局发展汽车及零部件产业集群，打造汽车研发生产基地。发展玉米深加工、畜禽产品加工、绿色食品加工等重点领域，加快推动产品向方便化、规模化、功能化、专用化等方向转型，引进一批高端智能制造企业，发展与装备制造业配套的高新技术产业，充分利用产业基础优势，以推动产业规模化、高端化、国际化为目标，培育新材料、医药健康、大数据等战略性新兴产业。发展现代生态农业，开展农业科技创新，推动种植业结构优化调整，打造生态、绿色农业品牌，发展特色农业，推动农村信息化设施建设，构建综合智能信息系统和服务平台，推行农业绿色生产方式，增加绿色优质农产品供给。

加强生态环境治理。构筑生态安全格局，建设绿色生态屏障，实施山水林田湖生态保护和修复工程，强化生态优势和资源特色，提升森林覆盖率和城市"绿肺"功能，打造结构合理、环境优良、景观特征明显的生态景观空间格局，强化城市近郊防护林建设，构筑城市外围绿色生态空间，推进水环境整治，加大重点水域水体的环境综合治理力度，开展大气污染治理，实施长春、公主岭打赢蓝天保卫战三年行动计划，统筹固体废弃物处置，促进生活垃圾焚烧发电厂、电子垃圾无害化处理厂等固体污染物处理设施共建共享，完善污染防治机制，推行全区域治理模式。促进绿色低碳发展，开展土地、水、能源消耗等总量和强度控制行动，建立最严格的耕地保护制度和土地集约利用制度，建立生态农业循环发展模式，大力发展生态有机农业，强化节能环保理念，倡导绿色消费、推广绿色建筑、推进绿色出行。

三　吉林省区域经济绿色发展状况

（一）长通白延吉长避暑冰雪生态旅游大环线

当前，国家启动和实施生态文明、"一带一路"倡议、全域旅游、乡村振兴、供给侧结构性改革等重大部署，出台相关政策为吉林省旅游业发展提供战略机遇；"三亿人上冰雪"、北京冬奥会及全国冰雪旅游热潮兴起，为冰雪旅游发展激发了强大的市场潜力。建设长通白延吉长避暑冰雪生态旅游大环线，对于重新构建旅游产业发展新格局和新定位，推动东部环线区域旅游产业深度调整、结构优化和跨越发展带来难得的新机遇。长通白延吉长避暑冰雪生态旅游大环线立足东部地区得天独厚的冰雪、山地、森林、河湖等生态旅游资源，围绕"避暑+冰雪"两大主题，依托长吉图休闲度假游（长春—吉林—延边—长白山）、图们江与鸭绿江边境风情游（珲春—长白山—白山—通化）和长辽梅通康养避暑游（长春—辽源—梅河口—通化）经典旅游线路，打造东部避暑冰雪生态旅游大环线。

坚持绿色发展引领，推进"旅游+"行动，加快旅游与自然保护、现代农业、新型工业、特色城镇以及历史文化、大众体育、医疗康养等深度融合发展，不断发挥旅游产业联动作用，拓展旅游业发展新领域。

结合自然资源改革和生态文明建设，发挥东部地区生态旅游资源整体优势，以东北虎豹国家公园为基础，以各级各类自然保护区、风景名胜区、水利风景区以及森林公园、地质公园、湿地公园等为主要载体，探索具有吉林省特色的自然保护与生态旅游发展模式。

利用国家旅游局、国家体育总局认定北大壶体育旅游经济开发区为"国家体育旅游示范基地"创建单位和长春净月潭"瓦萨"国际滑雪节为"国家体育旅游精品赛事"的机遇，全力做好相关创建工作，力争顺利通过验收；总结"延边·韦特恩国际自行车旅游节""环长白山自行车骑游大会"等体育旅游品牌创建经验，不断提升体育旅游发展水平和质量。

（二）长松大白通长河湖草原湿地旅游大环线

长松大白通长河湖草原湿地旅游大环线，充分发挥西部地区辽阔草原、广袤湿地、美丽家园的自然生态资源优势，依托河湖连通工程，突出"草原＋湿地＋湖泊＋田园"生态旅游主题，结合蒙古族草原民俗跨省游、西部草原湿地自驾游、湿地科考、观鸟游等精品旅游线路，打造西部河湖草原湿地旅游大环线。

大力提升景区功能品质。支持查干湖、向海、莫莫格、嫩江湾等重点景区科学划定旅游功能区，重新定位产品，拓展发展空间，提升服务功能，具备条件的景区提档升级创建国家 5A 级旅游景区，实现西部 5A 级旅游景区"零"的突破。加快推进嫩江湾、机车小镇、查干浩特等旅游综合开发项目，带动和引领西部旅游业快速发展。

推动旅游产品提档升级。延伸拓展西部渔猎文化之旅，以产业支撑产品创新，推动冰雪旅游基础产品向高端的度假产业形态与生活方式发展，不断扩大查干湖"冬捕"旅游品牌影响力。打造特色旅游和民俗风情村镇，鼓励发展特色餐饮和民宿，以及帐篷酒店、自驾车旅居车营地露营地等。大力发展生态避暑休闲旅游产品，重点建设松原查干湖、天河谷、哈达山、乾安·西湖、白城向海、嫩江湾、莫莫格等四季综合性旅游景区。

培育文化创意旅游产品。依托多元融合的文化旅游资源，系统培育具有西部地域特色的文化创意旅游产品，持续挖掘"冬捕""春捺钵"等文化中的各类旅游元素，重点打造辽代皇帝"春捺钵"文化产业观光园、白城军事文化产业园、白城中共辽吉省委辽北省政府办公旧址和侵华日军机场遗址群等民俗文化、祭祀文化、渔猎文化、军事文化、红色文化旅游产品。

突出发展特色乡村旅游。以建设民俗特色小镇、古村落、现代农庄为乡村旅游发展的突破口，打造一批融合型、交通型、景区带动型、民族特色型、传统村落型等特色乡村旅游产品。制定《乡村旅游发展总体规划》，开展乡村旅游质量评定工作，支持福顺镇农业观光园、四海明珠旅游度假村等一批特色乡村旅游经营单位提档升级。加大精准旅游扶贫力度，实施乡村旅游富民工程。通过旅游扶贫开发，推进旅游规划扶贫公益行动，带动贫困群众脱贫致富。

加快自驾车营地开发建设。完善自驾车旅居车旅游服务体系，推动落实旅居全挂车相关政策措施，完善旅游营地住宿登记、安全救援等方面的管理措施和机制。推进双辽市—马树、卧虎草原以及向海景区旅游综合开发等旅游营地项目开发建设，到2020年建设完成5个标准的旅游营地，初步形成覆盖西部环线区域，特色鲜明、功能齐全的自驾车旅居车营地体系。

四 吉林省区域经济开放发展状况

（一）沿中蒙俄开发开放经济带

吉林省地处东北亚地理几何中心，是东北地区经图们江出海的战略桥头堡，是连接中蒙俄经济走廊的重要战略节点，东部与朝鲜隔图们江和鸭绿江相望，边境线长1138.6千米，与俄罗斯滨海边疆区陆路相连，边境线长246千米，拥有对俄等周边国家公路、铁路口岸16个，是国家"一带一路"向北开放的重要窗口。珲春是中国与俄罗斯乃至东北亚地区经济合作的重要支点。沿中蒙俄开发开放经济带以珲乌交通大通道为主轴线，以长春城市群为腹地支撑，向东经长吉图、扎鲁比诺港连接俄罗斯滨海边疆区等俄远东地区及日本、韩国，向西经白城、乌兰浩特、阿尔山对接蒙古国。

推动沿中蒙俄开发开放经济带建设，是吉林省深度融入"一带一路"建设，推动中蒙俄经济走廊，连接欧亚经济联盟、草原之路，加快形成全面开放新格局，推动全省域开放协调发展的战略举措和务实选择；是深化大图们江区域合作、探索东北亚国际合作新模式的重要途径；是推动吉林省加快形成全面开放新格局的重要抓手，对推动东北亚区域经贸合作、振兴吉林省老工业基地，丰富和补充长吉图开发开放先导区等国家战略，协同推动近海、沿边、内陆开放，构建吉林省全面开放发展新体制，推动形成全面开放新格局，同步实现全面建成小康社会目标等具有重大而深远的意义。

对接俄罗斯"欧亚经济联盟"和蒙古国"草原之路"倡议，吉林省认真落实《建设中蒙俄经济走廊规划纲要》，在发展规划、重大项目、园区建设、通关便利化、生态环境保护等方面形成完善的协商与衔接机制，共同打造设施紧密连接、贸易日益畅通、人民友谊不断深化、边境地区和平稳定、生态环境友好的区域经济一体化新格局。

把基础设施互联互通作为参与建设中蒙俄经济走廊的优先领域，全力推动中蒙俄国际大通道建设，畅通陆海联运、铁海联运通道，逐步形成比较完善的区域基础设施网络。

推动扩大对俄罗斯出口规模。积极培育壮大吉林炭素集团的石墨电极、大合生物技术开发有限公司的赖氨酸等一批高附加值、竞争力强的出口企业和出口产品开拓俄罗斯市场。扩大汽车零部件、机电产品、化工产品、纺织品、建材等出口规模。

培育壮大对俄经贸合作主体。积极推动国有、民营企业合资合作，发展混合所有制企业、组建境外企业联合体，增强境外投资合作竞争力。面向东南沿海发达省份，加大招商引资力度，引进对俄经贸合作大企业，共同开发俄远东地区及纵深市场。

坚持"点、线、面"相结合，围绕"产业+重点国别（区域）"，开展制造业专项招商行动，紧盯国内外先进装备制造、智能制造、工业互联网等产业，瞄准装备链、电子链、汽车链、钢铁链、石化链等，着力引进龙头项目和配套项目。围绕重点国别和重点区域，研究用好中日韩和中国与北欧合作机制，策划开展中国香港、德国、日韩以及北欧等地区和国家的经贸交流活动。制定融入京津冀协同发展、长江经济带发展、粤港澳大湾区建设等重大国家战略的招商引资行动方案。探索建立吉林省产业招商联盟和招商引资高端智库。

(二) 长白通（丹）大通道

长白通（丹）大通道内已形成由公路、铁路、航空多种运输方式构成的综合运输网，已建有至少一条高速、一条二级以上公路和一条普铁，通化内陆港和丹东港之间可实现高效对接，总体适应"向南"开放需要。一是公路网较为完善，已建有长春—伊通（营城子）—辉南—长白山（松江河）、伊通—辽源、营城子—梅河口—通化、辉南—白山和敦化—白山—通化—丹东—大连高速公路，以及四平—辽源—梅河口—通化—白山一级公路和营城子—辉南—白山二级公路，可连接区域主要城市（镇）和通化国际内陆港；二是区域内建有可以承担大宗货物长距离运输的长春—辽源和四平—梅河口—通化铁路；三是建有长春龙嘉和通化三源浦"一主一辅"两个运输机场。

推动做大做强长春交通。长春是"一带一路"中蒙俄经济走廊的节点城市、未来东北亚区域性中心城市，是"一主、六双"产业空间布局的核心、长白通（丹）大通道的起点，其公路交通应优先发展。

构建高品质交通网。建设沈阳至白河高铁，谋划建设四平至通化客车专线。积极推进通化机场改扩建，加快推进白山、集安机场前期工作，谋划长春龙嘉国际机场三期扩建工程等项目。2018年底前实现辉南至白山高速公路通车，2019年底前建成辽源至东辽、集安至通化高速公路，争取尽早启动集安至桓仁高速公路项目，与铁路和机场有效衔接，全面支撑长白通（丹）大通道经济发展。

推进界河重点航段航道整治。争取交通运输部支持，加快推进鸭绿江集安长川至安子哨段航道整治工程，改善鸭绿江重点航段通航条件，逐步打造鸭绿江边境旅游黄金航道。

完善综合运输枢纽布局和集疏运体系。一是续建长春传化公路港物流园区，支持长春东综合客运枢纽建设，依据国家政策，推动长春国际物流园、东北物流园区建设。二是结合沈阳至白河高铁，建设通化市、白山市综合客运枢纽。三是支持通化国际内陆港物流园区建设，做好通化内陆港集疏运组织，促进通化国际内陆港与丹东港的对接合作。

加快发展绿色交通。一是建设绿色公路。把绿色发展理念、生态文明建设融入交通运输发展的各领域各环节，鼓励具备条件的县（市、区）高水平推进"四好农村路"建设，让公路发展与当地的山水林田融合、与人居环境整治融合、与社会主义新农村建设融合，助推乡村振兴。二是强化生态保护和污染防治。各等级公路、客货枢纽、运输服务设施的规划建设符合所在地大气环境、水环境、声环境、生态环境的功能区划要求，严格落实生态保护和水土保持政策；利用生态工程技术减少交通对生态敏感区域的影响，鼓励开展生态修复；打好柴油车污染治理攻坚战。三是大力发展绿色设施装备。加快干线公路充电桩、加气站等配套设施的布局规划和建设，推进新能源运输工具规模化应用，促进交通运输绿色发展。

提升运输服务品质，降低物流成本。一是继续完善高速公路服务区旅游服务功能，优化普通国省干线公路服务设施布局，扩大其覆盖范围，完善设施功能。二是推进交通运输服务一体化，发展"一票制"客运服务，进一步扩大"门到门""互联网+客运"等定制运输覆盖面，提升公共服务水平。三是推进运输结构调整，把长春市打造成全省运输结构调整示范区。推动道路货运行业集约高效发展。加快信息资源整合，积极发展"互联网+货运"新业态，规范培育无车承运人等现代物流市场新主体，打通物流信息链，实现资源共享、数据共用、信息互通，提高物流增值服务能力。强化公路货运车辆超限超载治理，有力推进大宗货物运输"公转铁"。四是推动物流降本增效。分步分阶段探索对抚长高速营城子至松江河和鹤大高速新开岭至西沟等路段实施差异化收费。五是推进应急保障体系建设，强化重点时段、重点领域、重点地区、重点环节的安全监管，有效防范和坚决遏制重特大事故发生；加强道路运输应急保障工作体制和运行机制建设，提高道路运输应急保障能力和应急处置效率。六是保障公路管养到位，确保山区路段寒冷季节的通行安全。

（三）长吉珲大通道

长吉珲大通道以长春为起点，向东基本形成了多种运输方式并存，具有"三双"大格局的综合运输通道，总体上适应区域经济发展，为"向东"开发开放提供了较为充分的交通保障。一是通道内各运输方式比较完备。已建成长吉珲高铁、长图珲和珲马普铁"双铁路"，建成珲乌高速公路、国道珲阿公路"双公路",并分别在吉林省、敦化与已建的哈吉沈和鹤大高速公路交叉。建成长春、延吉"双国际机场"。二是通道内集疏运体系布局较为完善。已建成长春凯旋路、吉林、延吉西、图们、敦化、珲春6个综合客运枢纽;长春香江等物流园区已投入运营,长春东北物流园区、长春传化公路港物流园区及吉林长吉图综合物流园区等正在建设。三是互联互通粗具规模。长吉珲高铁和普铁可连通珲春及长岭子口岸,珲乌高速公路、珲阿二级公路直达长岭子和圈河口岸。中俄"滨海2号"国际交通走廊中方基础设施已经成网,对俄运输及内贸外运可实现陆铁海联运。

加快构建高品质交通网。一是建设敦化至白河高铁,谋划长图铁路扩能改造。二是迁建延吉机场,改扩建吉林机场,加快推进敦化机场前期工作,谋划长春龙嘉国际机场三期扩建工程。三是实现吉林至舒兰(吉黑界)高速公路通车,积极谋划图们至龙井项目,具备条件适时开工。

推进互联互通通道建设。一是建成珲春西炮台(珲乌高速起点)至长岭子口岸一级公路。二是推动与俄基础设施互联互通。近期,做好珲春至扎鲁比诺港既有公路改造方案研究;远期,推动统筹谋划好对俄的高铁、高速公路建设的优先顺序,争取国家层面支持和推动。组织吉林企业尽快开通珲春—俄阿尔焦姆旅客运输线路。

提升国际运输服务水平。一是加强与俄政府间、企业间的合作,为陆海联运创造便利条件。开展中俄危险品运输专题调研工作,推动交通运输部与俄联邦交通运输部达成国际危险品运输协议,满足俄方经珲春口岸向中方运输天然气需要。二是推进国际道路运输车辆和装载单元标准化;引导国际道路运输企业向规模化、专业化、网络化发展,并做好通关条件改善、货源组织、港口设施改善等工作。三是利用好与浙江对口合作机会,政府搭台、企业唱戏,培育吉林利用俄港口到舟山港等港口的稳定航线,破解大宗货物"北货南运"瓶颈问题,推动内贸外运航线合作持续健康发展,有效降低运输成本。

推进智慧交通发展。一是推进交通运输便捷出行与智慧服务。在长吉珲大通道区域新建工程推广应用车路协同、精准气象感知、新能源、北斗应用等成果,建设智慧高速公路;提升综合交通出行跨界融合"一站式"服务;试点改造具有物流集散功能的高速公路服务区,建设具有吉林特色的农村物流"村村通"综合服务平台。二是构建综合交通运输大数据管理平台，提升行业监管精准化水平。与民航、铁路、邮政数据对接，进一步升级便利化服务平台；提高行业行政执法综合效能，实施层级分明、责任清晰的协同执法与联网监管；推进科技治超和全国治超联网。三是加快交通基础设施数字化建设，提高网络安全保障水平。推进BIM技术应用、通道区域重大桥隧全生命周期健康监测，强化行业网络安全保障，夯实智慧交通发展基础。

五　吉林省区域经济共享发展状况

（一）环长春四辽吉松工业走廊

环长春四辽吉松工业走廊包括长春市、吉林市、四平市、辽源市、松原市、梅河口市及公主岭市，共35个县（市、区）。国土面积91090.6平方千米，占全省总面积的48.7%；人口约2038万人，占全省总人口的75.1%。

环长春四辽吉松工业走廊区位优势明显，经济实力雄厚，基础设施完善，发展前景广阔。地处东北经济区地理几何中心、长吉图开发开放先导区的核心地带、中蒙俄经济走廊的重要支撑区，是对外开放的重要窗口，具有极其重要的战略地位。经济发展水平较快，是政治、经济和文化中心区域，对周边地区具有较强的集聚辐射能力。产业体系完备，优势明显，区域创新能力较强，拥有国家级高新技术产业开发区3个、国家级经济技术开发区5个、国家级新区1个。工业化、城镇化水平较高，非农产业增加值占GDP的比重近90%，处于工业化加速发展的中期阶段，基本形成了由1个大城市（长春），1个中等城市（吉林市），一批小城市（四平、辽源、松原、梅河口、公主岭等）和若干特色小城镇构成的层次分明、等级有序的城市群框架。初步建成以"三纵两射一横"高速公路、"大十字轴"铁路干线和枢纽型航空为主体的交通运输体系，综合交通网络格局初步显现。生态环境敏感度和脆弱度相对较低，区域内城市环境空气质量优于全国平均水平。总体上，环长春四辽吉松工业走廊具有良好的发展基础、发展条件和发展态势，能够迅速形成明显的集聚效应、规模经济和竞争优势，肩负起对全省发展振兴的辐射带动作用。

加快环长春四辽吉松工业走廊建设，实现创新驱动发展，有利于加快转变经济发展方式，提升经济能级，实现对接国际标杆，促进新旧动能转换，实现高质量发展。有利于推动产业迈上中高端水平，促进生产要素加快向中部地区集聚。有利于进一步优化产业结构和布局，推动产业高端化、智能化、绿色化、集约化发展，形成以高端技术、高端产品、高端产业为引领的现代产业新体系，带动产业转型升级，促进产业向中高端发展。有利于优化区域发展格局，对推动创新发展，加强区域内双向交流合作，促进形成联动融合、互利共赢的区域协调发展新格局和形成新的经济增长极具有重要作用。有利于全方位参与"一带一路"建设，丰富对外开放内涵，有利于全面拓展开放领域，稳固和深化与东北亚、欧美等国家和地区的合作，为构建全方位开放新格局提供重要支撑。

环长春四辽吉松工业走廊建设以建成优势互补、布局合理、协同配套、联动发展的现代工业走廊为目标，着力构建"一核双廊八通道"协同空间布局。即以长春绕城高速公路环线内区域为核心，发挥产业、科教、金融等基础优势，构造工业走廊创新发展核心区；以构建农安、公主岭、伊通、双阳、九台、德惠、吉林市（中新）食品区高速公路环线为依托，加快推进长春—公主岭同城化等战略实施，打造工业走廊内廊协同区；以构建吉林市、榆树、松原、四平、辽源、梅河口高速公路环线为依托，加快推进长吉一体化等战略实施，打造工业走廊外廊联动区；以连通区域内各市县、各开发区和特色小城镇等关键节点为目标，强化道路基础设施互联互通，打造工业走廊内部核心辐射产业八通道，在通道上合理规划开发区、工业集中区、特色小镇产业分工布局，构建产业集聚连通通道，充分就地就近吸纳人口就业。

（二）长辽梅通白敦医药健康产业走廊

医药健康产业是吉林省的优势产业，也是"十三五"时期重点培育的新支柱产业。随着生物技术、材料技术、信息技术的突破和应用，医药健康产业正加速进入新一轮发展机遇期。伴随新一轮东北振兴和长吉图开发开放先导区战略全面实施，深度融入"一带一路"建设，推进"一主、六双"产业空间布局，抢抓机遇，统筹规划建设长辽梅通白敦医药健康产业走廊，对于优化医药健康产业生产力布局、加快新旧动能转换，由点到面把医药健康产业打造成新的支柱产业、形成全省新的发展动力具有十分重大的战略意义和现实意义。

长辽梅通白敦医药健康产业走廊已形成以通化国家医药高新区和长春国家生物产业基地"一区一基地"为双核心,以辽源、梅河口、白山和敦化4个医药高新技术特色产业基地及长春市双阳区、东丰县和通化市东昌区、通化县、辉南县、靖宇县、抚松县、长白县8个中药产业基地为补充的医药健康产业发展大格局。现有主营业务收入超亿元企业151家,占全省主营业务收入超亿元医药健康企业的67.4%。现有主营业务收入超亿元品种59个,占全省主营业务收入超亿元医药健康品种的77.6%。现有主板上市企业10家,占全省医药健康产业主板上市企业的90.1%。医药健康产业集中度和集聚水平明显提升,形成了具有重要影响的产业集群。

总体布局上,构建"一廊、二核、多点集聚"的发展格局,打造2个超千亿级、4个超百亿级集聚区域,形成"布局合理、结构协调、重点突出、特色明显、互动关联、共同发展"的医药健康产业走廊。

通化国家医药高新区依托通化市产业基础雄厚、集聚发展的明显优势,以建设吉林市向南开放窗口为依托,以医药、食品、旅游产业为支撑,发挥制造业集聚以及中药集散地的重点功能,对接长春市动力核心功能,提升科技研发尤其是科技成果转化能力,加强专业性的国家级高新区建设,将通化打造成以医药制造业为特色、主营业务收入超千亿级的制造核心。

长春国家生物产业基地有效利用长春市科研辐射带动的核心作用,发挥科技带动、产业示范、配套服务等功能,以中药、生物药、医疗器械与医用健康材料、健康服务业为主要发展方向,着力建设集研究开发、高端产品生产、人才培养、信息服务、产业资本集聚、创新资源汇聚于一体的医药健康产业基地,把长春市打造成以创新为特色、主营业务收入超千亿级的动力核心,发挥走廊门户作用,辐射带动其他地区加快发展。

辽源市以化学药与梅花鹿产业为特色,重点建设化学原料及合成药生产基地,为全省乃至全国提供优质化学原料药;加快推进梅花鹿规范化养殖及系列产品开发。梅河口市巩固和提高化学药产业优势地位,大力发展中药产业,积极培育生物药和医疗器械产业,加速在梅河口市打造形成新的具有示范和带动作用的产业集群。白山市依托长白山独特的生态环境和特色中药材资源，加快推进以人参等道地药材资源开发为主的中药及健康产品产业，打造医药健康产业原料生产基地和健康产品生产基地，为全省乃至全国提供优质原料与特色健康产品。敦化市围绕"一主两辅一补充"，打造以中药为主，以化学药、生物药为辅，以健康服务业、医药器械、功能食品、化妆品、药用包材等为补充的产业体系；努力把敦化国家医药城建设成长吉图开发开放先导区最具活力的健康医药产业集聚中心、长白山特产药材集散中心、中药生态文化旅游中心和北方道地药材规范化生产基地，成为东北亚经济圈迅速崛起的大健康大医药产业中心，辐射带动延边州其他有条件的县（市）打造医药健康产业特色城市。

六 吉林省区域经济高质量发展的经验

第一，强化顶层设计和组织领导。充分发挥各地区、各部门发展领导小组的组织协调作用，集成各成员单位资源，发挥各自优势，积极探索服务新方式、新方法，促进企业快速发展壮大。加强经济产业发展、走廊区域产业发展与"一带一路"倡议及老工业基地振兴、乡村振兴、扶贫攻坚等重大战略的统筹协调。

第二，打造区域产业发展平台体系。建设产业发展平台，按照产业定位，全面推进特色园区建设。建设产业孵化平台，加快推进科技产业基地建设和孵化能力，提升基地承载能力和孵化水平。以企业为创新主体，与高校、科研院所和社会组织广泛合作，按照共建共享原则，探索建设专业化的新型研发机构，提升科技创新综合服务能力。

第三，完善产业创新服务体系。加快科技成果转化，借助技术转移服务平台、专利信息技术展示交易中心等专业服务平台，结合高校和科研院所的创新力量，加快推进技术、成果、人才等创新要素向企业流动，为优秀创新成果在产业走廊快速转化提供高效、便捷的全方位服务。建立激励机制，加速新产品、新技术的研发与成果转化。鼓励企业外包研发成果、引进关键技术或购买核心专利在本地转化。推动创新资源共享，整合各类创新服务资源，通过政府引导和扶持，提高企业技术中心、重点实验室、中试中心、院士工作站的公共创新服务效率。创新科技金融模式，综合运用买方信贷、卖方信贷、融资租赁等金融工具，引导银行等金融机构加大对企业的信贷支持。深入开展知识产权质押融资贷款业务，有效解决小微企业和专利发明人融资难等问题，加速专利成果转化。

第四，加快企业培育和项目实施。加快大企业集团、骨干企业发展和新兴企业培育。扬长补短，打造一批具有竞争力的大型企业集团，提高产业集中度。以高新技术企业、创新型企业和小巨人企业为重点，发展壮大一批骨干企业，加快培育一批新兴企业和小微企业。

第五，突出创新驱动和人才支撑。加强创新驱动，依托高校、科研院所等载体，发挥人才、技术、企业等各方面优势，通过资金和政策扶持，完善"产学研用"技术创新体系。强化人才支撑，深入探索人才引进与激励机制，利用院士工作站等平台和各类科研项目资助的优势，吸引、集聚和使用高端智力人才，"引得来、留得住"，政策落实到位。

第六，加强招商引资与对外开放。加强与国内外全方位的战略性合作。加强与浙江、北京、上海、广东、黑龙江、辽宁等地合作，积极引进先进技术与战略投资者。加快国际产业合作区建设，深入融入"一带一路"和亚太经济圈，立足俄罗斯远东开发战略，发挥俄罗斯土地、港口等优势。加快对外交流与合作，举办产业发展论坛、成果对接与技术交流等系列活动，扩大对外开放度，加强对外交流与合作，寻求共同发展。

第四章

吉林省经济高质量发展指数分析

一 省域经济高质量发展评价指标体系构建

(一) 经济高质量发展评价指标体系的构建原则

构建经济高质量发展评价指标体系是开展经济高质量发展评价研究的首要条件，科学性、系统性、可操作性等是构建经济高质量发展评价指标体系需要遵循的基本原则。

一是科学性原则。在评价指标选取过程中，要聚焦经济高质量发展的评价目的，紧密围绕经济高质量发展的内涵及构成要素，选取真正契合经济高质量发展特征、能够有效反映经济高质量发展建设情况的指标，确保指标的科学性。

二是系统性原则。评价指标体系既要确保指标在整体上的完整性，又要明晰不同层次、不同指标之间的内在逻辑关系及相对独立性。具体到经济高质量发展评价指标体系，就是既要充分结合经济高质量发展的内涵及构成要素，确保尽可能全面充分地反映省域经济高质量发展现状。同时也要确保不同层次、不同指标之间是有机联系的、层次分明的整体，避免交叉重复。

三是可操作性原则。构建综合指标体系意在对省域经济高质量发展水平进行量化和比较，因此在保证科学性、系统性等原则的同时，要确保指标数据的可得性，构建指标所需要的数据必须能够从公开、权威的数据来源收集到，从而保证指标结果的客观性与准确性。同时要注意测算方法的可行性以及研究对象之间的可比性等，保证选取的指标在总体上保持一致，能够在国内不同省份之间进行横向比较。

(二) 经济高质量发展评价指标体系的构建

根据前文对经济高质量发展的内涵及构成要素等的深入剖析，吸收借鉴国内外具有代表性的研究成果，同时严格遵循科学性、系统性、可操作性等基本原则，本章构建了涵盖高效供给、高质需求、协调公平、绿色发展、经济安全与开放五个维度 49 个具体可量化指标的省域经济高质量发展评价指标体系（见表 4-1）。

1. 高效供给

高效供给反映了一个地区经济发展水平以及人才、科研经费的投入情况，是促进地区经济高质量发展的重要推动力。高效供给主要包括经济发展水平、人才供给、创新驱动和结构优化四大方面：（1）经济发展水平是衡量一个地区经济发展水平和经济发展效率的重要指标。其中，人均 GDP 与 GDP 增速是目前在国际上被普遍采用的、用于反映一国经济发展水平的指标；单位面积土地 GDP 与单位投资新增 GDP 可以反映一个国家对土地和资产的利用效率。（2）"人"是从事科技创新活动的主体，一切科技创新活动都是人做出来的，因此人才供给同样是反映一个国家和地区经济高质量发展水平的重要指标。其中，每十万人口高校在校生数量与就业人员受过高等教育的比例很好地反映了各省份高等教育的发展水平以及高等教育对就业市场结构的改变；人均受教育年限反映了一个地区就业人员素质的整体水平；万人 R&D 人员是指每万人中从事科学研究的人员占比，是目前国际上衡量和比较科技人力投入强度最为常用的指标，用于衡量一个地区的高端人才供给情况。（3）创新驱动反映了对于科技领域的投资力度。其中，R&D 投入强度反映了整个地区的科技投入强度；高新技术企业数量反映了整个地区的科技发展水平；规上工业企业研发经费投入占主营业务收入的比重反映了一个地区工业企业的科技投入强度；规上工业企业新产品销售收入占主营业务收入的比重反映了工业企业科技投入转换的效率水平；每万人发明专利申请量可以很好地衡量一个地区对于"大众创新、万众创业"的完成水平；近三年技术合同成交额增长率平均值能够体现一个地区政府、高校、科研机构以及公司整体的研发水平进步。（4）结构优化可以体现经济结构向经济高质量发展转化的水平。其中：第二产业增加值占 GDP 的比重与第三产业增加值占 GDP 的比重是国际上比较通用的反映地区产业结构和经济高质量发展水平的指标，一般来说，第二产业与第三产业占比之和越高，地区发展水平越高。在第二、第三产业中，第三产业占比越高，地区发展水平越高；高技术产业主营业务收入占规上工业企业主营业务收入的比重则反映了一个地区高新技术对于企业发展的推动作用；一般公共预算收入占 GDP 的比重反映了政府在整个经济社会中的活跃程度以及重要性；市场化指数从政府与市场的关系、非国有经济的发展、产品市场的发育程度、要素市场的发育程度以及市场中介组织发育和法治环境五个维度出发，全面衡量了一个地区市场发展的水平以及市场发展的环境；党的十九大提出要大力支持民营经济的发展，民间投资占固定资产投资的比重就很好地反映了民营经济在整个经济体中的活跃程度。

2. 高质需求

在市场经济中，企业、政府等经济主体都是根据人民的需求产生供给，因此高质需求是拉动地区经济高质量发展的重要动力。高质量需求主要包括消费水平、消费结构与消费高级化三大方面：（1）消费水平是衡量一个地区实际消费情况和消费能力的重要指标。其中，社会消费品零售总额衡量了一个地区实际消费的物品价值，是反映一个地区居民总需求的重要指标；人均可支配收入是国际上普遍衡量居民消费能力的指标，城镇居民人均可支配收入和农村居民人均可支配收入分别反映了城镇居民和农村居民的消费能力。（2）消费结构用于体现居民支出中某一类支出占总支出的比重，可以很好地反映居民的消费、生活方式。其中：消费率指一个国家或地区在一定时期内（通常为 1 年）的最终消费（用于居民个人消费和社会消费的总额）占当年 GDP 的比率，它反映了一个国家生产的产品用于最终消费的比重，是衡量国民经济中消费比重的重要指标；居民人均消费交通通信支出占比与居民人均消费教育文化娱乐支出占比分别是居民交通通信与教育文化娱乐支出占总支出的比例，可以看出居民精神生活的丰富程度。（3）消费高级化可以反映一个地区人民的生活水平，国际上一般采用恩格尔系数来衡量消费高级化程度。恩格尔系数指居民家庭中食物支出占消费总支出的比重，一般来说，家庭生活水平越高，在食物上的支出占消费总支出的比重就会越低。据此，调研组采用农村居民恩格尔系数和城镇居民恩格尔系数分别反映农村与城镇居民的生活水平。

3. 协调公平

协调公平是用来衡量城乡之间协调发展程度和区域之间发展的公平程度，包括城乡协调和公平共享两个方面。在城乡协调方面，调研组采用城乡人均可支配收入比反映城乡之间的发展差距，采用常住人口城镇化率反映城市化进程。在公平共享方面，采用社会保障和就业支出在财政支出中的比重、居民人均可支配收入增长率、每千人拥有医疗床位数、全社会教育投入增长率和移动电话基站密度反映一个地区对于民生、就业、医疗、教育以及通信基础设施的投入强度。

4. 绿色发展

绿色发展主要反映一个地区为了发展经济在自然环境方面付出的代价以及对于环境的保护力度，包括节能减排和生态保护两个方面。在节能减排方面，调研组采用单位 GDP 能耗与单位 GDP 碳排放反映为了发展经济对自然环境造成的伤害，同时也可以反映一个地区对于自然资源的利用效率。细颗粒物排放量和人均污染物排放总量则可以客观反映一个地区对于环境的污染程度。在生态保护方面，调研组采用节能环保支出在财政支出中的比重体现一个地区政府对于环境保护的重视程度和投入力度，采用建成区绿化覆盖率与生活垃圾无害化处理率反映一个地区环境治理方面取得的成就。

5. 经济安全与开放

一个地区的经济高质量发展离不开一个安全稳定的发展环境，也离不开与其他国家的贸易往来，经济安全与开放就反映了经济发展的安全与开放程度，包括安全稳定性、风险防范、对外开放性三个方面：（1）安全稳定性反映的是社会和经济发展的稳定性。其中，高失业率通常伴随着经济萧条与社会动荡，因此城镇调查失业率是国际上普遍采用的反映经济周期和社会稳定性的指标；经济波动率与居民价格消费指数也是反映经济发展稳定性的重要指标，当经济波动率较高、居民价格消费指数较大时会带来鞋底成本、菜单成本等，对社会资源造成不必要的消耗。（2）风险防范体现了一个地区对于经济发展存在的风险的防范意识，一般来说，当债务水平超过一定阈值时经济发展就会存在风险，因此调研组采用规上工业企业资产负债率、政府债务余额与 GDP 之比分别反映企业与政府承担的风险水平。（3）对外开放性反映了一个地区经济发展的开放程度。其中，外贸依存度指的是一国进出口贸易总额与其国内生产总值之比,该指标与实际利用外资占全社会固定资产投资的比重都反映了一个地区经济依赖于对外贸易的程度。

表 4-1　　　　　　省域经济高质量发展评价指标体系

维度	目标	指标
高效供给(A1)	经济发展水平(B1)	人均 GDP(元/人)(C1)
		GDP 增速(%)(C2)
		单位面积土地 GDP(亿元/平方千米)(C3)
		单位投资新增 GDP(亿元/每亿元)(C4)
	人才供给(B2)	每十万人口高校在校生数量(人)(C5)
		就业人员受过高等教育的比例(%)(C6)
		人均受教育年限(年)(C7)
		万人 R&D 人员(人年)(C8)
	创新驱动(B3)	R&D 投入强度(%)(C9)
		规上工业企业新产品销售收入占主营业务收入的比重(%)(C10)
		近三年技术合同成交额增长率平均值(%)(C11)
		规上工业企业研发经费投入占主营业务收入的比重(%)(C12)
		每万人发明专利申请量(件)(C13)
	结构优化(B4)	高新技术企业数量(家)(C14)
		第二产业增加值占 GDP 的比重(%)(C15)
		第三产业增加值占 GDP 的比重(%)(C16)
		高技术产业主营业务收入占规上工业企业主营业务收入的比重(%)(C17)
		一般公共预算收入占 GDP 的比重(%)(C18)
		市场化指数(分)(C19)
		民间投资占固定资产投资的比重(%)(C20)
高质需求(A2)	消费水平(B5)	社会消费品零售总额(万元)(C21)
		城镇居民人均可支配收入(元)(C22)
		农村居民人均可支配收入(元)(C23)

续表

维　度	目　标	指　标
高质需求 （A2）	消费结构 （B6）	消费率（%）（C24）
		居民人均消费交通通信支出占比（%）（C25）
		居民人均消费教育文化娱乐支出占比（%）（C26）
	消费高级化 （B7）	农村居民恩格尔系数（%）（C27）
		城镇居民恩格尔系数（%）（C28）
协调公平 （A3）	城乡协调 （B8）	城乡人均可支配收入比（%）（C29）
		常住人口城镇化率（%）（C30）
	公平共享 （B9）	社会保障和就业支出在财政支出中的比重（%）（C31）
		居民人均可支配收入增长率（%）（C32）
		每千人拥有医疗床位数（张）（C33）
		全社会教育投入增长率（%）（C34）
		移动电话基站密度（个/万人）（C35）
绿色发展 （A4）	节能减排 （B10）	单位GDP能耗（吨标准煤/万元）（C36）
		单位GDP碳排放（千吨二氧化碳/亿元）（C37）
		细颗粒物排放量（万吨）（C38）
		人均污染物排放总量（吨/人）（C39）
	生态保护 （B11）	节能环保支出在财政支出中的比重（%）（C40）
		建成区绿化覆盖率（%）（C41）
		生活垃圾无害化处理率（%）（C42）
经济安全 与开放 （A5）	安全稳定性 （B12）	城镇调查失业率（%）（C43）
		经济波动率（%）（C44）
		居民价格消费指数（上年=100，分）（C45）
	风险防范 （B13）	规上工业企业资产负债率（%）（C46）
		政府债务余额与GDP之比（%）（C47）
	对外开放性 （B14）	外贸依存度（%）（C48）
		实际利用外资占全社会固定资产投资的比重（%）（C49）

具体指标说明如下：

（1）人均GDP（C1）。单位为元/人，表示地区生产总值与常住人口的比值。

（2）GDP增速（C2）。单位为%，表示（本年度地区生产总值－上年度地区生产总值）/上年度地区生产总值×100%。

（3）单位面积土地GDP（C3）。单位为亿元/每平方千米，表示每平方千米土地面积的地区生产总值。

（4）单位投资新增GDP（C4）。单位为亿元/每亿元，表示每亿元新增固定资产投资额的地区生产总值数。

（5）每十万人口高校在校生数量（C5）。单位为人，表示为每十万人口高校在校生数量＝高校在校生数量/人口数×100000，人口数为年末常住人口。

（6）就业人员受过高等教育的比例（C6）。单位为%，表示受过高等教育的就业人员占全部就业人员的比重。

（7）人均受教育年限（C7）。单位为年，表示某一特定年龄段人群接受学历教育的年限总和的平均数。

（8）万人R&D人员（C8）。单位为人年，表示每万名就业人员中的R&D人员全时当量。

（9）R&D投入强度（C9）。单位为%，表示研发经费支出与生产总值的比值。

（10）规上工业企业新产品销售收入占主营业务收入的比重（C10）。单位为%，表示规模以上企业新产品销售收入与主营收入的比值。

（11）近三年技术合同成交额增长率平均值（C11）。单位为%，等于（当年技术合同成交额增长率＋上一年技术合同成交额增长率＋前一年技术合同成交额增长率）÷3。其中技术合同成交额增长率表示为针对技术开发、技术转让、技术咨询和技术服务类合同的成交额的年增长率。

（12）规上工业企业研发经费投入占主营业务收入的比重（C12）。单位为%，表示规模以上工业企业R&D经费投入与主营业务收入的比值。

（13）每万人发明专利申请量（C13）。单位为件，表示每万人拥有发明专利申请件数，即每万人发明专利申请量＝年末发明专利申请量/年末总人口。

（14）高新技术企业数量（C14）。单位为家，表示当年全省高新技术企业数量。

（15）第二产业增加值占GDP的比重（C15）。单位为%，表示第二产业增加值与GDP的比值。

（16）第三产业增加值占 GDP 的比重（C16）。单位为%，表示第三产业增加值与 GDP 的比值。

（17）高技术产业主营业务收入占规上工业企业主营业务收入的比重（C17）。单位为%，表示高技术产业主营业务收入占规模以上工业企业主营业务收入的比值。

（18）一般公共预算收入占 GDP 的比重（C18）。单位为%，表示一般公共预算收入占 GDP 的比重。

（19）市场化指数（C19）。单位为分，市场化指数是指地区市场化发展的水平和程度。此处用樊纲市场化指数数据，主要从五个维度测算：政府与市场的关系、非国有经济的发展、产品市场的发育程度、要素市场的发育程度、市场中介组织发育和法治环境。

（20）民间投资占固定资产投资的比重（C20）。单位为%，表示民间投资占全社会固定资产投资的百分比。

（21）社会消费品零售总额（C21）。单位为万元，是指企业（单位）通过交易售给个人、社会集团的非生产、非经营用的实物商品金额，以及提供餐饮服务所取得的收入金额。

（22）城镇居民人均可支配收入（C22）。单位为元，是指反映城镇居民家庭全部现金收入能用于安排家庭日常生活的那部分收入。

（23）农村居民人均可支配收入（C23）。单位为元，是指反映农村居民家庭全部现金收入能用于安排家庭日常生活的那部分收入。

（24）消费率（C24）。单位为%，是指一个国家或地区在一定时期内的最终消费占当年 GDP 的比值。

（25）居民人均消费交通通信支出占比（C25）。单位为%，表示居民人均消费交通通信支出占居民人均现金消费支出的比重。

（26）居民人均消费教育文化娱乐支出占比（C26）。单位为%，表示居民人均消费教育文化娱乐支出占居民人均现金消费支出的比重。

（27）农村居民恩格尔系数（C27）。单位为%，表示农村居民用于食物的人均消费支出占农村居民人均消费支出的比重。

（28）城镇居民恩格尔系数（C28）。单位为%，表示城镇居民用于食物的人均消费支出占城镇居民人均消费支出的比重。

（29）城乡人均可支配收入比（C29）。单位为%，表示城镇居民人均可支配收入与农村居民人均可支配收入的比值。

（30）常住人口城镇化率（C30）。单位为%，表示城镇常住人口占常住人口的比重。

（31）社会保障和就业支出在财政支出中的比重（C31）。单位为%，表示社会保障和就业支出占财政支出的比重。

（32）居民人均可支配收入增长率（C32）。单位为%，表示居民人均可支配收入的增长速度。

（33）每千人拥有医疗床位数（C33）。单位为张，表示地区每千人拥有的医疗机构床位数。医疗机构床位数指报告期末医院、卫生院的固定实有床位数，包括正规床、简易床、监护床、正在消毒和修理的床位、因扩建或大修而停用的床位，不包括产科的新生儿床、病人家属的陪侍床、病人的观察床、接产室的待产床。

（34）全社会教育投入增长率（C34）。单位为%，表示一般公共预算支出中教育支出的增长率。

（35）移动电话基站密度（C35）。单位为个/万人，是指地区每万人拥有的移动电话基站个数，即移动电话基站密度=年末移动电话基站个数/年末总人口。

（36）单位GDP能耗（C36）。单位为吨标准煤/万元，表示一定时期内一个地区每生产一个单位的地区生产总值所消费的能源。当地区生产总值单位为万元时，即为万元地区生产总值能耗。

（37）单位GDP碳排放（C37）。单位为千吨二氧化碳/亿元，表示每亿元地区生产总值所产生的二氧化碳量。

（38）细颗粒物排放量（C38）。单位为万吨，表示当年的颗粒物排放量。

（39）人均污染物排放总量（C39）。单位为吨/人，表示平均每人的污染物排放量。

（40）节能环保支出在财政支出中的比重（C40）。单位为%，表示节能环保支出占财政总支出的比重。

（41）建成区绿化覆盖率（C41）。单位为%，表示城市建成区的绿化覆盖面积占建成区面积的比率。绿化覆盖面积是指城市中乔木、灌木、草坪等所有植被的垂直投影面积。

（42）生活垃圾无害化处理率（C42）。单位为%，表示生活垃圾无害化处理量占生活垃圾产生量的比重。

（43）城镇调查失业率（C43）。单位为%，表示城镇调查失业人数占城镇调查从业人数与城镇调查失业人数之和的比。

（44）经济波动率（C44）。单位为%，表示经济增长率变动幅度的绝对值。

（45）居民价格消费指数（上年=100）（C45）。单位为分，表示一定时期内居民所购买的生活消费品和服务项目价格变动趋势和程度的相对数。

（46）规上工业企业资产负债率（C46）。单位为%，表示规模以上的工业企业负债总额与资产总额的比率。

（47）政府债务余额与GDP之比（C47）。单位为%，表示政府债务余额占地区生产总值的比重。

（48）外贸依存度（C48）。单位为%，表示进出口贸易总额与地区生产总值的比值。

（49）实际利用外资占全社会固定资产投资的比重（C49）。单位为%，表示当年实际使用外资金额占全社会固定资产投资的比重。

（三）经济高质量发展评价指数的测算方法与数据处理

调研组主要采用综合模型法测算经济高质量发展评价各级指数，具体包括数据的采集和补充、标准化处理、权重选取和指数测算等步骤。

首先，经济高质量发展评价体系涉及多个指标，指标之间由于具有不同的量纲而无法直接进行计算，故而首先要对各指标的原始数据进行标准化处理。调研组根据基础数据特征，正向指标的标准化方法拟采用公式 $X_{ij}^* = \frac{X_{ij} - X_{min}}{X_{max} - X_{min}} \times 100$，逆向指标的标准化方式采用公式 $X_{ij}^* = \frac{X_{max} - X_{ij}}{X_{max} - X_{min}} \times 100$，其中 X_{ij} 表示第 i 个指标下第 j 个省份的原始值，X_{ij}^* 为 X_{ij} 标准化后的值，X_{max} 和 X_{min} 分别表示指标 i 在所有省份中的最大值和最小值。

其次，测算指数。基于标准化处理后的指标数据，采用线性加权法得到经济高质量发展总指数及各级分指数。以总指数为例，总指数的计算公式为 $I = \sum_{1}^{5} I_i w_i$。其中，I_i 表示五个一级指标，w_i 表示各一级指标对应的权重。同理，每个一级指标由其相对应的二级指标加权合成，二级指标再由其相对应的三级指标加权合成，以此类推。调研组认为，各级指标的下属指标均从不同方面提供了上级指标的相关信息，具有相同的重要性，因此宜采用等权重赋值。

本书采用2011—2020年中国31个省份面板数据对吉林经济高质量发展情况与其他区域差异进行对标分析，其中一些指标某些年份数据缺失，采用假设平均增长率不变、对标测算、相邻年度替代或者取均值的方法进行补齐，以保证区域之间数据的可比性。测算过程中使用的基础数据主要来自国家统计局、《中国统计年鉴》、《中国科技统计年鉴》、《中国火炬统计年鉴》、《中国人口和就业统计年鉴》、《中国能源统计年鉴》、各省份的统计年鉴等或相关报告。

二 吉林省经济高质量发展指数的省际比较分析

本部分基于2011—2020年中国31个省份经济高质量发展总指数及分指数的测算结果，对吉林省经济高质量发展进行了省际对比分析。

（一）吉林经济高质量发展总指数的对标分析

从2020年中国31个省份经济高质量发展总指数情况来看（见表4-2），大致可以分为三个梯队：北京与上海是第一梯队，为标杆地区，两个城市分别以86.2分与83.1分的得分领先于其他省份，成为中国省域仅有的两个突破80分的地区。东部地区、中部地区、东北地区和少数西部地区分值高于70分的22个省份是第二梯队，为领先地区，在经济高质量发展方面处于全国领先位置。其中，东部沿海省份天津、江苏、广东、浙江、福建、海南、山东以及西部重庆和中部湖南、湖北等12个省份得分高于全国平均水平（73.5分），在领先地区中表现略为优异。相比之下，西部地区的7个省份是第三梯队，为追赶地区，这些地区得分区间为60—70分，低于全国平均水平，与标杆地区以及领先地区有一定的差距，在经济高质量发展方面尚处于追赶阶段，尚有较大的提升改进空间。

表4-2　　　　　　2020年中国省域经济高质量发展分类

	省份	主要分布地区	平均得分
标杆地区	北京、上海	东部地区	80—100分
领先地区	浙江、广东、江苏、天津、福建、湖北、江西、湖南、河南、安徽、重庆、山东、海南、河北、四川、辽宁、陕西、黑龙江、吉林、广西、山西、西藏	东部地区、中部地区、东北地区、少数西部地区	70—80分
追赶地区	宁夏、新疆、内蒙古、甘肃、云南、青海、贵州	多数西部地区	60—70分

2020年，吉林经济高质量发展水平在31个省份中处于第21位（见图4-1），总指数得分为71.8分，低于全国平均水平（73.5分），高于领先地区中的广西、山西与西藏，处于领先地区22个省份中的倒数第4位。对标经济高质量发展水平第一梯队，吉林得分与北京和上海相比，均有超10分之差，有比较明显的差距。作为同在第二梯队的地区，吉林得分低于其平均水平（74.2分）2.4分，具有一定的劣势。对标第三梯队，吉林区域较其平均水平（68.1）高2.7分，差距并不大，可以看出，吉

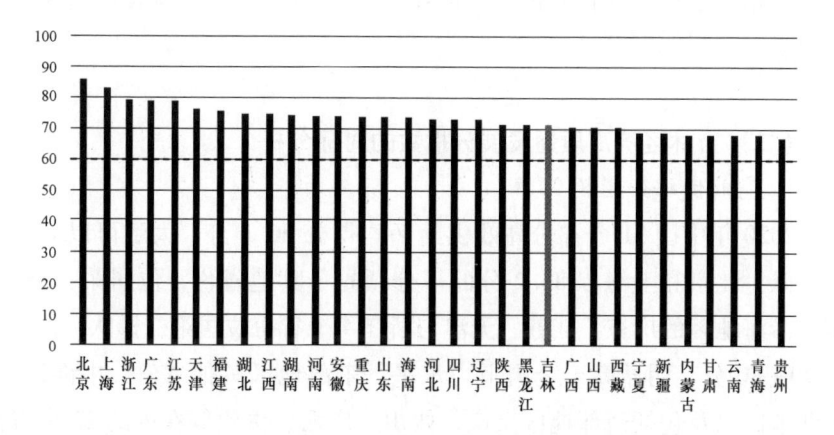

图4-1　2020年中国省域经济高质量发展总指数

林正处于第二梯队与第三梯队的徘徊状态，可视为领先地区中需向前追赶的地区。此外，与同为东北地区的黑龙江和辽宁相比，辽宁处于全国第18位，黑龙江处于第20位，吉林位列东北地区的末位，同样应视为东北地区中需向前追赶的地区。

从时间跨度来看，全国平均得分方面，由2011年的72.1分提高至2020年的73.5分，年均增长15.7%。其中，第一梯队的北京、上海十年来一直保持"标杆"水平；第二梯队的区域范围基本不变；值得注意的是，西部地区中广西与西藏分别于2015年与2020年由追赶地区跻身于领先地区。其中，吉林的指数得分2011年为71.5分，2015年为71.6分，2020年上升至71.8分，虽然指数得分有所上升，但对标各地区的表现，则不尽如人意。纵观2011年、2015年与2020年的数据，吉林在全国的排名分别为第15位、第18位与第21位；对标第一梯队在三个年度的均值，吉林与其分别相差13.5分、13.2分与12.9分，表明吉林与第一梯队的差距在逐渐缩小；作为同在第二梯队的地区，吉林与该梯队在三个年度的均值数据分别相差1.5分、1.7分与2.4分，表明在领先地区中，吉林的表现在逐步落后；对标第三梯队在三个年度的均值，吉林分别高4.3分、3.6分与2.7分，表明吉林与第三梯队的差距在逐渐缩小。此外，与同为东北地区的黑龙江和辽宁相比，2011年与2015年吉林均位列第2位，2020年则降至第3位。以上数据表明，吉林近十年的经济高质量发展水平相对于其自身有所进步，但在全国各梯队中的整体表现则在逐渐减弱。

（二）吉林经济高质量发展分指数的对标分析

1. 高效供给分指数

2020年中国31个省份高效供给平均得分66.1分，大致可以分为四个梯队：北京和上海以83.2分的得分领先于其他省份，位居第一梯队。东部沿海地区的广东、江苏、天津与浙江4个省份位居第二梯队，得分位于70—80分，明显高于全国平均水平。东部地区其他省份、中部地区、东北地区以及包括西部地区重庆、四川、广西、贵州等在内的22个省份位居第三梯队，得分位于60—70分。相比之下，西部地区中的甘肃、新疆、云南、青海以及西藏5个省份得分不足60分，排在31个省份靠后位置，位居第四梯队。

2020年，吉林高效供给水平在31个省份中处于第16位（见图4-2），高效供给分指数得分65分，低于全国平均水平（66.1分），高于第三梯队中的河南、河北与四川等10个省份，处于第三梯队的中间位置。对标高效供给水平第一梯队，吉林得分与北京和上海相比，均有超15分之差，有比较大的差距。对标第二梯队，吉林得分较其平均水平（75分）相差10分，差距同样比较明显。作为同在第三梯队的地区，吉林得分较其平均水平（64.5分）高0.5分，稍具优势。对标第四梯队，吉林区域较其平均水平（58.5）高6.5分，差距略大。此外，与同为东北地区的黑龙江和辽宁相比，辽宁处于全国第12位，吉林处于第16位，黑龙江处于第26位，吉林位列东北地区的中间位置，高效供给水平优于黑龙江。

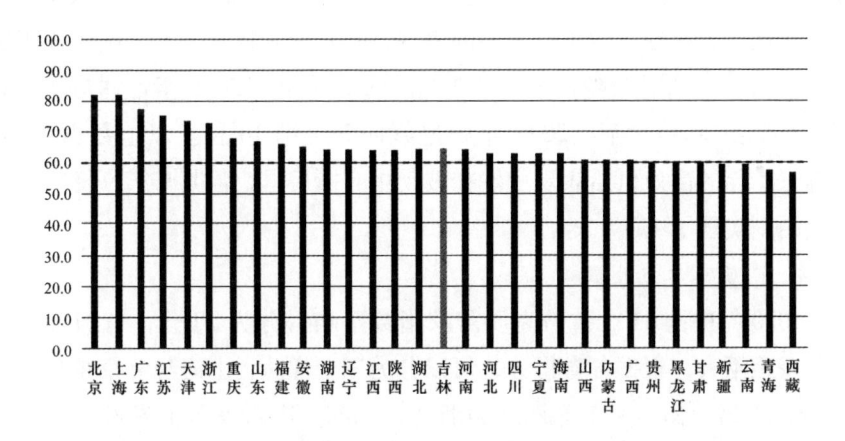

图4-2　2020年中国省域高效供给分指数

从时间跨度来看，全国平均得分方面，高效供给指数存在略微的波动，但整体处于及格线以上。梯队划分方面，2011年、2015年及2020年，北京与上海的分值均在80分以上，保持在第一梯队，第二梯队省份为东部沿海地区的广东、江苏、天津与浙江4个省份。其中，2011年不足60分的省份仅有青海和西藏，位于第四梯队，其余东中西部地区与东北地区的23个省份位列第三梯队，2015年黑龙江、云南、甘肃与新疆降至第四梯队，第三梯队中仅有19个省份。其中，吉林的高效供给指数得分 2011 年（65.4 分）较全国平均水平（66.7 分）低 1.3 分，排名第 13 位，2015 年得分（61 分）出现波动，较全国平均水平（65.4 分）低 4.4 分，排名落至第 24 位，2020 年得分（65 分）出现回升态势，较全国平均水平（66.1 分）低 1.1 分，排名回升至第 16 位。纵观 2011 年、2015 年与 2020 年的数据，对标第一梯队在三个年度的均值，吉林与其分别相差 20.7 分、25.1 分与 18.2 分，表明吉林与第一梯队的差距在波动之后较 2011 年有所缩小；对标第二梯队，吉林与其在三个年度的均值分别相差 9.5 分、13 分与 9.9 分，表明吉林与第二梯队的差距在波动之后恢复到 2011 年的状态；作为同在第三梯队的地区，吉林与该梯队在三个年度的均值数据分别相差 -1.0 分、2.6 分与 -0.5 分，表明在第三梯队中，吉林在波动中逐渐追赶；对标第四梯队在三个年度的均值，吉林分别高 7.1 分、2.6 分与 6.5 分，表明吉林在 2015 年险些落至第四梯队，近年来在追赶中拉开了其与第四梯队的差距。此外，与同为东北地区的黑龙江和辽宁相比，吉林在高效供给方面的表现，一直处于辽宁之下，同时优于黑龙江。2011 年吉林紧随辽宁，排在全国前 15 位内，2015 年吉林与辽宁共同跌至全国 20 位之后，2020 年则追赶回升至第 16 位。以上数据表明，吉林近十年的高效供给表现虽然在波动中有所后退，但其与第一梯队地区的差距则实现了缩小。

2. 高质需求分指数

2020 年中国 31 个省份高质需求指数平均得分为 70 分，省与省之间得分差距不大，根据各省得分，可以分为三个梯队：上海与北京得分均为 80 分，为第一梯队；东部地区的浙江、江苏、广东等 7 个省份、西部地区的西藏和四川、中部地区的河南和安徽以及辽宁 5 个省份得分在 70—79 分，位居第二梯队；中部和西部地区的其他省份、东北地区的黑龙江以及东部地区的河北 17 个省份得分均未超过 70 分，为第三梯队，见图 4-3。

吉林高质需求水平在 31 个省份中处于尾列，对应指数得分 65 分，排名最后一位。对标高质需求水平排名第一的上海和北京，吉林的得分与之相差 15 分，相当于第一名分数的 81%。对标第二梯队的 12 个省份，吉林与其平均水平（72 分）有 7 分的差距。与第三梯队排名第一的省份相比，仍有 4 分的差距，相比第三梯队的平均得分（68 分）相差 3 分，可

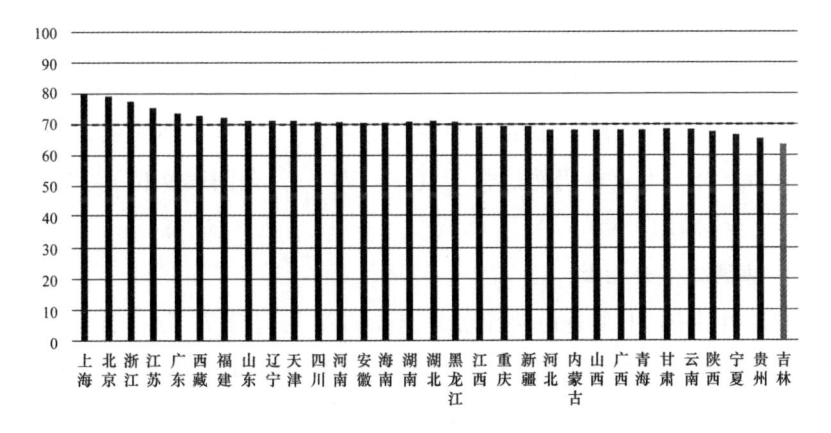

图 4-3　2020 年中国省域高质需求分指数

见虽然高质需求总得分各省差距不明显，但吉林的水平远低于其他省份水平。

从时间跨度来看，全国平均水平方面，2011 年高质需求平均得分为 72 分，2015 年升至 74 分，2020 年又下降至 70 分，其中 2015 年的消费水平指标和消费结构指标均显著高于 2011 年和 2020 年的水平。不同年份各省指标波动方面，对于东部地区、中部地区等发展较为充分的地区，指标随时间的波动不大，西部地区、东北地区在时间跨度上呈现出较之其他地区更为明显的波动水平。其中，吉林 2011 年的高质需求得分（71 分）比全国平均得分低 1 分，排名第 15 位；2015 年的高质需求得分（74 分）达到了全国平均水平，相比 2011 年前进 1 名，排名第 16 位；2020 年得分（65 分）比全国平均得分低 5 分，排名降至最后一位。纵观 2011 年、2015 年与 2020 年的数据，对标第一梯队在三个年度的均值，吉林与其分别相差 13.8 分、10.6 分与 14.9 分，表明吉林与第一梯队在 2015 年缩小后于 2020 年又有大幅度的拉大；对标第二梯队，吉林与其在三个年度的均值分别相差 1.8 分、0.7 分与 7.3 分，其中吉林在 2011 年和 2015 年属于该梯队，与第二梯队在 2020 年有了很大差距，也因此落入第三梯队；对标第三梯队，吉林与该梯队在三个年度的均值数据分别相差 -4.3 分、-7.1 分与 2.9 分，表明吉林在 2011 年和 2015 年状态比较稳定，但在 2020 年有了大幅度下降。此外，与同为东北地区的黑龙江和辽宁相比，吉林的高质需求发展水平整体来看一直低于这两个省份，除了 2011 年三个省份的得分水平相差无几,辽宁、吉林、黑龙江三省得分分别为72分、71分、71分,2015年辽宁的全国排名(第7位)远高于吉林(第16位),黑龙江排名全国第12位,稍高于吉林。2020年虽然三省的全国水平均有所下降,但吉林仍然远低于辽宁(71分,全国第9位)和黑龙江(69分,全国第17位)。

3. 协调公平分指数

2020年中国31个省份协调公平分指数平均得分77分,省与省之间的得分差距不大,大致可以划分为三个梯队:东北地区的黑龙江和辽宁、东部地区的浙江等3个省份、西部地区的重庆高于80分,位居第一梯队。东部地区和中部地区其他省份、西部地区的四川和内蒙古、东北地区的吉林16个省份得分低于80分高于75分,位于第二梯队。西部地区的新疆、青海、陕西、宁夏、广西5个省份得分在70—75分,位于第三梯队。西部地区的西藏、贵州、云南、甘肃4个省份得分低于70分,位于第四梯队(见图4-4)。

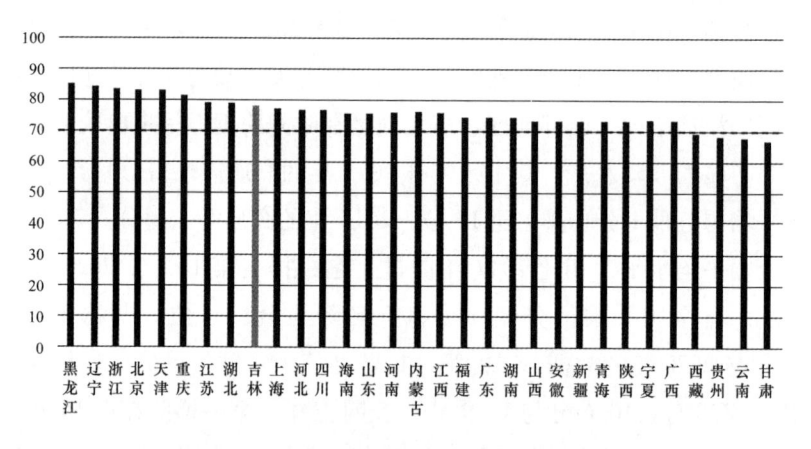

图4-4 2020年中国省域协调公平分指数

吉林的协调公平水平在全国中处于上游水平,对应指数得分79分,高于各省平均水平77分,全国排名第9位,属于第二梯队排名前列的省份。对标全国第一的省份黑龙江(86分),吉林的得分低于黑龙江7分。对标第二梯队,吉林的得分仅高于第二梯队并列最后两名的安徽和山西3分,高于第三梯队平均分4分,优势并不突出。但相比全国最后一位的省份得分，吉林高于甘肃（68分）11分。

从时间跨度来看，全国平均得分方面，协调公平指数逐年上升，尤其是2020年的得分提升幅度最大，2011年协调公平指数全国平均得分为72分，2015年全国平均得分为73分，2020年全国平均得分为77分。按照统一梯队划分标准，2011年属于第一梯队的为东部地区的上海、北京、天津和东北地区的辽宁，2015年第一梯队的省份只有北京和浙江，2020年第一梯队高于80分的省份多达8个，其中4个属于东部地区省份。第二梯队也由2011年的3个省份升至2015年的7个省份，最终2020年达到14个省份。其中，2011年和2015年均处于第三梯队的5个东部地区省份（福建、海南、山东、河北、广东）和5个中部地区省份（山西、湖南、江西、河南、安徽）在2020年均攀升到第二梯队，4个西部地区省份西藏、贵州、云南、甘肃在三个年度中一直处于第四梯队。其中，吉林2011年的协调公平得分（77分）比全国平均得分高5分，排名第5位；2015年的协调公平得分（74分）比全国平均水平高1分，相比2011年后退6名，排名第11位；2020年得分（79分）比全国平均得分高2分，排名上升2名，为第9位。纵观2011年、2015年与2020年的数据，对标第一梯队在三个年度的均值，吉林与其分别相差4.8分、6.5分与3.9分，表明吉林与第一梯队在2015年拉大后于2020年又有大幅度的缩小；对标第二梯队，吉林与其在三个年度的均值分别相差-0.5分、3.2分与-1.6分，其中吉林在2011年和2020年属于该梯队，与第二梯队在2015年有了很大差距，也因此落入第三梯队；对标第三梯队，吉林与该梯队在三个年度的均值数据分别相差-4.7分、-1.8分与-4.1分，表明吉林在2015年协调公平水平较高；对标第四梯队，吉林与该梯队在三个年度的均值数据分别相差-13.4分、-7.8分与-10.7分，表明吉林在2015年协调公平水平有所提高，但在2020年又有轻微的下降。此外，与同为东北地区的黑龙江和辽宁相比，吉林的协调公平水平除2011年略高于黑龙江外，一直低于这两个省份。2011年，三个省份的得分差距并不大，且三个省均排在全国前七位，2015年辽宁（第4位）与黑龙江（第6位）的全国排名均高于吉林（第11位）并拉开一定距离；2020年黑龙江（86分）和辽宁（85分）分别跃居全国第1位和第2位，吉林（79分）远低于辽宁和黑龙江，为第9位。

4. 绿色发展分指数

2020年绿色发展方面，中国31个省份平均得分82.1分，其中北京以94.1分的得分遥遥领先于其他省份，位居第一梯队。其他省份可以大致划分为3个梯队：东部地区的山东、上海、江苏、福建、广东、海南、浙江、河北以及中部地区与西部地区的江西、河南、安徽、湖南、四川、湖北、西藏、陕西、广西位于第二梯队，得分在82—90分，高于全国的平均水平。中部地区和西部地区的山西、云南、重庆、贵州、甘肃、青海、宁夏，东北地区的吉林、黑龙江、辽宁以及天津位于第三梯队，得分在74—82分。新疆、内蒙古得分在70分以下，明显低于其他省份，位居第四梯队。所有省份得分均在60分以上，见图4-5。

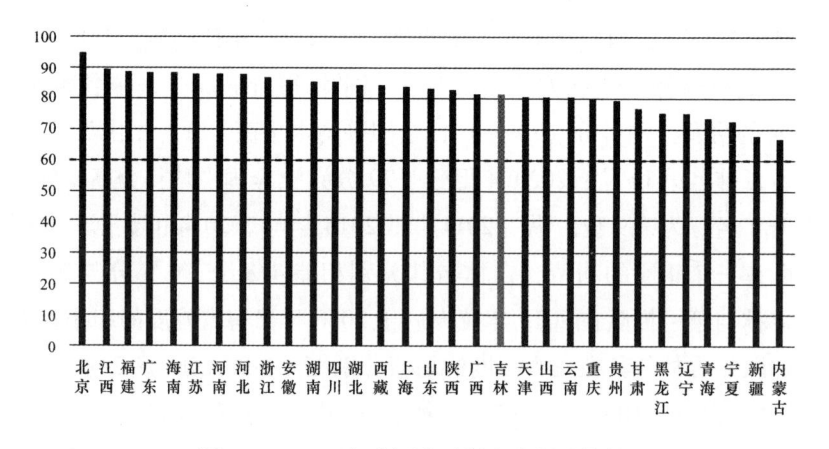

图4-5　2020年中国省域绿色发展分指数

2011年、2015年中国31个省份绿色发展平均得分分别为82分、80分，可以看到，中国在2011—2020年绿色发展得分呈现先下降又回升的态势。这期间重庆与新疆绿色发展平均得分下降明显，从2011年的90.3分、77.3分分别跌至2020年的80.5分、68.5分，跌幅均近10分。宁夏、江西、甘肃均呈现出明显的先下降后上升的趋势，而西藏则明显地先上升后下降。其余省份变化幅度相对较小。

2020年，吉林绿色发展分指数在全国各省份中处于中间偏后的位置，得分为82.0分，排名全国第19位，基本与全国平均得分（82.1分）持平。对标第一梯队，吉林比北京低12.1分。对标第二梯队，吉林低于其平均分值（85.3 分）。对标第三梯队，吉林略高于其平均分值（78.7 分）。此外，与同为东北地区省份的辽宁（76.1 分）、黑龙江（78.0 分）相比，吉林有着比较明显的优势。2015 年、2011 年，吉林绿色发展分指数在全国的排名分别为第 22 位、第 18 位，可见吉林这十年内的绿色发展水平在全国的相对水平基本稳定。

5. 经济安全与开放分指数

2020 年经济安全与开放方面，中国 31 个省份平均得分 71.6 分，其中，北京和上海分别以 90.8 分、90.4 分遥遥领先于其他省份，位居第一梯队。其他省份得分区分度不明显，以平均得分为界限大致分为两个梯队。东部地区的北京、上海、广东、浙江、江苏、福建、天津以及中部地区的湖北、湖南、江西、安徽、河南位居第二梯队，得分在 72—80 分。西部地区的西藏、新疆、陕西、重庆、四川、内蒙古、广西、甘肃、宁夏、云南、贵州，中部地区的山西以及东北地区的吉林、黑龙江、辽宁位居第三梯队，得分在 72 分以下（见图 4 - 6）。

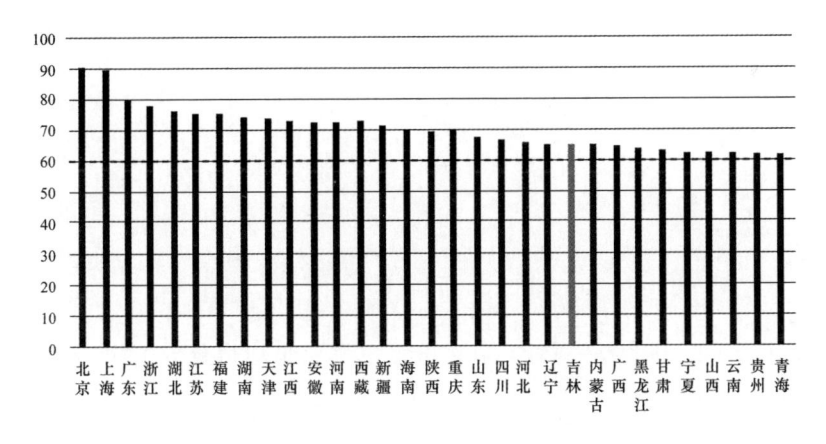

图 4 - 6　2020 年中国省域经济安全与开放分指数

2015 年、2011 年中国 31 个省份经济安全与开放平均得分分别为 71.1 分、67.7 分，可以看到，中国在 2011—2020 年经济安全与开放得分始终保持着上升趋势。这期间湖北、湖南、上海、新疆、甘肃经济安全与开放得分涨幅最高，达到 8 分以上，分别为 12.8 分、9.5 分、8.8 分、8.2 分、8.0 分。天津与西藏跌幅最大，分别为 4.3 分、5.1 分。山西、河南都呈现出较为明显的先上升后下降的趋势。

2020年，吉林经济安全与开放分指数在全国各省份中处于中间偏后的位置，得分为67.7分，排名全国第23位，低于全国平均得分（71.6分）。对标第一梯队，吉林比北京、上海分别低23.1分、22.7分。对标第二梯队，吉林远低于其平均分值（75.2分）。对标第三梯队，吉林与其平均分值（67.7分）相同。此外，吉林与同为东北地区省份的辽宁（68.1分）、黑龙江（67.0分）相比基本处于同一水平。在2011年、2015年，吉林绿色发展分指数在全国的排名分别为第21位、第20位，可见吉林这十年内的经济安全与开放水平在全国的相对水平基本稳定。

产业篇

第五章

吉林省工业（制造业）高质量发展研究

吉林省作为中国东北地区工业基地之一，工业是其经济发展和就业稳定的重要支撑。推动工业经济高质量发展是吉林省在"十四五"时期以及2035中长期发展过程中的重要任务之一。尽管目前对于高质量发展的内涵尚未形成明确统一的定义，但是结合吉林省工业经济发展历史演变过程以及发展现状和所处发展阶段，吉林省工业高质量发展应当重点关注以下几个方面：一是提升工业经济产出占整体经济产出的比重，工业经济规模的稳定增长是工业经济高质量发展的重要基础；二是发挥科技创新对工业经济发展的重要作用，实施创新驱动是工业高质量发展的重要路径；三是完善工业产业及相关产业链结构优化，推动地区间工业经济协调发展，实现工业部门行业间、上下游以及地区间的和谐发展是工业经济高质量发展的重要表现。因此，围绕吉林省工业经济高质量发展的重点关注方向，本书在后续内容中对吉林省工业经济的整体演变趋势、各地级市工业经济发展、重点工业行业发展以及环长春四辽吉松工业走廊发展规划及发展基础等多个方向进行了详细分析，并在此基础上总结吉林省工业经济高质量发展中存在的问题，提出对应的政策建议。

一 吉林省工业发展概述

改革开放以来，吉林省工业发展经历了计划经济向市场经济的转型，20世纪90年代的国企改革以及党的十八大以来实施的"一带一路"倡议、"东北振兴"战略等均对吉林省工业的发展和转型产生了深远影响。分析图5-1中的数据，总体来看，吉林省工业增加值占地区生产总值的比重表现为逐渐下降的趋势，1978年为49.2%，2019年为28.5%。与之相应地，第三产业占地区生产总值的比重则不断上升，从1978年的18.3%增长到2019年的53.8%。从工业增加值的规模增幅来看，可以将改革开放以来吉林省工业发展历程分为四个阶段，第一阶段是1978—1990年，这一阶段吉林省工业增加值绝对值较低，且年均增幅较小，发展缓慢；第二阶段是1990—2006年，这一阶段吉林省工业增加值进入稳定持续增长期；第三阶段是2007—2014年，这一阶段吉林省工业增加值进入快速增长期，在短短七年内实现了从900亿元到3000亿元的跃升；第四阶段是2014年至今，工业增加值增长进入平台期，增速缓慢。

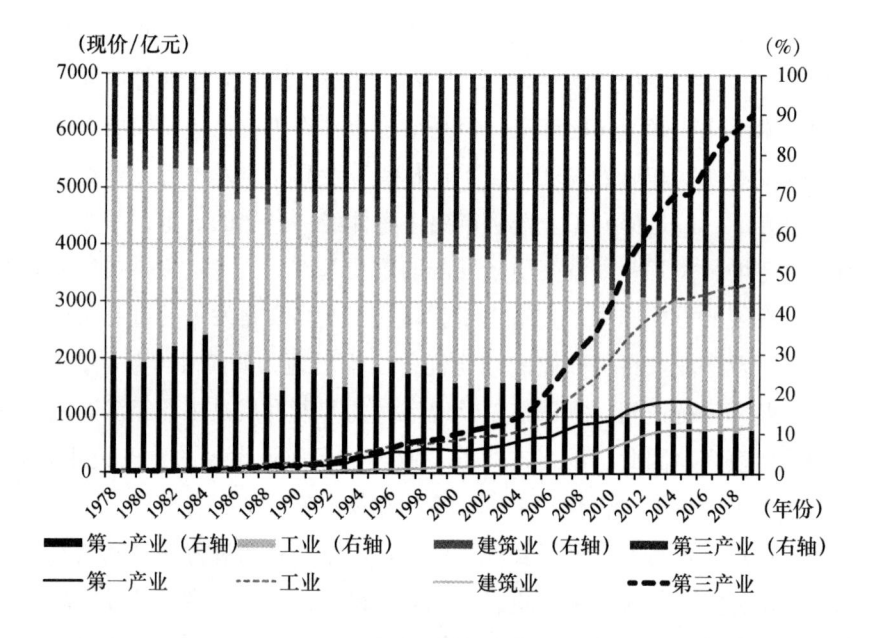

图5-1　1978—2019年吉林省分产业地区生产总值（名义）及占比

图5-2展示了2000—2019年吉林省各产业地区生产总值指数（上年=100），反映了各产业地区生产总值的实际增长率。图5-3展示了各产业对GDP实际增长率的贡献率，即利用各产业实际增长率占地区生产总值实际增长率的比重反映地区生产总值的实际增长率中各产业增加值实际增长率的贡献份额。将图5-2和图5-3结合起来进行分析可以发现，工业增加值实际增长率2000—2007年处于波动中缓慢下行的阶段，但基

本处于 10% 左右，2007—2010 年稳步上升，从 9.1% 增长到 15.9%；随后从 2011 年起逐步下降，到 2019 年仅为 3.1%。相应地，工业增加值增长率对 GDP 增长率的贡献也表现出类似的变动趋势，2001—2006 年，工业增加值率贡献率保持在 30%—40%，意味着地区生产总值增长率中超过 1/3 的份额都是由工业产业贡献的，而 2007—2011 年，工业增加值率贡献率不断提升，最高为 2011 年的 45.7%，即工业部门对地区生产总值增长率的贡献占到近一半，但 2012 年以后，随着工业增加值增长率的下降，其对地区生产总值的贡献水平也逐步下降，但基本保持在 30% 左右。

注：地区生产总值指数（上年=100）。

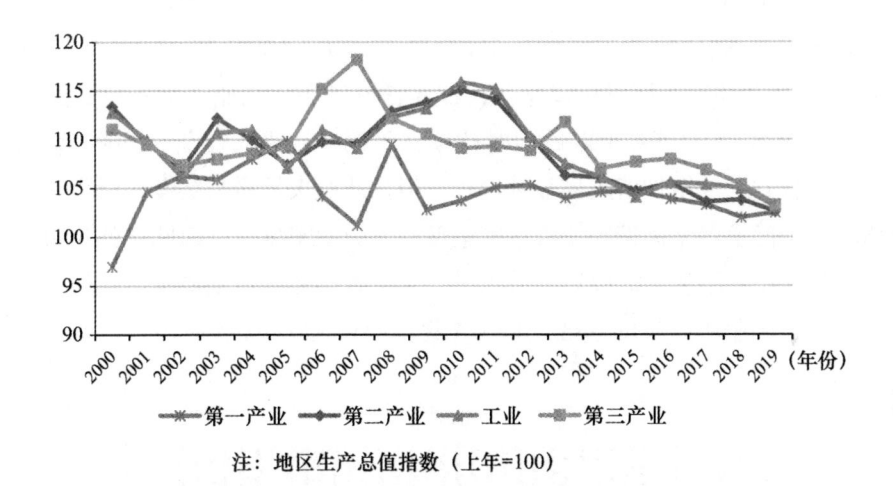

图 5-2　2000—2019 年吉林省分产业实际增速

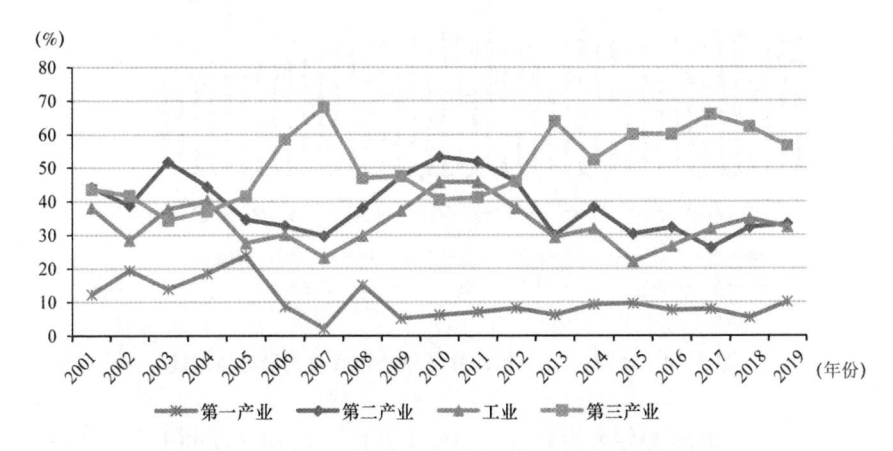

图 5-3　2000—2019 年吉林省分产业对 GDP 增长贡献率

总体而言，从增加值角度来看，吉林省工业部门2007—2012年经历了快速增长，并对地区生产总值的增长具有重要的拉动作用。但是2012年以后，随着产业结构转型升级以及环保监管的加强，吉林省工业部门发展进入转型优化时期，尽管从增长率水平来看有所下降，但是对增长质量的关注不断提升。

前述内容主要从增加值的角度对吉林省工业发展情况进行了简要分析，为了更加详细展示工业部门对经济发展的贡献，本书在图5-4中展示了1978—2019年吉林省三次产业从业人员数量以及各产业占比，其中2019年吉林省第二产业从业人数为302.3万人，相较于1978年的205万人只增长了47.5%，第二产业从业人员占比从1978年的31.8%下降到2019年的20.8%。同时可以发现，吉林省第二产业从业人员占比长期低于第一产业，从1994年以后同时持续低于第三产业。尽管从2007年以后，吉林省工业增加值规模显著增长，但是从业人员增长缓慢，说明吉林省工业部门发展整体偏向于资本密集型而非劳动密集型，因此对就业增长的带动作用并不明显。改革开放以来，吉林省就业增长主要集中在第三产业，第三产业从业人员占比从19.0%逐步增长到47.23%。

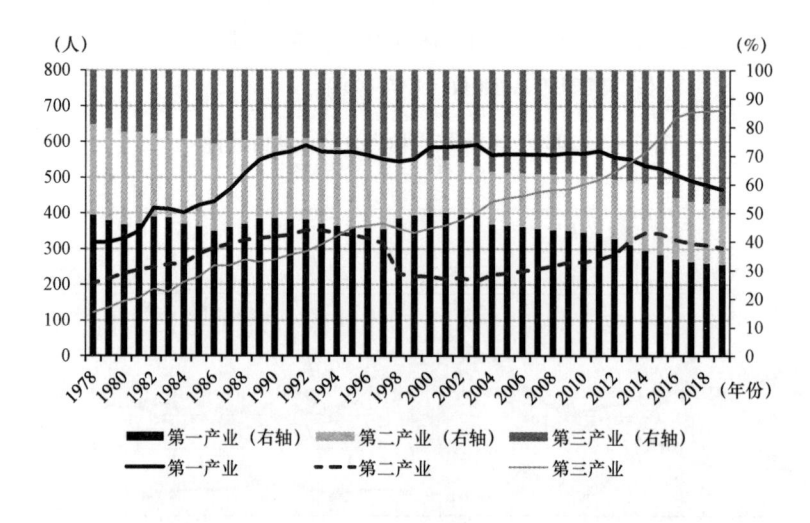

图5-4　1978—2019年吉林省分产业就业人员数及占比

为了进一步深入分析吉林省工业发展状况，特别是党的十八大以来吉林省工业部门的发展演变，本书在表5-1中展示了吉林省2011年以来规模以上工业企业、国有工业企业以及私营工业企业的企业单位数、平均资产规模、资产负债率以及资产收益率。从企业单位数来看，规模以上工业企业在2018年以前基本表现为逐步增长的趋势，但在2019年出现了显著的下降，主要原因在于经济产业发展转型背景下小型私营企业的大规模减少。因此可以看到，吉林省私营工业企业数量在2019年相较于2018年出现了大幅度下降。但与此同时，不论是规模以上工业企业，还是国有工业企业和私营工业企业，2019年的平均资产规模都出现了显著提升，规模以上工业企业的平均资产规模上涨到5.5亿元，私营工业企业的平均资产规模则突破1亿元，相较于2018年实现了翻番。资产负债率方面，国有工业企业表现得相对平稳，始终保持在60%左右，而规模以上工业企业资产负债率在2019年明显提升，主要是私营工业企业资产负债率的快速提升导致。资产收益率方面，规模以上工业企业、国有工业企业和私营工业企业自2011年以来均表现出不断下降的趋势，规模以上工业企业整体从9.9%下降到4.4%，国有工业企业从8.8%下降到4.8%，私营工业企业从12.2%下降到3.3%。这说明吉林工业部门单位资产的盈利能力在逐步下降，且这种下降趋势在私营企业中表现得更为明显。

表5-1　　　　　吉林省规模以上工业企业各项主要指标

年份	规模以上工业企业	其中：国有工业企业	其中：私营工业企业	规模以上工业企业	其中：国有工业企业	其中：私营工业企业
	企业单位数（家）			平均资产规模（亿元）		
2011	5158	345	2676	2.307	18.903	0.687
2012	5286	357	2689	2.629	21.382	0.714
2013	5376	363	2683	2.916	22.678	0.812
2014	5311	366	2636	3.142	24.038	0.921
2015	5682	375	2809	3.167	24.050	1.085
2016	6003	370	2997	3.160	26.130	0.937
2017	5971	360	3052	3.230	28.066	0.891
2018	5963	356	3094	3.013	27.258	0.676
2019	3042	330	1445	5.523	29.257	1.244

续表

年份	规模以上工业企业	其中：国有工业企业	其中：私营工业企业	规模以上工业企业	其中：国有工业企业	其中：私营工业企业
	资产负债率（%）			资产收益率（%）		
2011	54.496	60.505	43.460	9.883	8.845	12.223
2012	53.964	59.385	45.420	8.743	6.716	13.905
2013	54.600	62.179	43.843	8.154	6.691	12.931
2014	54.735	61.320	44.270	8.665	7.973	11.435
2015	54.811	59.444	52.859	6.716	4.829	10.337
2016	52.361	57.327	44.579	6.687	4.799	11.411
2017	55.921	61.518	45.077	5.330	3.390	8.864
2018	56.358	58.676	54.069	4.547	4.616	3.059
2019	59.236	60.386	62.150	4.428	4.780	3.322

资料来源：吉林省统计年鉴。

二　吉林省各地级市工业发展概况

吉林省由长春、吉林、四平、辽源、通化、白山、松原、白城8个地级市以及延边朝鲜族自治州组成，本书在表5-2中展示了2011—2019年各地级市经济发展水平以及工业发展情况。整体来看，吉林各地级市在2011年经济结构都呈现出以工业为主的情况，但随着时间的推移都表现出逐步下降的趋势，具体来说，2011年各地级市工业增加值占地区生产总值的比重都在50%左右，而到了2019年这一比重基本都下降到30%—40%，松原市、白城市和辽源市甚至下降到20%以下。

为了分析工业产业在吉林省各地级市间的分布状况，本书在表5-2中展示了每个地级市的工业增加值占全省工业增加值的比重，在时序上进行纵向比较可以发现，吉林省工业布局整体表现为不断向长春集聚的过程，2011年长春市的工业增加值占吉林省工业增加值的比重为35.2%，到2019年长春市的工业增加值占吉林省工业增加值的份额高达60.4%。这意味着整个吉林省工业部门的增加值中有一半以上都集中在长春市。除去长春市以外，占比第二高的吉林市从2011年的18.8%下降到2019年的12.3%。四平市、通化市以及延边朝鲜族自治州2019年的工业增加值占全省工业增加值的份额分别为

4.0%、5.5%和6.0%。而白山市、松原市、辽源市和白城市的占比则不超过4%。因此，吉林省工业增加值的空间分布表现为长春市一家独大，其他地级市占比普遍偏低的特点。同时需要注意的是，吉林省工业增加值在空间的分布集中度高于地区生产总值的分布集中度。这一点可以通过对表5-2中各地级市GDP占全省的比重进行横向比较得出。2019年，长春市GDP占全省GDP的比重为50.4%，比工业增加值占全省工业增加值的比重低10个百分点，其他地级市（除吉林市和通化市外）的GDP占全省GDP的比重则相较而言高于工业增加值占全省工业增加值的比重。

因此整体而言，自2011年以来吉林省工业经济发展表现出工业部门自身占各地区生产总值的比重不断下降，同时在这一过程中，工业产业在空间上不断向长春市集中，且这种集中程度超过了整体经济向长春集中的程度。在此背景下，推动吉林省工业部门的转型升级和高质量发展，以及充分发挥长春市对吉林省其他地级市工业产业的带动作用具有重要意义。

表5-2　　　　　　　　吉林省各地级市工业发展状况

		2011年	2013年	2015年	2017年	2019年
长春	地区GDP占全省的比重（%）	34.582	34.744	37.493	44.776	50.431
	地区工业增加值占全省工业增加值的比重（%）	35.246	35.886	38.663	50.752	60.371
	地区工业增加值占地区GDP的比重（%）	52.278	53.139	50.108	48.737	42.266
	地区人均GDP（元）	52649	66286	73324	86931	78456
吉林	地区GDP占全省的比重	19.075	18.176	16.232	15.228	12.100
	地区工业增加值占全省工业增加值的比重	18.805	17.275	15.174	13.216	12.345
	地区工业增加值占地区GDP的比重	50.566	48.898	45.423	37.320	36.023
	地区人均GDP（元）	50914	60877	56076	52729	34335
四平	地区GDP占全省的比重	8.506	8.405	8.361	6.479	6.801
	地区工业增加值占全省工业增加值的比重	7.487	7.596	7.457	4.862	4.011
	地区工业增加值占地区GDP的比重	45.149	46.494	43.339	32.268	20.822
	地区人均GDP	28874	36292	37714	29187	24979
辽源	地区GDP占全省的比重	4.324	4.863	4.926	4.610	3.505
	地区工业增加值占全省工业增加值的比重	4.913	5.591	5.822	5.807	2.917
	地区工业增加值占地区GDP的比重	37.386	41.278	41.678	43.317	16.616
	地区人均GDP	40844	57421	59855	55912	35108

续表

		2011年	2013年	2015年	2017年	2019年
通化	地区GDP占全省的比重	4.324	4.863	4.926	4.610	3.505
	地区工业增加值占全省工业增加值的比重	6.873	7.340	7.144	5.639	5.526
	地区工业增加值占地区GDP的比重	81.542	77.654	70.462	52.604	55.658
	地区人均GDP	34515	44909	45171	38267	33702
白山	地区GDP占全省的比重	4.591	4.678	4.533	4.550	4.353
	地区工业增加值占全省工业增加值的比重	5.345	5.406	5.290	5.146	3.418
	地区工业增加值占地区GDP的比重	59.718	59.454	56.707	48.626	27.722
	地区人均GDP	41325	52831	53136	54750	43465
松原	地区GDP占全省的比重	11.757	11.462	11.101	9.462	6.234
	地区工业增加值占全省工业增加值的比重	11.290	10.585	10.069	7.325	3.458
	地区工业增加值占地区GDP的比重	49.254	47.515	44.074	33.289	19.584
	地区人均GDP	46749	57639	58841	49602	26559
白城	地区GDP占全省的比重	4.791	4.808	4.744	4.262	4.199
	地区工业增加值占全省工业增加值的比重	4.554	4.427	4.445	3.646	1.945
	地区工业增加值占地区GDP的比重	48.760	47.372	45.534	36.784	16.356
	地区人均GDP	27374	34411	35571	32168	25980
延边	地区GDP占全省的比重	5.634	5.896	5.823	4.869	6.179
	地区工业增加值占全省工业增加值的比重	5.487	5.894	5.937	3.606	6.009
	地区工业增加值占地区GDP的比重	49.959	51.428	49.542	31.842	34.334
	地区人均GDP	29802	39199	40118	33462	34789

资料来源：历年吉林省统计年鉴。

为了进一步从就业层面分析吉林省各地级市工业部门的发展状况，本书在表5-3中展示了2011年、2015年和2019年各地级市三次产业和工业大类的就业人数以及占比。其中加粗部分为就业人数，对应的下一行为就业人数占比。分析表中的数据可以发现，吉林省各地级市分产业就业比重均表现出第一产业就业占比较高，第二产业就业占比逐步下降，第三产业就业占主导地位且呈现稳步上升的趋势。将地级市间每年的数据进行横向比较可以发现，从就业结构的角度来分析，吉林省工业产业同样表现为长春市一家独大的局面，具体来说，2019年长春市城镇第二产业就业人数为45.27万人，而其他地级市第二产业城镇从业人员总共只有33.98万人，这其中的差距固然有很重要的一方面原因是各个地级市城镇发展水平的差异，但还有一个主要原因就是工业部门整体向长春市集聚，其他地级市的工业发展水平较为落后。

表5-3　吉林省各地级市城镇分产业就业人数及占比　　　单位：万人，%

年份	产业	长春	吉林	四平	辽源	通化	白山	松原	白城
2019	第一产业	0.30	1.16	0.22	0.12	0.28	1.58	0.28	0.53
		0.26	3.24	1.22	1.40	1.49	11.43	1.52	3.41
	第二产业	45.27	11.37	2.67	2.68	5.36	3.34	6.08	2.48
		38.27	31.67	15.06	30.65	28.89	24.12	33.63	16.00
	其中：								
	采矿业	0.52	0.68	0.08	1.21	0.03	1.44	4.00	0.00
		1.14	5.99	3.05	45.01	0.48	43.14	65.82	0.01
	制造业	30.17	7.90	1.71	0.85	3.66	0.94	0.95	1.32
		66.65	69.44	64.09	31.62	68.22	28.23	15.65	53.38
	电力、热力、燃气及水生产和供应业	5.54	1.02	0.46	0.28	0.60	0.47	0.54	0.47
		12.23	9.01	17.12	10.37	11.18	13.93	8.88	19.00
	建筑业	9.04	1.77	0.42	0.35	1.08	0.49	0.59	0.68
		19.98	15.57	15.74	13.01	20.12	14.70	9.64	27.60
	第三产业	72.70	23.37	14.83	5.94	12.92	8.94	11.73	12.48
		61.47	65.09	83.72	67.94	69.61	64.45	64.85	80.59
2015	第一产业	1.24	0.99	0.80	0.25	0.44	1.96	2.05	2.29
		0.98	2.47	4.04	1.96	1.57	10.99	7.87	11.03
	第二产业	60.84	18.59	5.87	7.06	15.74	6.98	11.88	4.46
		48.26	46.45	29.63	55.37	56.09	39.15	45.60	21.47
	其中：								
	采矿业	1.02	1.14	0.12	2.04	0.73	2.83	5.00	0.04
		1.68	6.13	2.04	28.90	4.64	40.54	42.09	0.90
	制造业	38.25	12.18	3.17	4.02	11.75	2.48	4.31	2.44
		62.87	65.52	54.00	56.94	74.65	35.53	36.28	54.71
	电力、热力、燃气及水生产和供应业	6.63	1.37	0.78	0.43	0.74	0.70	0.86	0.57
		10.90	7.37	13.29	6.09	4.70	10.03	7.24	12.78

续表

年份	产业	长春	吉林	四平	辽源	通化	白山	松原	白城
2015	建筑业	14.94	3.90	1.80	0.57	2.52	0.97	1.72	1.41
		24.56	20.98	30.66	8.07	16.01	13.90	14.48	31.61
	第三产业	63.98	20.44	13.14	5.44	11.88	8.89	12.12	14.02
		50.75	51.07	66.33	42.67	42.34	49.86	46.53	67.50
2011	第一产业	1.23	1.69	1.09	0.35	0.63	2.18	2.14	3.52
		1.30	4.40	5.22	3.85	3.00	11.36	9.79	18.11
	第二产业	37.93	18.39	7.07	3.87	8.74	6.33	7.86	3.24
		39.95	47.89	33.86	42.62	41.62	32.99	35.97	16.67
	其中：采矿业	1.20	1.16	0.43	2.53	1.58	1.77	4.80	0.03
		3.16	6.31	6.08	65.37	18.08	27.96	61.07	0.93
	制造业	29.04	12.78	5.46	0.78	5.29	2.99	1.55	2.16
		76.56	69.49	77.23	20.16	60.53	47.24	19.72	66.67
	电力、热力、燃气及水生产和供应业	2.72	1.62	0.75	0.43	0.90	0.72	0.51	0.48
		7.17	8.81	10.61	11.11	10.30	11.37	6.49	14.81
	建筑业	4.97	2.83	0.43	0.13	0.97	0.85	1.00	0.57
		13.10	15.39	6.08	3.36	11.10	13.43	12.72	17.59
	第三产业	55.79	18.32	12.72	4.86	11.63	10.68	11.85	12.68
		58.76	47.71	60.92	53.52	55.38	55.65	54.23	65.23

注：因数据缺失，本表没有纳入延边的就业人员数据。

资料来源：历年吉林省统计年鉴。

将第二产业细分为采矿业，制造业，电力、热力、燃气及水生产和供应业以及建筑业进行分析，长春市、吉林市、四平市和通化市均表现为制造业就业人数占第二产业就业总人数的比重达到64%以上，而辽源市、白山市及松原市采矿业的就业人数占比较高，制造业就业占比相对较低。这些特点综合说明吉林省除长春市以外，各地级市城镇化发展水平相对落后，就业结构形态对当地资源的依赖程度较高。

三 吉林省重点行业高质量发展概况

尽管现有研究中对工业高质量发展的内涵并没有形成统一的结论，但是综合来看基本包括产业结构优化、创新驱动发展、数字化转型、绿色低碳发展等多个方面。这些方面有的直接指向产业结构的优化调整，而有的并没有，但实际上无论是创新驱动背后的科技进步还是数字化产业发展等都涉及产业结构调整，因此本书在这一小节将对吉林省重点行业的各项经济指标现状进行分析，随后围绕吉林省制造业中具有支柱性作用的汽车制造业展开重点分析。

本书在表 5-4 中展示了吉林省规模以上制造业分行业的多项重要指标，并按照各行业营业收入占制造业营业收入总额的比重进行排序，可以发现，吉林省制造业中，汽车制造业无论是在营业收入还是在从业人员方面均占到近 60%，这意味着汽车制造业是吉林省制造业乃至整体工业的支柱性产业。除去汽车制造业，化学原料和化学制品制造业、农副食品加工业、黑色金属冶炼和压延加工业以及医药制造业在吉林制造业中均具有重要地位。根据国家统计局公布的高技术产业分类标准，归属于高技术产业的医药制造业以及铁路、船舶、航空航天和其他运输设备制造业在吉林省占比相对靠前，而计算机、通信和其他电子设备制造业占比则相对较低，这说明吉林省工业产业发展过程中科学技术发展对产业结构优化的带动作用仍有巨大的提升空间。

从企业数量来看，排在前列的行业包括农副食品加工业、汽车制造业、医药制造业、非金属矿物制品业以及化学原料和化学制品制造业等。从资产负债率来看，农副食品加工业，黑色金属冶炼和压延加工业，石油、煤炭及其他燃料加工业，化学纤维制造业，纺织业以及家具制造业等传统制造业均超过 70%，而医药制造业、电气机械和器材制造业，以及仪器仪表制造业等相对技术密集型的行业资产负债率则较低。从人均年营业收入来看，烟草制品业，汽车制造业，黑色金属冶炼和压延加工业，石油、煤炭及其他燃料加工业等行业较高，除汽车制造业为吉林省优势产业以外，其他产业多为资源垄断性产业。

因此，总体来看，吉林省制造业发展整体表现为汽车制造业占据绝对主导地位,高技术产业发展水平较低,资源相关型产业尽管从营业收入以及从业人员等角度来说占比较高,但是多数存在大而不强的问题,导致吉林省制造业整体发展质量偏低。

表5-4　　　　　　　2019年吉林省重点行业发展状况

行业	营业收入占比(%)	营业收入占比排名	从业人员占比(%)	从业人员占比排名	企业数量(家)	资产负债率(%)	营业收入利润率(%)	人均年营业收入(万元)
汽车制造业	59.7	1	59.2	1	434	55.6	7.9	316.8
化学原料和化学制品制造业	7.4	2	12.4	4	169	62.0	-0.2	187.3
农副食品加工业	6.9	3	14.6	2	529	72.0	0.4	148.8
黑色金属冶炼和压延加工业	4.8	4	6.7	7	30	72.9	2.7	224.2
医药制造业	4.3	5	14.5	3	252	34.0	26.3	93.1
铁路、船舶、航空航天和其他运输设备制造业	3.3	6	5.8	8	36	62.6	7.8	180.0
非金属矿物制品业	2.1	7	11.3	5	245	63.3	3.3	59.7
酒、饮料和精制茶制造业	1.5	8	4.0	11	76	63.9	1.0	117.8
烟草制品业	1.3	9	1.1	23	5	46.1	-2.1	372.2
橡胶和塑料制品业	1.1	10	3.4	12	102	57.0	4.9	99.4
食品制造业	0.9	11	4.4	10	95	68.0	2.4	66.6
有色金属冶炼和压延加工业	0.9	12	1.6	19	13	68.7	-28.5	182.0
金属制品业	0.8	13	2.3	16	65	61.5	0.8	103.4
石油、煤炭及其他燃料加工业	0.8	14	1.2	22	22	73.2	-5.0	201.6
通用设备制造业	0.7	15	3.3	13	87	56.7	3.3	65.6
化学纤维制造业	0.6	16	2.1	17	4	76.8	-1.0	92.6
专用设备制造业	0.6	17	3.2	14	104	64.2	8.2	58.7

续表

行业	营业收入占比（%）	营业收入占比排名	从业人员占比（%）	从业人员占比排名	企业数量（家）	资产负债率（%）	营业收入利润率（%）	人均年营业收入（万元）
木材加工和木、竹、藤、棕、草制品业	0.4	18	3.0	15	77	66.1	2.6	46.1
计算机、通信和其他电子设备制造业	0.4	19	1.7	18	26	40.1	8.6	77.6
电气机械和器材制造业	0.4	20	1.4	20	68	34.7	5.9	81.1
造纸和纸制品业	0.3	21	1.2	21	38	63.8	-2.8	82.2
纺织服装、服饰业	0.3	22	4.6	9	34	55.7	11.6	21.1
印刷和记录媒介复制业	0.1	23	0.7	25	25	53.9	6.2	53.0
纺织业	0.1	24	0.9	24	15	79.9	3.0	32.1
仪器仪表制造业	0.1	25	0.5	26	12	23.6	12.3	39.7
家具制造业	0.1	26	7.9	6	23	76.1	4.8	2.3
文教、工美、体育和娱乐用品制造业	0.0	27	0.4	28	10	58.1	1.2	31.2
皮革、毛皮、羽毛及其制品和制鞋业	0.0	28	0.4	27	7	69.2	8.6	20.3
其他制造业	0.0	29	0.1	29	6	42.4	6.6	83.4

资料来源：历年吉林省统计年鉴。

汽车制造业作为吉林省工业部门的支柱性产业，其高质量发展对于吉林省工业产业高质量发展具有重要作用。因此，本书将在这一部分围绕吉林省汽车制造业的发展现状进行分析。图5-5展示了2020年中国各省份汽车产量占全国汽车产量的份额，可以发现，占比排名前五位的分别是广东、吉林、上海、湖北和广西，其中吉林占比为10.51%。

为了对比汽车产量在地区间分布的变化，本书在图5-6中进一步展示了2010年各省份汽车产量占全国汽车产量的份额，可以发现，2010年排名前五位的分别是上海、吉林、重庆、湖北和北京。与2020年对比可

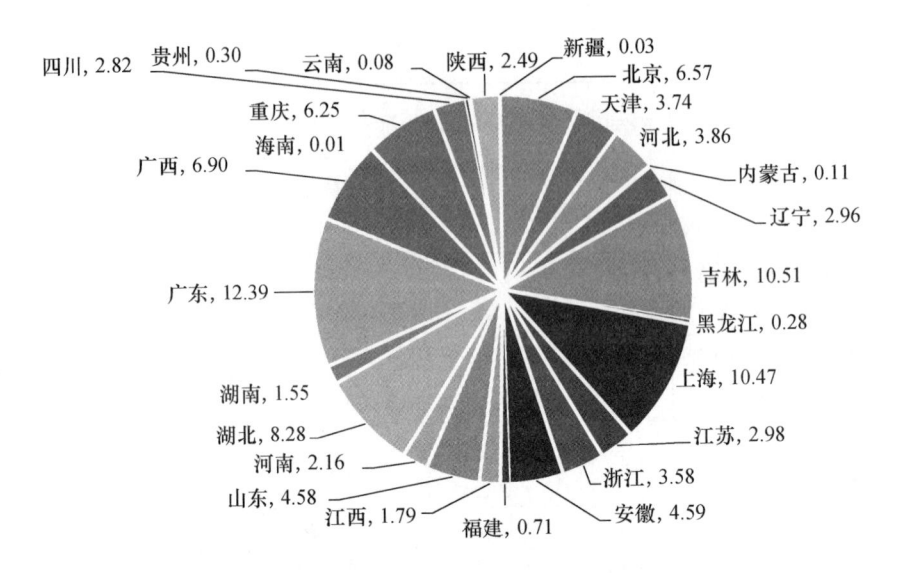

四川, 2.82　贵州, 0.30　云南, 0.08　陕西, 2.49　新疆, 0.03
北京, 6.57
天津, 3.74
重庆, 6.25
河北, 3.86
海南, 0.01
广西, 6.90
内蒙古, 0.11
辽宁, 2.96
广东, 12.39
吉林, 10.51
黑龙江, 0.28
上海, 10.47
湖南, 1.55
湖北, 8.28
江苏, 2.98
河南, 2.16
浙江, 3.58
山东, 4.58
江西, 1.79　福建, 0.71　安徽, 4.59

图 5-5　2020 年各省份汽车产量份额（%）

知，吉林的相对排名没有发生变化，稳居第二，但是绝对份额有所提升，从 2010 年的 9% 上升到 2020 年的 10.51%。除去吉林，排名和绝对水平上升均非常显著的是广东，2010 年广东汽车产量占全国汽车产量的比重仅为 7.39%，排名第 7 位，但是到 2020 年，其占比上升到 12.39%，位居全国第一。此外，对比图 5-5 和图 5-6 可以发现，排名前列的各省份其产量占比均有明显上升，因此汽车产量在全国的分布整体表现为集中度提升的趋势。根据国家统计局公布的中国汽车产量数据，自 2017 年达到 2901 万辆的高峰以后，2018—2020 年连续三年表现出下降的趋势。受新冠肺炎疫情和中美经贸摩擦等方面的影响，2020 年中国整车出口量也显著下降。随着"双碳"目标的明确，传统汽车产业向新能源汽车升级转型势在必行，汽车行业整体面临高质量发展的转型压力。吉林汽车制造业也需要在提升科技水平、带动省内地区间和产业间高质量协调发展方面进行优化和转型。

表 5-5 展示了 2019 年全国整车产量排名前 20 位的城市，其整车产量总量以及按照不同类型划分的整车产量。可以发现，就整车产量而言，2019 年长春在全国排第 7 位，整车总产量为 118.08 万辆，而排在第 1 位的广州，其整车产量达到了 240.48 万辆，是长春的两倍。从不同类型的汽车分类构成来看，按车型划分，长春整车产量主要以轿车为主，占整车

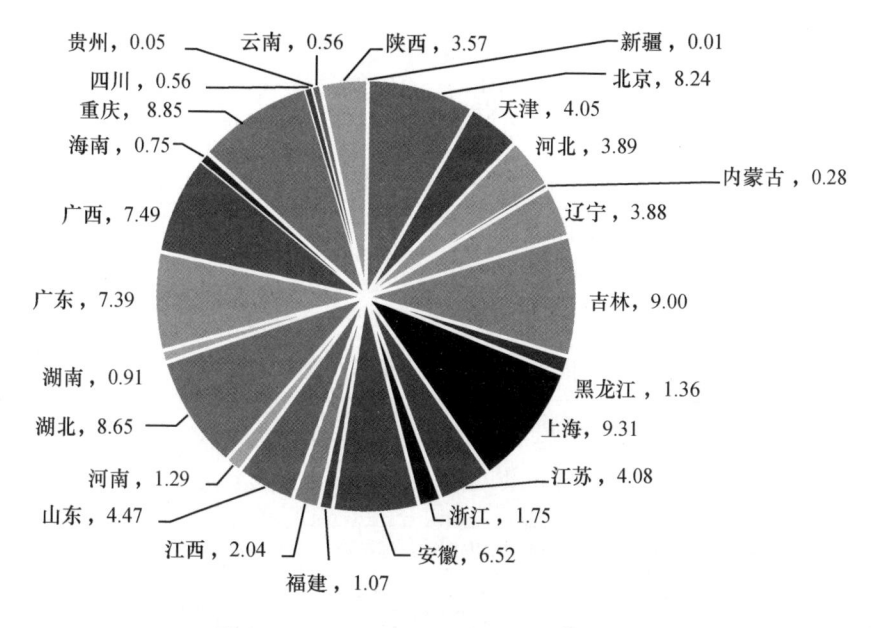

图 5-6　2010 年各省份汽车产量份额（%）

产量的比重达到近 60%，SUV 和其他类型的车辆占比则分别为 30.4% 和 11.4%。与长春的整车车型生产结构类似的还有广州、武汉、上海和北京，这些城市的汽车企业均是以轿车生产为主，以 SUV 生产为辅，少量生产其他类型的汽车。重庆的整车生产结构与其他车辆不同，SUV 产量远高于轿车，其他类型的车辆中 MPV 和载货车产量较高，而保定则以 SUV 生产为主。从经济类型来看，长春整车生产主要以合资为主，自主的整车产量占比不足 30%，但相较于其他以轿车整车生产为主的城市，长春的整车自主比重相对较高，广州、武汉、上海、北京这一比重分别为 11.4%、5.4%、11.6%、25.7%。以 SUV 整车生产为主的地区其自主占比则明显较高，其中重庆的整车自主生产占比达到 81.5%，保定的整车自主生产占比几乎为 100%。整体而言，中国轿车生产过程中以合资生产为主要方式。随着碳达峰和碳中和目标的明确，转变能源结构方式成为中国未来经济发展过程中的重要方式，汽车行业也面临着从传统燃油车向新能源汽车的转型，2019 年长春新能源汽车产量为 2.74 万辆，相较于其他整车产量较高的城市这一水平偏低。此外，可以发现，中国新能源汽车生产集聚的城市并非是传统燃油车生产集聚的城市，2019 年新能源整车产量最高的城市为南京，其新能源汽车产量达到8.13万辆，其次是长沙、合肥、柳州和广州，这些城市2019年的新能源汽车产量均达到6万辆以上。因此，新能源汽车作为一种新兴产业，其布局并不会沿着传统汽车产业布局的空间地区格局发展，而会具有其新的产业发展形式，未来新能源汽车产业的发展甚至有可能成为汽车制造业在地区间重新布局洗牌的重要影响因素。

表5-5 　2019年全国排名前20的城市整车产量及分类构成　　单位：万辆

	合计	按车型分			按经济类型分		按燃料分	
		轿车	SUV	其他	自主	合资	传统燃油车	新能源汽车
广州	240.48	168.31	61.79	10.38	27.30	213.17	234.34	6.14
重庆	175.20	39.94	53.98	81.28	142.79	32.42	170.84	4.37
武汉	153.03	95.98	50.72	6.33	8.33	144.70	149.74	3.29
上海	135.05	70.69	55.67	8.69	15.67	119.39	132.06	3.00
北京	120.05	63.66	44.79	11.60	30.86	89.19	119.36	0.69
保定	118.56	4.10	81.78	32.68	118.53	0.02	114.04	4.51
长春	118.08	68.63	35.95	13.50	38.01	80.07	115.33	2.74
青岛	107.66	30.10	7.23	70.33	79.71	27.96	104.14	3.52
柳州	91.63	12.93	34.33	44.37	91.63	0.00	85.40	6.23
天津	80.06	52.06	27.79	0.21	0.28	79.78	79.00	1.06
成都	77.93	44.20	26.25	7.48	16.55	61.38	77.04	0.89
沈阳	76.94	39.60	26.79	10.55	6.38	70.56	73.64	3.30
南京	70.45	45.98	12.77	11.70	29.22	41.22	62.32	8.13
郑州	63.40	20.53	32.05	10.82	46.85	16.55	58.22	5.18
长沙	59.76	23.09	23.81	12.86	18.35	41.40	52.87	6.89
杭州	53.27	17.46	35.30	0.51	11.31	41.96	51.73	1.54
合肥	46.43	8.12	14.72	23.59	46.43	0.00	40.02	6.40
潍坊	40.74	0.00	0.00	40.74	40.73	0.01	40.49	0.25
宁波	37.56	24.02	13.41	0.13	37.55	0.01	37.19	0.37
佛山	36.82	20.04	16.13	0.65	0.68	36.14	36.03	0.79

资料来源：《中国汽车工业统计年鉴（2020）》。

汽车作为一个复杂技术产品，其构成的零部件种类和名目非常多，一般情况下，一辆轿车的零部件总数会达到上万个，而一辆汽车的总成本中，零部件部分的成本占比也要达到70%左右。从汽车的整个生产销售过程来看，汽车产业链主要可以分为零部件制造业相关工业、汽车零部件制造业、汽车整车制造业、汽车服务贸易业以及包括法律法规、试验研究开发和产品认证检测等在内的汽车产业支撑体系。因此，汽车制造业对其他产业具有较强的带动作用。但是从目前吉林汽车制造业发展现状来看，吉林省汽车制造业以长春市为主，而长春市又以一汽集团为主，环长春地区的其他地级市汽车相关产业发展不足，尚未形成以汽车产业带动多产业协调发展的态势。

四 环长春四辽吉松工业走廊高质量发展概况

党的十九届六中全会指出，要在高质量发展中扎实推进共同富裕，保障全体人民共享经济发展成果。对于吉林省而言，促进各地级市间协同共进，是推进共同富裕的重要内容。为了推动高质量发展、实现全面振兴全方位振兴，吉林省于2019年发布了"一主、六双"产业空间布局规划，其中与工业高质量发展密切相关的战略规划是环长春四辽吉松工业走廊发展规划。

环长春四辽吉松工业走廊包括长春市、吉林市、四平市、辽源市、松原市、梅河口市以及公主岭市，共35个县（市、区）；国土面积91090.6平方千米，占全省总面积的近50%；总人口超过2000万人，占全省总人口的75%以上。该工业走廊所涉及的区域工业增加值占吉林整体工业增加值的比重达到80%以上，因此，促进这些地区范围内工业产业的高质量发展，对于吉林整体工业产业的优化升级以及带动地区间工业产业协调发展，促进共同富裕具有重要意义。

根据工业走廊的战略发展规划，主要以长春市为产业布局的核心区域，重点培育的产业包括节能与新能源汽车产业、轨道交通装备、生物医药以及医疗器械等先进制造业。联动产业布局区域包括吉林市、四平市、辽源市以及松原市等周边区域，重点发展汽车产业、石化产业、医药健康产业以及新材料产业等一系列产业的高端化转型。其中汽车产业的转型升级主要以长春市为核心，充分发挥一汽的引领作用，依托吉林汽车产业园区加强化工、冶金、新材料等优势产业与汽车产业深度融合发展，促进吉林占据优势地位的汽车制造业升级转型。石化产业则主要依托吉林化学工业循环经济示范园区和松原石油化工循环经济产业园区发展高附加值石化产业链顶端项目。医药健康产业主要以四平经济化学品、吉林凯莱英等化工医药企业为龙头，同时联合辽源市迪康药业、银鹰药业以及百康药业等企业，以及梅河口省级医药高新技术特色产业基地建设现代化医药健康产业集群。新材料产业则依托吉林市现有的碳纤维产业基础，增加相关碳丝、原丝产能，形成碳纤维及相关制品产业链。

从长春市的工业发展现状来看，2019年工业部门中产值较高的重点产业包括汽车、食品、装备制造、材料、能源、医药等，其中汽车工业占比最高，达到了近80%。而汽车制造业中又以一汽集团一家独大。此外，中车长春轨道客车股份有限公司作为中国中车集团有限公司的骨干企业之一，积极推动科技创新，建设国家工程实验室、院士工作站等科技创新平台，联合行业顶尖专家，开展关键技术研究，于2019年生产交付了国内首列投入商业运营的磁浮列车。2019年，长春市围绕重点发展的一汽集团相关产业和智能制造、医药器械以及光学仪器等战略性新兴产业着力推进了350个亿元以上的工业项目，紧密衔接吉林"一主、六双"的产业布局。

从吉林市的工业发展现状来看，石油化工产业是吉林市的重点支柱，产业总体规模在东北地区仅次于大连市和大庆市。截至2019年年末，吉林市拥有各类化工生产企业约300家，其中规模以上企业78家，行业门类涵盖原油加工及石油制品制造、化学原料和化学制品制造等多个领域，并且吉林市90%以上的化工企业坐落在吉林化学工业循环经济示范园区及吉林经济技术开发区，在地理上具有极强的集聚优势。在产业关联上，吉林市化工产业以吉林石化为龙头，吉林化纤、吉林燃料乙醇、康乃尔化工、吉神化工、众鑫化工等大型企业为骨干，以怡达化工、吉林奥克等一大批中小企业为配套，通过上下游产品相关联形成了具有一定规模的化工产业集群。

从四平市的工业发展现状来看，已经初步形成了以装备制造、医药、化工为主导产业，以冶金、建材等为优势产业的完备工业体系，并且正在通过积极开展产学研合作推动工业技术创新，吉林一正集团通过与浙江大学现代重要研究所合作，建立数字化车间，利用数字化控制技术推动中成药生产过程升级。此外，四平市还精准对接"一主、六双"产业空间布局，巩固发展农畜产品加工、装备制造、冶金建材和基础化工"老四样"，并培育发展医药健康、绿色制造业、新型材料和现代物流"新四样"。

从辽源市的工业发展现状来看，围绕重点产业发展规划形成了"211555"（纺织袜业达到200亿级规模；蛋品+特色农产品加工、冶金建材产业达到100亿级规模；高精铝加工、梅花鹿+医药健康、新能源汽车配套产业达到50亿级规模）和传统转型升级产业格局。在医药健康领域，2019年辽源市拥有百康药业、博大制药等规模以上企业10家，并且围绕医药健康产业走廊规划投资3000万元以上医药产业项目10个。同时在化学原料药生产、现代中成药以及医药器材等领域也取得了重要进展。

整体来看，吉林省已经形成了环长春市为核心区，协同吉林市、四平市、辽源市以及松原市等周边地区共同建设工业走廊，依托各自的资源优势和产业前期发展积淀，以战略性新兴产业为重点布局方向，推动形成吉林整体工业高质量发展的格局。

五 吉林省工业高质量发展存在的问题及政策建议

工业部门作为吉林省经济发展的重要支撑，工业经济高质量发展对于整体经济的高质量发展具有重要作用。通过本书前述内容围绕吉林省工业整体发展情况、各地级市工业发展情况、工业部门重点行业发展情况以及环长春四辽吉松工业走廊发展规划和发展基础四个方面展开的详细分析进行总结，可以发现近年来吉林工业经济发展取得了重要成就，但同时在迈向高质量发展的过程中也存在以下四个方面的问题。

一是工业部门内部产业发展不均衡，对汽车制造业依赖度过高。无论是从营业收入的角度还是就业人员的角度来看，汽车制造业占制造业整体的比重均接近60%，由此导致吉林省工业经济发展高度依赖汽车产业，行业间发展不均衡，从而使得吉林省工业经济整体的系统性风险提高，对抗外部冲击的能力不足，产业发展韧性有待提升。在调研过程中，调研组发现，吉林省工业的重要支撑是汽车产业，而汽车产业主要集中于长春市，且具体来说主要表现为中国一汽集团一家独大。因此，吉林省有"一汽打个喷嚏，整个吉林都要抖三抖"的说法。

二是吉林省在农产品方面具有显著的资源优势，但是没有将这些优势资源与制造业深度结合，进行农产品深加工，因此整个农业部门获取附加值的能力较低。东北地区土地肥沃，拥有大量的优质农业产品，如玉米、杂粮、人参以及优质牛羊肉和梅花鹿等，但目前这些优质农业产品都停留在初级加工阶段，没有充分发展食品加工制造业，因此获取附加值的能力较低。

三是科技创新对工业经济发展的驱动力不足。实施创新驱动发展是实现经济高质量发展的重要路径。目前吉林省工业经济整体科技创新能力不足，2019年吉林规模以上工业企业研发投入强度仅为0.634%，尚未达到全国平均水平1.44%的一半，在整个东三省中处于最低水平，更是低于东部和中部的绝大部分省市。因此，研发投入不足、创新能力偏弱对吉林省工业经济高质量发展形成了较为明显的制约。

四是吉林省内各地级市之间的工业经济发展不均衡。从前述研究内容中可以发现，吉林省工业经济基本集中在长春市，其他地区工业经济占全省工业经济的占比均较低。工业部门是创造就业岗位的重要来源，地区间工业经济发展不均衡不利于地区间经济发展水平的均衡发展和共同富裕的扎实推进。

针对以上问题，本书提出以下四点政策建议。

一是充分发挥长春市汽车产业对周边地区以及上下游产业的带动作用，促进产业间以及地区间的协调均衡发展。汽车作为一项复杂的现代工业产品，其制造流程以及上下游关联产业十分复杂，中国一汽集团具有扎实的汽车制造基础，在全国的汽车市场中具有一定的话语权。因此要充分发挥长春汽车制造业的优势，配合环长春四辽吉松工业走廊规划，布局汽车制造相关产业，充分发挥汽车制造对周边地区和上下游产业的溢出作用，促进整体工业部门的高质量发展。

二是持续加大科技研发投入，充分发挥企业在创新活动中的主体地位。激发企业的创新活力，提升企业的科技研发投入是提升企业创新能力和创新产出的重要方式。对于吉林省而言，国有企业在工业部门中占据重要地位，因此需要特别注重激发国有企业的创新积极性。通过改革国有企业领导的考核管理方式，实行有效的创新容错制度，发挥国有企业在整个工业部门中的引领作用，有助于带动整体工业部门创新能力的提升，促进工业经济高质量发展。

三是充分发挥数字经济等新业态的作用，促进传统产业转型升级。正如报告前述内容中所分析的，吉林省优质农产品面临深加工不足、附加值低的问题，其中一个重要原因是农业部门生产主体小而散，向深加工转型无法形成规模效应。因此需要充分发挥数字化转型对农户的积极带动作用，打通散户与深加工企业之间的信息沟通渠道，帮助农户实现低附加值的初级产品向高附加值的深加工产品转化。

四是提升吉林省人力资本，发展职业教育培养高技能人才，引进高层次科技人才。人才是实现创新驱动发展、促进工业经济转型升级的关键。对于吉林而言，一方面，需要大力发展职业教育，提升本地劳动力的人力资本水平，培养高技能人才，既有助于推动产业升级发展，也有助于扩大中等收入群体；另一方面，需要大力引进高层次科技人才，从而推动工业部门的研发创新水平，实现创新驱动高质量发展。

第六章

吉林省畜牧业高质量发展研究
——以肉牛养殖为例

  吉林省是中国的农业大省，农业高质量发展对吉林省经济高质量发展至关重要。2021年6—9月，中国社会科学院国情调研吉林基地项目组有关成员分三次赴吉林开展调研工作，调研重点为新时代背景下吉林畜牧业高质量发展现状、相关产业数字化转型趋势以及相关领域政府治理经验研究等，调研组与吉林省社会科学院、吉林省政务服务和数字化建设管理局、长春市人大常委会、长春市畜牧局、农安县委县政府、长春市新牧科技有限公司等相关政府部门、企事业单位和科研院所进行了多轮深入座谈和实地调研，希望能以肉牛养殖为例，对吉林省畜牧业高质量发展有一个初步的分析。

一 发展背景

  2020年10月29日，党的十九届五中全会通过《中共中央关于制定国民经济和社会发展第十四个五年规划和二〇三五年远景目标的建议》（以下简称"建议"），在指导思想中进一步明确要"坚定不移贯彻创新、协调、绿色、开放、共享的新发展理念，坚持稳中求进工作总基调，以推动高质量发展为主题，以深化供给侧结构性改革为主线，以改革创新为根本动力，以满足人民日益增长的美好生活需要为根本目的，统筹发展和安全，加快建设现代化经济体系，加快构建以国内大循环为主体、国内国际双循环相互促进的新发展格局，推进国家治理体系和治理能力现代化"。

锚定远景目标并综合考虑国内外形势和中国发展条件，"经济发展取得新成效""改革开放迈出新步伐""社会文明程度得到新提高""生态文明建设实现新进步""民生福祉达到新水平""国家治理效能得到新提升"成为未来五年中国经济社会发展的主要目标。

基于以上战略目标，若干发展要务将成为未来五年中国推动高质量发展的重点：第一，坚持创新驱动发展，全面塑造发展新优势，加快发展现代产业体系，推动经济体系优化升级，提高经济质量效益和核心竞争力。第二，坚持扩大内需这个战略基点，加快培育完整内需体系，形成强大国内市场，全面促进消费升级，构建新发展格局。第三，优先发展农业农村，全面推进乡村振兴，提高农业质量效益和竞争力，实施乡村建设行动。第四，推动绿色发展，促进人与自然和谐共生，加快推动绿色低碳发展。持续改善环境质量，提升生态系统质量和稳定性，坚持山水林田湖草系统治理，全面提高资源利用效率。第五，统筹发展和安全，建设更高水平的平安中国。坚持总体国家安全观，统筹传统安全和非传统安全，防范和化解影响中国现代化进程的各种风险。

自2008年国际金融危机以来，全球经济复苏进程艰难曲折，全球经济动能不足、治理滞后、发展失衡，成为世界各国冲突的焦点。特别是2019年末新冠肺炎疫情的暴发、快速蔓延和反复演化，给全球经济造成前所未有的严重且持续冲击。尽管中国政府采取了高效的防疫措施和纾困政策，但在全球经济一体化的背景下，疫情的衍生性灾害给中国经济造成巨大的负向影响。而作为东北老工业基地振兴的核心主体以及国内重要的粮食农业大省，吉林省近年来面临更为突出和复杂的转型压力和发展难题，经济下行压力加大、传统工业体系转型滞后、新兴市场潜力不足、特色型产业匮乏、人才结构失衡、人口净流出、老龄化趋势加剧、高质量就业单一等系列难题。"十四五"时期，吉林省振兴发展处于发挥独特优势、提升在全局中战略地位的关键阶段，处于加快转型升级、实现高质量发展的关键阶段，处于激发创造活力、破解深层次矛盾问题的关键阶段，处于促进共同富裕、提升人民生活品质的关键阶段。吉林省"十四五"规划强调："全省上下要进一步增强机遇意识和风险意识，更加自觉地把吉林振兴发展放到中华民族伟大复兴的战略全局、世界百年未有之大变局来考量，深刻认识中国社会主要矛盾变化带来的新特征新要求，深刻认识错综复杂国际环境带来的新矛盾新挑战,深刻认识吉林振兴发展阶段性特征带来的新问题新期待,保持战略定力,发扬斗争精神,坚持问题导向,树立底线思维,准确识变、科学应变、主动求变,善于在危机中育先机、于变局中开新局,抢抓机遇,应对挑战,推动吉林全面振兴全方位振兴不断取得突破。"①

基于上述战略目标,当综合考量"高质量发展""创新驱动""共同富裕""乡村振兴""总体安全"等要素时,基于现有产业基础,发挥区域特色、实现创新驱动、推动乡村建设、扩展供需空间、新增就业收入成为吉林未来发展的必由途径和重点方向。正是在这样的背景下,吉林省委、省政府适时提出,"提升产业链现代化水平""推进产业数字化,推动产业技术进步,开发新产品新业态""完善现代农业'三大体系'建设""实施现代种业创新提升工程,创新发展现代种业""建立完善现代化平台,发展智慧农业""创新现代农业经营体系"②等一系列旨在依托农牧业现代化水平提升而推动高质量发展的战略举措。

综上,此次调研由农牧业转型发展研究切入,逐步锁定在关乎东北地区老工业基地振兴和高质量发展、产业数字化转型和智能化改造、东北乡村振兴和可持续发展、扶贫成果巩固和农民有效增收、农村就业优化与社会稳定、农业生产安全和牧业种源自主、系统性协同和治理现代化等亟须攻坚的重大现实问题,结合吉林省现有发展特色和未来战略规划重点,调研组将调研主题逐步聚焦于吉林省肉牛产业转型升级和高质量发展,并将其作为吉林省高质量发展体系中的重点工程加以研究和评述。

二 突出矛盾

从吉林省发展现状看,吉林省肉牛产业既迎来了重要发展机遇,也正面临高质量发展的较大瓶颈,突出表现在天然禀赋短板、创新型产业匮

---

① 2021年3月17日,吉林省人民政府发布的《吉林省国民经济和社会发展第十四个五年规划和2035年远景目标纲要》。

② 2021年3月17日,吉林省人民政府发布的《吉林省国民经济和社会发展第十四个五年规划和2035年远景目标纲要》。

乏、现代化改造滞后和治理水平不高等方面。2020年9月，《国务院办公厅关于促进畜牧业高质量发展的意见》中提出，畜牧业是关系国计民生的重要产业，肉蛋奶是百姓"菜篮子"中的重要品种。同年12月，中央经济工作会议简报提出要"解决好种子和耕地问题，要开展种源'卡脖子'技术攻关，立志打一场种业翻身仗""要大力发展数字经济"等。2021年4月，农业农村部发布《关于印发〈推进肉牛肉羊生产发展五年行动方案〉的通知》，到2025年，牛羊肉自给率保持在85%左右；牛羊肉产量分别稳定在680万吨、500万吨左右。

在此背景下，吉林省开启肉牛产业高质量发展的探索之路。2020年10月，吉林省政府发布《吉林省"秸秆变肉"工程实施方案》，提出力争到"十四五"中期肉牛饲养量达到1000万头；2021年4月，为充分发挥肉牛产业的资源优势和产业优势，加快推进肉牛产业做大做强，夯实肉牛全产业链发展基础，吉林省政府下发了《吉林省做大做强肉牛产业十条政策措施》。2021年4月13日，吉林省政府新闻办召开的"吉林省实施'秸秆变肉'工程暨千万头肉牛工程建设新闻发布会"上，吉林省畜牧局局长张国华介绍，实施"秸秆变肉"标志性工程、启动1000万头肉牛建设工程已经上升为省委、省政府的战略决策。

从区域优势和产业背景来看，吉林省是全国重要的优势肉牛主产区，肉牛总量规模、质量标准、种源建设等均处于全国领先水平，并对国内市场产生重要影响。在吉林省若干具有传统基础和发展优势的产业产品中，肉食牛产业由于产业基础好、经济效益高、市场需求大、地域比较优势突出、发展空间大等特点，既是支撑乡村振兴的优势产业、能够实现县域经济突破的支柱产业，又是带动农民增收的主导产业。当然，吉林省肉牛产业及相关领域发展同样面临一些突出问题，而这些问题对东北地区乃至全国范围相关产业同样具有典型性意义，值得重点关注。

（一）东北地区农村社会经济发展的天然短板

东北地区农业以传统种植业为主，农民收入相对稳定，但结构失衡、盈余不足，且农闲时间过多。以吉林为例，2019年农村居民人均可支配收入为14936.05元，同比增长8.64%，其中传统农业收入占比44.5%，同比增长11.7%，而牧业收入占比仅为4.8%，甚至净值连年下降。这既妨碍农民增收，又给社会稳定造成隐患，甚至严重影响区域乡村振兴战略的推进。

（二）中国肉牛存栏和种源安全问题突出

2020年中国人均消费牛肉约6公斤，按世界平均水平计算，总量尚有600万吨牛肉缺口，2020年全国牛肉产量672万吨，净进口约200万吨。2021年估算牛肉缺口超200万吨。2021年自给率为65%左右，低于85%的目标。同时，中国肉牛预期养殖数量与现实存量数据存在巨大缺口，以吉林省为例，截至2021年6月下旬，普查牛只311万头，与预期的390万头仍有差距。而随着中国居民收入水平的进一步提升以及消费需求的日益升级，未来中国优质牛肉的需求量将快速提高，但中国国内肉牛供给保障形势日趋严峻。而外向型依存度过大，不仅导致外汇资源流失，也加剧了产业安全的风险。

（三）肉牛种源问题日益突出

目前中国肉牛地区保护性品种较多，而自主控制、充分供给的优质种源匮乏，且根本无法保障未来大规模养殖需求，进口依存度高，其数值远超海关统计数字。根据吉林省肉牛普查结果，全省目前约有基础母牛224万头。按一般的繁育发展率计算，实现千万头发展目标，基础母牛存栏仍显不足。另外，市场优质精源不足，冻精产品质量参差不齐，易造成犊牛性能差，损害养牛户利益。同时，牛只登记、选配记录、系谱等信息不足，育种测定能力弱，存在劣配优、近交的现象，种业自主创新潜力有待释放。

（四）涉农金融服务严重阻滞

"家财万贯，带毛的不算"，畜牧业资产长期以来难以形成有效的财富积累，意味着农民财富在金融领域处于受歧视地位，农业普惠金融难以实现，农村畜牧业发展严重受阻。以肉牛为例，周岁母牛每头售价1.9万元以上，孕牛每头售价超过2.3万元，已大幅超出农村人均可支配收入，农户购置难，无力承担风险。而目前各地区差异化的政府补贴，由于缺乏市场资源配置和有效监督，资金与农户的现实需求无法精准衔接，且骗补风险难以管控。

（五）错配形成的灰色地带冲击国家农业安全并造成税源流失

肉牛质量和价格认定的信息不对称促成牛贩子的垄断优势，这既扰乱市场价格，也大幅挤压养殖利润，反向制造骗补空间，而地下牛只交易也加剧了疫情风险。质监缺失威胁食品安全，灰色交易造成税源损失（粗略计量近百亿元人民币）、大规模进口或走私加剧外汇流失（每年占用外汇达百亿美元）。

（六）缺乏现代化治理思维

中国畜牧业传统烙印深重，目前仍然以家庭散养和自然繁育为主，产业定位和布局不合理，上下游联动差，产学研联系弱，养殖靠天吃饭，价格反复波动，资源严重错配，创新相对匮乏，模式难以持续，特别是数字化转型和智慧化发展严重滞后，没有形成现代化的治理体系和治理能力。

三 从肉牛养殖到农牧业高质量发展

在战略研判和市场筛选的双重机制下，吉林省因地制宜、因势利导，推动肉牛产业快速发展，引入数字化等技术创新机制，助力产业战略转型，激发市场活力，形成新增长点并驱动新型发展路径，探索出了一套农牧业高质量发展的模式。

吉林省高度重视肉牛产业发展，并将其作为高质量发展的牛鼻子工程，"以点连线，多平面，架空间"，为加快推进"秸秆变肉"工程暨千万头肉牛工程建设，吉林省政府出台《吉林省"秸秆变肉"工程实施方案》和《吉林省做大做强肉牛产业十条政策措施》，明确出台"硬招实招"，力争把肉牛产业做强做优做大，树立行业标杆和龙头，培育上下游产业、激发市场活力、形成产业生态，力争到2025年，全省肉牛发展到700万头，相关产业形成规模效应和标杆功能。

吉林省委、省政府破局探索具有较强的借鉴和示范意义，形成了农牧业转型发展的吉林模式：以肉牛产业高质量发展为突破口，通过"量化、精准、协同"的关键性机制创新，实现资本、技术、管理、数据等要素的跨部门联动，激发市场活力，形成产业生态和可持续发展路径，并提升治理水平。

（一）量化优先，进行畜牧业牛只普查

吉林省肉牛普查拉开了全省乃至全国畜牧业大普查的序幕，普查采用现代化技术实现牛体芯片与数据平台的实时连接，建立牛只数字档案，完成科学精准治理的关键一步。

普查重点内容包括：（1）牛只登记，由防疫员或养殖单位给牛只佩戴普查耳标（带有普查耳标号及二维码），并由养殖单位或防疫员登记简单的牛只信息，包括普查耳标号、原有耳标号、牛只性别等信息。（2）普惠金融需求采集，"政银保担"联动支牧联盟为全省肉牛养殖单位开启普惠金融服务。如果养殖单位存在低息贷款需求，完善身份证、营业执照等信息，勾选征信授权，就可获得贷款融资服务。（3）惠牧政策补贴直接到户，养殖单位填报品种、出生年月、毛色特征、照片视频等信息佐证其生产经营实际情况，全省逐步推行惠牧政策补贴直接到户服务，进而实现承贷能力网上评估、肉牛网上交易等惠牧服务。（4）育种信息采集，小程序将繁改员的日常繁育工作进行数字化、无纸化的繁育信息管理，对已完善信息牛只的发情、配种、接生以及阶段数据测定等全过程采集数据。为实现育种科技入户、开启民间大数据育种、提升群体遗传水平夯实数据基础。（5）生成全链条数字档案，建立健全牛只全过程追溯管理，牛只信息档案与相关平台对接，提供养殖信息、繁育信息、检疫信息、屠宰信息、销售信息、无害化处理信息等全链条数据信息服务。

（二）金融协同，推出支农金融服务

肉牛产业是一个资金密集型产业，饲养周期长，资金投入量大，为破解百姓融资瓶颈，发展农村数字普惠金融，推进金融助力畜牧业高质量发展工作，2021年3月9日，吉林省"政银保担"联动支牧联盟成立大会在长春召开，联盟在省畜牧局的指导下紧紧围绕畜牧产业发展多样化融资需求，积极创新"银行+保险""银行+担保""银行+保险+担保"等多渠道服务模式，研发个性化、创新性涉牧金融产品和信贷品种，探索构建全产业链金融服务模式。同月，吉林省地方金融监督管理局、吉林省畜

牧业管理局、吉林省财政厅、中国人民银行长春中心支行、中国银行保险监督管理委员会吉林监管局五部门联合印发《吉林省推进畜禽活体抵押贷款试点工作方案》，通过牛只数字化监管，激活肉牛金融属性。同年6月，吉林省农业保险工作领导小组制定印发《吉林省2021年农业保险工作实施方案》，将肉牛的政策性保险由1万元提升至1.5万元，保费不变。吉林省政府联合农牧企业、金融服务机构联合开发支农金融创新产品，例如，农行吉林分行的吉牧e贷产品，基于牛只质押对养殖户发放低息贷款，将金融引入农业经济实体，精准对接农户的现实需求和偿付能力，从根本上破解畜牧养殖融资难、融资贵的顽疾。

（三）数据驱动，构建"吉牛云"平台

2021年，吉林省牧业管理局本着"政府引导、企业主体、市场运作、开拓创新、共谋发展"的原则，联合相关企业共同建设了智慧农业大数据平台——"吉牛云"。该平台将畜牧数据创新应用于金融、政务、农业循环、流通交易、大数据繁育体系等领域，以数据为核心，立足产业思维，服务于产业链上中下游的各个群体。

拥有"吉林"属性、自主知识产权的"吉牛云"平台是国内唯一一个将畜牧数据创新应用于金融、政务、农业循环、线上交易、大数据繁育体系等领域的智慧畜牧云平台，已被列入吉林省新基建"761"工程，并经省发改委评审认定，以"吉牛云"为核心建设吉林省肉牛产业数字化转型促进中心，带动行业内中小企业数字化转型。

在吉林省畜牧业管理局的指导下，"吉牛云"平台开展的肉牛普查摸清了全省肉牛饲养量、牛只结构、养殖主体、饲养规模、区域分布及饲养密度等底数，为肉牛产业发展提供了翔实的数据基础。同时，开展普惠金融政策落实工作，搭建起肉牛养殖主体融资对接服务平台，依托大数据监管，实时掌握养殖主体融资需求及抵押牛只情况。目前，"吉牛云"平台已与吉林省"政银保担"联动支牧联盟内的吉林银行、九台农商行等50多家金融机构开展活体抵押业务合作。

吉林省将大数据、云计算、物联网等新一代信息技术与传统养殖业创新融合，由行业内资深技术服务企业主导构建"吉牛云"平台，为肉牛养殖业提供基于大数据的金融、治理、育种、交易以及其他增值服务，通

过数据资源的综合效益,引导整个产业链条的高质量发展。

(四)治理创新,依托"吉牛云"平台实现高质量发展

"吉牛云"平台的构建不仅实现了产品平台的联络,更重要的是带领农牧产业数字化转型释放的驱动力以及数智化治理形成的发展空间。其重要建设内容包括:(1)吉牛·云繁改。吉林省新牧科技利用自产优质冻精为养殖场户提供数字化繁改包保服务,研发推出"吉牛·云繁改"专属App,将繁改人员全部实名登记,纳入大数据育种社会化服务人员专题信息库,养殖场户通过"吉牛普惠"小程序提报母牛发情配种需求、接生需求,平台为养殖户推荐优秀繁改员,为养殖户提供配种、妊检、接生、生产性能测定等专业服务,借助"吉牛云"平台大数据算法结合性控技术,为每头母牛进行配种分析,为养殖户推荐最优的冻精产品,保证出生犊牛性别、品质。(2)吉牛·云健康。为养殖场户牛只提供健康防疫服务,采用智能设备采集牛只健康数据,建立实时监测的疾病预警及智能诊断系统,搭建肉牛疫病快速诊断体系,建立重要疫病综合防控体系。实时关注肉牛健康状况,对肉牛在生产过程中因各种病原引起的传染病、生产环境变化、运输应激、疫苗反应、饲料更换、分娩、难产和濒死等状况进行预警、记录及远程诊断,智能输出诊疗方案。(3)吉牛·云监管。联合银行保险等金融机构,实现从繁育、养殖、流通、金融环节全流程数据共享,构建信用信息数据库及信用评价体系。在"政银保担"联动支牧联盟框架下,用数据辅助活体抵押、担保、保险、风险补偿金等各类手段,合力推进"活牛抵押登记+农户自愿保险+银行跟进授信+活体抵押监管"活牛贷款抵押业务。(4)吉牛·云交易。与天津渤海商品交易所联合建设"吉牛"线上交易中心及结算中心,打造吉林省"肉牛产业"线上现货交易平台,支撑冻精、胚胎、活牛、饲料、饲草等产品以P2C形式在线交易,并为买卖双方提供交易、物流、投保、贷款、结算、行业预测、价格指导等全链条金融科技服务。(5)乡村服务站。联合中国联通吉林省分公司,全面开启吉牛云乡村服务体系建设。依托中国联通吉林省分公司分布在全省纵向至村屯的基层网点与触点,采用"服务站+农户"模式将肉牛产业的数字化应用直达基层。养殖户可以通过吉林联通分布在全省的基层营业网点,咨询办理肉牛普惠金融业务、吉牛云繁改、

健康和交易等业务，解决老百姓肉牛养殖"最后一公里"的问题。（6）国家牛种源基因库（种子银行）。将省内优质西门塔尔、延边黄牛、草原红牛等地方品种种源存储在该基因库中，同时通过阿根廷国家胚胎中心，利用国际新冠肺炎疫情纾困期，引进国外最优质的种源、冻精及胚胎，建立吉林省牛种源基因库乃至国家牛种源基因库，并依托吉牛云线上交易平台和吉林肉牛大数据选种选育研发中心开展吉林省及全国牛种源交易交割和数字化繁改推广应用。（7）吉牛·政务监管。围绕从牛只的配种、饲养、疾病治疗、防疫、检疫到屠宰、交易全生命周期各环节，对信息及时、准确、有效地收集、获取、分析，能够为畜牧局对于整个肉牛行业的决策提供有效依据，并且可将惠牧政策等信息准确地传递到各经营主体，实现畜牧业生产、管理信息化，促进传统畜牧业发展成现代化的畜牧业。

（五）部门联动，着手种牛引进

吉林省委、省政府把握新冠肺炎疫情时间窗口，联动海关总署、中国驻阿根廷大使馆、辽宁营口港、五矿集团以及相关民营企业，突破行业和地区壁垒，尝试从阿根廷大规模引进安格斯优选种牛。这不仅能突破中国优质肉牛的种源瓶颈，还是跨省跨部门跨产业协同的实践探索。

（六）试点盐碱地微生态修复综合技术体系，完善"吉林模式"

吉林省是中国重要的商品粮基地，同时也是世界三大苏打盐碱土分布区之一，盐碱地的治理是不能回避的难题。

以吉林省委、省政府实施"秸秆变肉"暨千万头肉牛建设工程，大力发展以肉牛产业过程中产生的巨量粪污为原料，通过廉价高效的粪污处理还田技术，在盐碱地土壤表层形成适合植物生长的微生态环境；通过选育、种植适合东北苏打盐碱地生长的耐盐碱油菜新品种，完成种养结合、农牧循环；通过构建生态循环农业示范模式，权衡生态环境保护与农牧业生产之间的现实矛盾，实现人与自然和谐共生，保障良好生态环境持续稳定地存在，使优美生态环境成为人民幸福生活的增长点。为美丽乡村建设、深入实施乡村振兴战略、全面推进社会主义生态文明建设提供生态循环农业综合科技示范，"种养结合、合理轮作、治理盐碱、绿色增效"为一体的生产模式创新,走出一条农牧循环、环境友好以及一、二、三产业融合之路。打造农业新优势,在吉林省乡村振兴和盐碱地治理的路径探索中,形成跨产业门类的全域治理模式,推动吉林省由畜牧大省向畜牧强省转变,为形成技术驱动下农牧高质量循环发展的"吉林模式"奠定基础。

图 6-1 给出了"吉林模式"的系统构架,整个战略构架和实施体系从习近平新时代中国特色社会主义思想的理论框架出发,以技术创新为驱动,打造数智化新型产业高地;以系统集成为思路,强调治理体系和治理能力现代化;以特色产业为抓手,因地制宜树立农牧业示范标杆。"吉林模式"战略体系由四个基础环节构成闭环:(1)基于国家战略部署,特

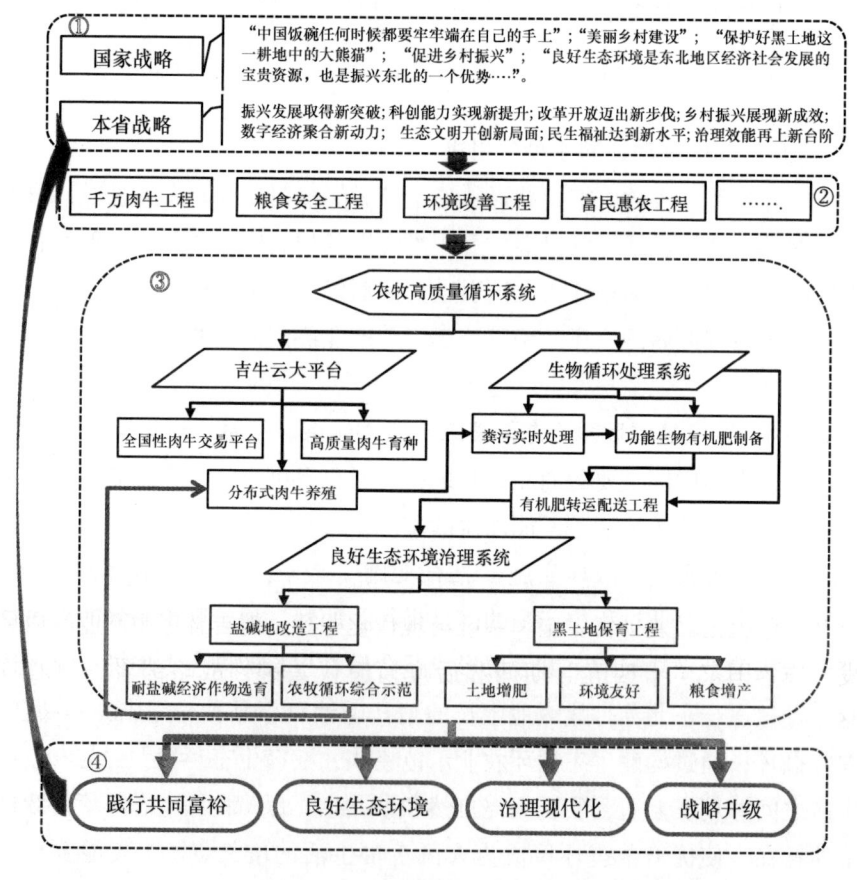

图 6-1 技术驱动下农牧高质量循环发展的"吉林模式"

别是习近平总书记历次调研吉林的重要讲话精神，以及吉林"十四五"规划和2035年远景规划目标，形成模式的指导方针和行动方向；（2）依据战略目标形成以若干密切关联性特色产业工程为抓手的行动方案，并紧握"数字化""畜牧业""可循环"这些关键要素焦点这个"牛鼻子"；（3）下大力气着力推进吉林农牧业高质量循环发展体系，依托"吉牛云"平台实现育种、养殖和交易的跨越式发展，建立上述生物循环处理系统，实现粪污处理、肥料生成、肥料转运的高科技产业体系，最终构架黑土地保育增肥工程和盐碱地改造工程，切实实现农业增产增收、土地资源可持续以及与畜牧业的良性循环；（4）在此基础上，反馈"富民强省，共同富裕""生态友好，农牧安全""治理系统和治理能力现代化""全省战略转型升级"等初心目标，与战略定位形成闭环。目前，长春新牧科技有限公司已经出资在吉林农安县华家镇流转100公顷盐碱地，为技术示范区的建设提供土地保障。

四　相关政策建议

"吉林模式"是吉林省在中央统筹布局下结合当前宏观形势及区域特征在重点领域进行的模式创新，对全国其他地区的发展形成了有益借鉴。回到国家总体视角，此类探索更重要的意义在于以系统化思维和科学化手段正视发展中的重大现实问题：东北的振兴和高质量发展面临产业、城乡、收入、人口、就业、金融、治理、环境等超复杂性因素，而这些难题的解决必须依靠党中央的高瞻远瞩、统筹谋划和协调推进，农牧业数智化提供了转型的时间窗口，而其中肉牛产业应该是行动的第一抓手，必须从总体国家视角出发，将安全、系统与现代化并行，将吉林肉牛产业高质量发展作为国家"十四五"期间和后疫情时代关键性战略部署的核心攻坚战。

（一）置顶规划，跨部门协调，打造吉林特色肉牛种源和养殖基地

新时代东北地区的发展要基于传统工业基地的优势，但不能再掣肘于名义的禁锢；东北乡村振兴和农民福祉要发挥传统资源优势，但不能仅依靠种植和劳务收入；必须因地、因时、因势，走具有差异化、特色化的破局之路，走创新发展科学治理之路，这需要党中央国务院的统一部署、系统协调和着力扶植，而市场引导不能"一窝蜂"，政策扶植不能"撒芝麻盐"，战略部署必须提纲挈领，行动举措必须切实落地。畜牧业具有禀赋依赖、技术驱动、工业化路径、数字化融合等天然便利，是吉林推动乡村振兴乃至全省经济模式创新转变的重要抓手，而肉牛养殖是其中的"牛鼻子"，要有"四个蹄子追赶四个轮子"的前瞻性战略眼光、经济决策勇气及与之配套的支持力度。

（二）应用现代化的信息技术着手推动农（林牧渔）产品的全国性普查

党的十八大以来，习近平总书记对粮食安全进行了系统阐述，反复强调：要把饭碗端在自己手里，要装自己的粮食。目前中国人口结构、城乡结构和膳食结构变化导致国家粮食需求形势的根本变化，准确把握农情、粮情、食情新动向，是保障中国农业安全乃至国家总体安全的前导性要件，有必要依托当前以大数据、物联网为代表的信息技术手段，分地区（以农产品主产区为先）、分类别（以大型畜牧业为先）、分阶段（以植芯片计只数为先），推进农林牧渔产品全国性普查，建立农产品的实时化数字档案，切实辅助置顶规划的设计及行动举措的精准量化，重构适合新时代发展趋势的国家农业安全治理系统和保障手段。

（三）打造全国性肉牛大数据平台，推进农业治理体系现代化

建议基于"吉牛云"平台的设施构架和有效经验，以数字化治理为依托，率先打造全国性肉牛大数据监测和交易平台，对单体牛只的种源和谱系进行全方位监测，确保种源和肉品质量安全可溯，打造中国的高质量肉业品牌。同时，搭建可溯源交易平台，监督肉品质量，监管市场行为，撮合市场供需，满足民众需求。在提高产品质量、降低市场风险的同时，提高养殖户纯收入，保障国家税源的扩展。另外，强调数据平台的顶层设计和一体化实施，建立全国信息共享机制，提供现代化治理手段；基于数据孪生体系，适时构建用于评价和分析相关公共政策的模拟模型系统，提供反事实的经济冲击模拟和政策方案设计工具，建立现代化的治理体系。

(四) 利用时间窗口，化危为机，迅速补齐农业种源短板

新冠肺炎疫情的暴发、蔓延和不断反复，重创了全球经济、贸易并加剧了各国治理手段的失衡，为应对后疫情时代的大变局，要有危险防范和识别的意识，更要有危机化解的能力和化危为机的智慧；要有系统性、前瞻性的顶层设计，更要有把握时机、精准迅猛的重点推进手段。与部分高精尖产业对比，中国农牧业安全形势同样不容乐观，且更关乎国计民生之根本。以肉牛养殖为例，中国有牛肉加工生产行业，缺乏完备的肉牛养殖产业；有用于繁殖的牛只，缺乏可持续拓展的种源；有区域保育的品种，缺乏自主繁育且满足产业发展需求的品牌。应充分利用当前南美国家防疫和纾困的需求，不失时机地超大规模引进优质种源，在国内定向繁殖育种，不断改良优化，用最短时间将肉牛产业的根本命脉重新掌握在自己手中。

(五) 协同环境治理，构建可循环的经济模式

中央要顶层设计、统筹协调，为肉牛产业制定相对完备的协同目标，在整个产业链条上建立基于科学、保护环境、产业衔接、资源复用的可循环发展模式，布置企业引种和育种为途径解决优质种源"卡脖子"困境，推动产学研联动以解决大规模集中养殖难题，创新金融与担保服务以提供资金保障，开放大数据平台以实现资源优化配置，使用秸秆补充饲料构建低碳循环经济，利用粪肥改造盐碱地进一步保障粮食安全，形成科学谋划、系统推进的现代化农牧业治理体系。

第 七 章

吉林省冰雪经济高质量发展研究

近年来，在2022年北京冬奥会筹办、冰雪旅游和体育消费升级的多重驱动下，中国冰雪产业蓬勃发展，成为促进经济绿色转型发展的新兴产业。冰雪产业以冰雪旅游、冰雪体育、冰雪文化为核心，覆盖健身休闲、竞赛表演、场馆服务、运动培训和体育旅游等领域，并与装备制造、纺织服装、文教体育、交通运输、文化旅游、会展服务等行业相互关联，具有产业链长、关联度高、带动力强的特点。如何借2022年北京冬奥会的东风，打造具有地方特色的冰雪产业体系并大力发展冰雪经济，是东北、华北各省共同关注的重要问题。

2016年3月，习近平总书记提出"绿水青山就是金山银山，冰天雪地也是金山银山"，这为东北指明了一条发挥资源环境优势的绿色发展之路。吉林省是东北老工业基地之一，长期以来，吉林省汽车产业"一业独大"，服务业发展相对滞后。尽管"十三五"时期吉林省服务业占GDP的比重均超过50%且总体表现为上升趋势，即便2020年受新冠肺炎疫情的冲击，吉林省服务业占GDP的比重仍达到52.25%，但服务业对GDP增长的贡献仅为2.24%[①]，服务业对GDP增长的低贡献率与其占GDP的高比重明显不匹配。此外，目前吉林省服务业仍以传统服务业为主，其发展模式及业态尚处于较低的发展层级。习近平总书记的"两山"理论为吉林服务业的转型提质指明了方向。2016年9月，吉林省出台《关于做

---

① 根据《吉林省2020年国民经济和社会发展统计公报》，2020年吉林省服务业增加值增速为0.1%，按2019年可比价计算，比2019年增加了6.3047亿元；2020年吉林省GDP增速为2.4%，按2019年可比价计算，比2019年增加了281.4432亿元。由此算得2020年吉林省服务业对GDP增长的贡献率为2.24%。

大做强冰雪产业的实施意见》，提出要使冰雪产业成为吉林经济发展新的战略增长极之目标，由此奏响了吉林省发展冰雪经济大乐章的序曲。2022年北京冬奥会的成功申办成为冰雪产业迅速发展的催化剂，全国上下参与冰雪运动的热情空前高涨，为更好地乘借北京冬奥会的东风发展壮大冰雪经济，2019年11月吉林接续出台《关于以2022年北京冬奥会为契机大力发展冰雪运动和冰雪经济的实施意见》等政策意见，并将"大力发展寒地冰雪经济，推进服务业转型提质，培育壮大新动能"列入《吉林省国民经济和社会发展第十四个五年规划和2035年远景目标纲要》。

吉林省冰雪资源优势突出，冰雪运动起步早、基础好、水平高，有望构建起完善的冰雪产业体系，使冰雪产业成为吉林经济发展的新引擎。本研究将在分析吉林冰雪产业发展现状的基础上阐述吉林省大力发展冰雪产业的现实意义，并通过对典型省份冰雪产业竞争力的比较分析，剖析吉林省发展冰雪经济面临的困难与存在的问题，进而提出吉林省冰雪经济高质量发展的对策建议。

一 吉林省冰雪产业发展现状

（一）冰雪资源

冰雪资源是冰雪产业发展的基本条件，自然冰雪资源的形成颇受地理环境和气候条件的影响与制约，吉林省具有得天独厚的地域条件，冰雪资源富集，生态禀赋一流。从地理位置上看，吉林省地处中国东北地区的中部，介于北纬40°—50°的世界冰雪黄金纬度带，非常适宜开发自然条件下的冰雪项目，闻名遐迩的吉林省长白山冰雪产业带海拔在1000米以上，年降水量在600—800毫米，存雪期4个月左右，属于天然的高山冰川积累区。从气候条件上看，吉林省属于温带季风型气候，四季分明，雨热同期，夏季温暖短促，冬季寒冷漫长，平均气温在-15℃左右，冰雪活动温度适宜，降雪期从当年10月持续至翌年4月，长达7个月，雪量大、积雪期长。吉林省位于辽宁省和黑龙江省之间，冬季气温适中，不会因为气温过高造成冰雪质地黏重而影响滑行速度，也不会因为气温过低造成冰雪质地脆硬而容易打滑，优良的雪质非常适宜开展冰雪运动。吉林省拥有中国四大自然奇观之一的雾凇、神农冰雪温泉、查干湖冬捕、净月潭国家森林公园、以长白山吉林市为代表的天然滑雪场等极具特色的天然冰雪资源，是发展冰雪旅游和开展冰雪运动的胜地。

（二）冰雪设施

冰雪设施是冰雪产业发展的基础保障，吉林省建有一批较高标准的冰雪设施。在冰场方面，拥有室内外冰场一百余块，包括短道速滑、冰球在内的各种冰上项目场馆设施一应俱全，是中国冰雪体育项目人才的主要培养基地之一；在滑雪场方面，吉林省是中国滑雪场最为集中的三个省份之一，截至2020年，吉林省已建成各类滑雪场40座，排在全国第7位，占全国滑雪场总数的5.59%；在架空索道方面，2020年吉林省以40条与黑龙江并列全国第2名，占全国架空索道总数的14.55%[1]。目前，吉林省营业雪场的游客承载能力可达到1000万人次以上，雪道总面积占全国的18.1%[2]。万科松花湖雪场是全国最大的滑雪场，已开发的雪道面积达到175公顷，万达长白山国际度假区稳居全国滑雪场接待量的前三甲，此外还有长春净月潭滑雪场、吉林青山滑雪场、北大壶滑雪场等设施完善、品质优良的滑雪场，在国内外享有盛名。

在冰雪装备制造方面，吉林省目前主要集中于滑雪服、滑雪圈等低端产品的生产，尚不具备压雪车、造雪机、索道等高端设备的生产加工能力，主要存在冰雪装备产品供给不足、冰雪装备研发创新动力不强、冰雪装备产业转移局限性较大等问题[3]。在冰雪产业大力发展的背景下，吉林省加大对该产业的重视力度，提出为全面推动冰雪装备产业的发展积极谋划建设冰雪运动装备产业园。其中，吉林市已率先启动冰雪装备制造产业园的建设，作为老工业基地城市，具有坚实的装备制造业基础，2020年已吸引两户冰雪装备类生产企业入驻，依托吉林市的国家级碳纤维高新技术产业化基地，利用碳纤维高强度、低重量的特点，为发展冰雪装备制造业提供丰富的原料配套，并开发其在雪板、雪杖、头盔等高端冰雪运动装

---

[1] 伍斌：《2020中国滑雪产业白皮书（暨2020—2021雪季财年报告）》，http://www.pinchain.com/article/250554。

[2] 伍斌、魏庆华：《中国滑雪产业发展报告》，社会科学文献出版社2019年版。

[3] 张竞、徐敏：《吉林市冰雪产业发展现状与政策进路》，《北华大学学报》（社会科学版）2020年第1期。

备上的应用。

（三）冰雪旅游

冰雪旅游是冰雪产业发展的重要组成部分，吉林省是蜚声海内外的冰雪旅游胜地。北国风光，千里冰封，万里雪飘，神奇的大自然赋予了吉林冬日里别样的魅力。从滑雪、冬捕，到林海雪原徒步，再到荟萃各种冰雕、雪地娱乐项目和主题表演的各类度假区休闲、娱乐，冰天雪地、银装素裹犹如童话般的世界带给游客极致奇幻的体验。截至2020年末，吉林省拥有国家A级旅游景区241家，其中5A级旅游景区7家（六鼎山文化旅游区、高句丽文物古迹区、长影世纪城、长春世界雕塑公园、长白山、伪满皇宫博物院、净月潭景区）。吉林省东部是驰名中外的长白山，西部则是松原查干湖、白城莫莫格等冬捕文化旅游区，中部拥有集中在长春市、吉林市的16座雪场和200多块冰场，形成了"东雪西冰"的旅游格局。

吉林省是旅游大省，旅游资源丰富。根据吉林省统计局的统计数据，2020年吉林省累计接待国内外游客15342.23万人次，全年旅游总收入2534.59亿元人民币。除了长白山、查干湖、北大壶、万科松花湖等吉林省标志性景区，近年来"北国明珠""吉林雪乡""冰韵小镇"等多个旅游品牌也纷纷落地，吸引大批中外游客前来游玩。统计数据显示[①]，2018—2019年雪季，吉林市接待冰雪游客突破2590万人次，增长15.1%；旅游收入超过440亿元，增长18.9%。2019—2020雪季，万科松花湖、北大壶、万达长白山3家大型滑雪度假区接待人次达112.53万，占全国大型目的地滑雪度假区总接待量的43.96%。尤为值得一提的是，北大壶度假区接待滑雪人次46.7万，增长55.7%，增速全国第一；万科松花湖度假区接待滑雪人次55.2万，增长45%，接待人数在全国雪场排名第一。以吉林国际雾凇冰雪节为代表的特色旅游品牌，带来了滑雪、冬捕、雪雕、冰雕等一系列丰富有趣的冰雪体验，为发展吉林省的冰雪产业增添了新的动力。吉林省"十四五"规划确定的三大万亿级目标产业中，旅游业仅次于汽车产业位列第二，在"东雪西冰"的全域旅游格局下，

[①] 《吉林市冰雪产业发展纪实》，《吉林日报》2019年3月25日。

吉林省各地旅游景点迅速发育、多点开花、特色迥异，成为冰雪产业发展的重要一环。

（四）冰雪体育

冰雪体育是冰雪产业发展的持续动力，吉林省是中国冰雪体育运动发展的摇篮。中国第一次滑雪比赛于1957年2月在吉林省通化市举行，标志着中国近代滑雪运动的开始，中国第一届全国冬季运动会于1959年2月在吉林市举办，此后吉林省又陆续承办了四届全国冬运会。依托丰富的冰雪资源、全国首屈一指的场地硬件设施、多年来积累的承办高水平赛事的经验，吉林省举办了一连串内容丰富、形式多样的冰雪特色体育活动，如全国花样滑冰锦标赛、中美俄冰球对抗赛、"VHL"丝路杯高级冰球赛、全省短道速滑赛等。长春净月潭瓦萨国际越野滑雪节是国内规模最大、国际化程度最高、竞技水平最高、影响力最大的国际滑雪马拉松大赛，至今已连续举办19年，不仅累计免费培训70多万人次大学生学习越野滑雪，还带动赛事活动成为经贸合作的重要平台[①]。由于2022年北京冬奥会的成功举办，人们对于冰雪运动的追捧也在逐步升温，吉林省18家滑雪（冰）场获评"冬季奥运项目训练基地"。除专业赛事外，查干湖马拉松滑雪赛、长白山雪地汽车拉力赛等群众性精品赛事活动也如火如荼。此外，目前吉林省内已有包括吉林大学、东北师范大学、北华大学、吉林体育学院在内的7所高校创建了冰雪体育学院、开设冰雪专业[②]，在兼顾冰雪项目理论学习的同时，也注重冰雪职业技能的训练，为今后冰雪体育的蓬勃发展储备了优秀人才。

（五）冰雪文化

冰雪文化是冰雪产业发展的灵魂，作为最早开始发展冰雪产业的东北三省之一，吉林省有着深厚的冰雪文化基础。一方水土养一方人，冰天雪地下的地域传统孕育了吉林省别样的冰雪文化。抗联文化、冰雪文化、辽金文化、民族民俗文化等多种文化交融并存，吉林国际雾凇冰雪节、冰雪

---

① 蒋抒博：《吉林省冰雪产业发展现状及对策研究》，《税务与经济》2019年第1期。
② 伍斌、魏庆华：《中国滑雪产业发展报告》，社会科学文献出版社2019年版。

丝路国际艺术节、长白山雪节、查干湖冰雪渔猎文化节、长白山之冬冰雪旅游节等系列冰雪节庆活动层出不穷。在大力发展冰雪产业的同时，吉林省还重点建设了一批特色文化产业示范基地，囊括歌舞剧、戏剧、二人转、动漫、剪纸等各类艺术形式，不仅有《吉林二人转》、舞剧《杨靖宇》和《红旗》、吉剧《积德泉传奇》等传统剧目，还打造了《雪韵春光》《盛世花开》《长白山阿里郎》《盛世契丹·春捺钵》等富含冰雪和地域特色的演艺剧节目。

一是松原的查干湖"冬捕文化"。查干湖清晰完整地传承了先人的捕鱼文化，是中国北方唯一一个保持传统捕捞方式的地方，所以"东去长白山滑雪泡温泉，西来查干湖品鱼观冬捕"已经成为吉林省冰雪旅游的两大名片。二是老白山雪村的"木帮文化"。以前，伐木工人伐木时要喊"木帮号子"，虽然随着时间的流逝和科技的发展，这种"木帮号子"在现实生活中已经离我们渐行渐远，但是"木帮文化"体现的诚实守信和自强不息的精神、木帮人豪放和坚韧的性格，都在冰雪经济的发展中得以流传。三是吉林森工露水河的"冬狩文化"。"冬狩文化"是用最原始的方式进行冬季狩猎，延续着冬季狩猎文化的精髓。发展冰雪经济，需要形成冰雪经济全产业链条，让冰雪旅游、冰雪运动、冰雪文化、冰雪装备等各方面有序参与、相互融合、科学链接，并要想方设法把各种冰雪资源植入产业链中，开发具有吉林省特色的冰雪产品①。

二　吉林省大力发展冰雪经济的现实意义

（一）有助于培育经济新动能

冰雪产业是吉林省最有特色、最具潜力的优势产业，发展壮大冰雪产业有助于推进吉林省服务业转型升级和加快新旧动能转换进程。作为东北老工业基地的吉林省，曾为中国工业化发展做出了卓著的贡献，但当今国际环境日趋复杂，国内经济发展条件发生深刻变化，不稳定性、不确定性明显增加，吉林省过去偏重化工型、资源型和传统型的产业结构面临严峻挑战，吉林省要迈向高质量发展，还需要培育更多的新动能。冰雪产业是

---

① 吴秀坤、袁福珍：《构建冰雪文化全产业链》，《吉林日报》2021年3月21日。

既符合绿色发展理念又契合现代社会发展和居民消费升级需求的朝阳产业。以"冰雪+"为核心，释放冰雪资源优势，布局建设完整的冰雪产业链将催生更多的新经济、新业态、新模式，让冰天雪地变成金山银山，促进吉林省产业融合发展，进而加快新动能的形成，促进吉林省产业的多元化发展。

（二）有助于实现乡村振兴

产业兴旺、生态宜居是吉林省实现乡村振兴的两大重要任务，因地制宜发展乡村冰雪旅游有助于吉林发展壮大乡村产业并推动村庄建设。吉林省水稻等农作物基本是一年一造，4月初播种，9月成熟。每年10月下旬至翌年3月为纯农闲时间，大多数农民靠打牌消磨这段"猫冬"时光，这段农闲时间恰恰是吉林省的冰雪时节。因此，可将村庄建设与发展冰雪旅游相结合，将乡村振兴与全域旅游相结合，让农民由"猫冬"变"冬忙"，在盘活乡村劳动力资源的同时，吸引众多外出务工人员返乡创业。依托天然雪景和独特的村庄风情建设一批高品质的雪村、雪乡、雪镇、雪堡，推出融合历史文化和民族风情的乡村冰雪旅游特色产品，通过有序发展乡村冰雪旅游，推进乡村产业、人才、文化、生态、组织的全面振兴。

（三）有助于壮大冰雪人才队伍

冰雪产业的发展与冰雪人才队伍的建设是相辅相成、相互促进的，发展冰雪产业有助于壮大中国冰雪人才队伍。冰雪人才既包括从事冰雪运动的运动员、教练员等冰雪体育运动人才，也包括从事冰雪设备设计、生产、维修的冰雪装备产业人才，还包括冰雕艺术家、冰场与滑雪场设计师、冰雪场所管理者、冰雪旅游导游等与冰雪产业相关的从业人员。北京冬奥会的举办以及"三亿人上冰上雪"宏伟目标的推进亟须大量冰雪人才，其中冰雪运动人才和高级冰雕人才更是供不应求。然而，由于中国冰雪产业发展相对滞后，加之受冰雪运动季节性特征影响，滑雪指导员绝大部分为兼职人员且水平参差不齐，冰雪人才流失严重。相比滑雪指导员，造雪压雪、缆车修复以及冰雪赛事主持的人才尤为匮乏。大力发展冰雪产业将为高素质冰雪人才的培育提供更有利的产业环境，也将倒逼高校加快冰雪人才的培养。

（四）有助于扩大对外开放

冰雪文化是中华优秀传统文化中的一颗明珠，也是世界各国人民文化交流的重要领域，大力发展冰雪产业将促进冰雪文化国际交流，进而有助于中国扩大对外开放。民心相通、文化交流的重要性不言而喻，通过大力发展冰雪产业，搭建冰雪文化交流平台，把吉林省打造成国家"一带一路"倡议的重要对外开放窗口。要以 2022 年北京冬奥会为契机传播吉林冰雪文化，为新冠肺炎疫情后吸引大批国外冰雪爱好者及冰雪运动员到吉林省游玩观光、比赛竞技做好宣传，也为吸引外商到吉林省投资冰雪产业抛出橄榄枝。同时，也要探索让中国冰雪文化"走出去"的办法，扩大吉林省冰雪产业的国际影响。通过积极服务和融入国家"一带一路"倡议，借助举办冰雪国际赛事和冰雪产业国际论坛等形式，增强与"一带一路"国家的文化交流，让冰雪文化成为"一带一路"人文交流的重要载体，进一步畅通与"一带一路"沿线国家和地区的"冰上丝路"。

（五）有助于打造冰雪经济全产业链

冰雪经济产业链长，涵盖范围广，冰雪运动作为冰雪产业的重要一环有助于冰雪装备市场、冰雪旅游市场的完善并带动上下游产业的联动发展。得益于优越的地理环境和发达的经济水平，瑞士、瑞典、法国、美国等传统冰雪优势大国凭借数量众多的滑雪人口、顶级的滑雪大区以及完善的滑雪配套服务等有利资源已形成了发达的冰雪产业。相比之下，中国冰雪产业起步较晚，还处于初级市场阶段，尚未形成自己成熟的冰雪产业链。但近年来，得益于 2022 年北京冬奥会的筹办，中国滑雪市场成为全球唯一快速增长的滑雪市场，滑雪运动人数增长迅猛，有望跻身冰雪产业大国行列。吉林省拥有雄厚的高端装备制造基础，有望培育出一批具有较高知名度的冰雪装备企业。以冰雪旅游、冰雪运动促进冰雪装备制造、冰雪运动服装生产、冰雪会展经济、冰雪体育培训、冰雪影视、餐饮住宿等行业联动发展，推动形成冰雪经济全产业链体系。

三 典型省份在冰雪产业链各环节的竞争力比较

(一) 冰雪产业链全景分析

中国冰雪产业虽然起步较晚,但由于中国地域广阔,加之坚实的工业生产能力,形成了相对完备的产业链基础。国内冰雪产业链主要分为三大部分:上游环节主体为冰雪装备零部件和冰雪装备供应企业;中游环节则包括场地运营管理企业、冰雪赛事服务供应商、冰雪体育培训供应商和冰雪旅游供应商等;下游环节主要是冰雪产品分销渠道、营销渠道和消费者。

1. 上游产业链分析

中国冰雪产业链上游环节主体为冰雪装备零部件和冰雪装备供应企业。

冰雪装备零部件供应企业:冰雪装备零部件供应企业主要生产冰雪产业的小型部件及各类辅助用具。随着冰雪经济的不断发展,国内冰雪产业装备零部件供应企业呈蓬勃发展趋势,数量和质量都较之前有很大提升,但部分核心零部件仍然需要进口,需持续加大产业研发力度,力争核心部件国产化。

冰雪装备供应企业:冰雪装备可分为两大类,一是场地相关装备,包括压雪机、造雪机和索道等,此类供应商多为重工企业,生产设备要求较高;二是个人使用冰雪装备,包括头盔、雪服、雪板等,此类供应商多为中小型企业,对工业能力要求较低。目前而言,国内的冰雪装备供应商大部分为代工企业,在国内制成产品后发往国外,由国外厂商贴牌后再另行销售,居于产业链的末端,生产消耗大但利润率低。由于冰雪运动在中国起步晚,消费者对国内品牌缺乏认可度,进一步抑制了国内冰雪装备供应厂商的发展,需不断提升国内厂商的知名度。

2. 中游产业链分析

中国冰雪产业链中游包含冰雪场地运营管理企业、冰雪赛事服务供应商、冰雪体育培训供应商和冰雪旅游供应商等。

冰雪场地运营管理企业:冰雪场地包括冰雪度假区、滑雪场和滑冰场等。国内较为知名的厂商有北大壶滑雪度假区、万达长白山国际度假区、亚力布滑雪场和万龙滑雪场等，这些厂商不仅涉及场地的日常运营，还可承担冰雪赛事等，实现了冰雪资源的有效整合，且便于上下游产业链的对接，在中游产业链中起着中流砥柱的作用。

冰雪赛事服务供应商：目前国内提供冰雪赛事服务的可分为两类，第一类是提供竞技类冰雪赛事服务，主要有国家体育总局冬季运动项目管理中心和中国滑雪协会；第二类是提供大众赛事服务，一般为民营企业，包括万科、新浪等。系列冰雪赛事的举办，不仅可以在民众中推广各类冰雪运动，还可以促进举办地的经济发展，此外对冰雪文化的培养也大有裨益，可谓一举多得。

冰雪体育培训供应商：冰雪体育培训主要由各类冰雪运动相关院校组成，如北京体育职业技术学院、黑龙江冰雪体育职业学院、魔法滑雪学院等，针对目标用户提供个性化的冰雪体育培训服务。当前冰雪体育培训机构发展形势良好，各种培训机构层出不穷，但部分新增的私营机构存在设备不足、教练人员不够专业等情况，需要有关部门加以监督整改。

冰雪旅游供应商：冰雪旅游供应商包括冰雪旅游产品供应商、食宿供应商、交通运输供应商、医疗服务供应商和保险服务供应商等。这些供应商的服务水平很大程度上可以体现一个地区的治理能力和水平，需要以政府为主体的国家部门提升其服务水平和能力。这类服务水平对游客的评价起着至关重要的作用，因此在加强冰雪产业硬件设施建设的同时，也要注重此类服务项目水平的提升。

3. 下游产业链分析

中国冰雪产业下游由冰雪产品分销渠道、营销渠道和消费者组成。其中分销渠道主要由线上旅游平台、旅行社和票务公司组成。近年来随着互联网的迅速发展，线上旅游平台渠道发展迅猛，与此同时，旅行社产品同质化严重，发展遭遇严重瓶颈。营销渠道则主要有社交媒体、用户平台软件和其他门户网站、搜索引擎等，其主要营销方式为广告，有超过5成的用户是通过互联网广告的方式接触到冰雪产业。用户方面，中国冰雪产业发展起步较晚，群众接受度还不高，但随着冬奥会的举办，冰雪运动热度不断升高，冰雪产业未来发展前景广阔。

（二）典型省份冰雪产业竞争力分析

伴随北京冬奥会的临近，加之国家对冰雪运动产业的重视，众多省份都提出了自己的冰雪产业规划，其中具有代表性的省份包括黑龙江、吉林、辽宁和河北等。这些省份结合自身的地理条件和人文条件优势，分别加大了对冰雪产业链的布局力度，力图走出一条因地制宜的冰雪产业发展道路。以下是对各个省份冰雪产业竞争力的分析。

1. 黑龙江冰雪产业竞争力分析

黑龙江位于中国最北方，在冰雪资源上得天独厚，辖内河流冰期最长可达六个月，发展冰雪产业优势十分突出。在冰雪产业链中游，黑龙江在场地运营和冰雪体育培训上也有较大优势。据统计，黑龙江省拥有超过200家滑雪场，不仅数量大，而且滑雪场的质量也相当优良，具有充足的条件来发展冰雪场地运营管理企业。另外，黑龙江冰雪体育职业学院作为国内少数的几家专业化冰雪运动培训学校之一，其积累的冰雪人才相对其他省份丰富，可以为发展冰雪教育培训产业提供长期的人才支持。

然而，近年来黑龙江冰雪产业发展已逐渐趋缓，制约黑龙江省冰雪产业发展的因素主要有以下几类：首先是产业链和基础设施薄弱，省内涉及的冰雪产业链缺乏完整性，大多采用国外的产品，成本高；其次是冰雪资源开发深度不足，未能充分展现冰雪文化内涵；最后便是规模问题，雪场规模不足，提供的冰雪服务同质化严重[1]。

2. 吉林冰雪产业竞争力分析

吉林同样地处高纬度地区，冰雪资源丰富，在发展冰雪产业上同样具有优势。首先，相较于黑龙江省，吉林在冰雪文化资源方面更具优势。不仅拥有古代流传下来的满洲文化，吉林作为明清时期造船的重要基地，其船厂文化和摇橹人精神一直在老一辈吉林人中传承。这些别具一格的传统文化可以与冰雪产业结合，产生新的经济增长点。其次，吉林辖下不同地域间冰雪资源差异性较大，西部以河流水道的冰类资源为主，东部则多山林，雪场资源丰富。可针对不同的资源禀赋开发不同的冰雪产品，实现差异化经营。另外，吉林工业基础较好，且区位优势明显，有充分条件发展

---

[1] 邹怡琪：《黑龙江省冰雪经济发展路径研究》，《企业改革与管理》2021年第13期。

冰雪产业链上游企业，通过引进国内外著名冰雪装备制造企业，力图做到冰雪产业全套生产流程都可在辖内完成，增强其产业竞争力。

劣势方面，吉林首要的问题便是人力资本的缺乏，相关产业的优秀人才不断外流，目前从业人员在技术和管理上有明显的不足。其次则是体系发展不完整，产业缺乏自主品牌和创新，行业影响力不足①。

3. 辽宁冰雪产业竞争力分析

辽宁相对黑龙江和吉林，在冰雪自然资源上有所欠缺，但其优秀的工业制造能力依旧让辽宁省在国内竞争中占据一定优势。辽宁辖下的沈阳娅豪滑雪产业集团有限公司是中国首家集团性质的滑雪服务公司，几乎贯穿冰雪产业的整个产业链。另外，中国政府先后发布了《冰雪运动发展规划（2016—2022年）》《全国冰雪场地设施规划建设（2016—2022年）》《关于以2022年北京冬奥会为契机大力发展冰雪运动的意见》等系列文件，辽宁可借此机遇大力发展各类冰雪运动②。

同样，辽宁在冰雪产业发展方面也存在着不足之处。其中较为突出的便是冰雪产业的服务水平，辖内的旅游目的地缺乏具有大量体育知识储备的专业性人才，并且在服务质量上也无法满足游客的需求，从而影响冰雪产业的持续发展。

4. 河北冰雪产业竞争力分析

河北相对其余三省纬度较低，但辖内北部地区同样拥有丰富的冰雪资源，足以发展中游产业链中的场地运营和冰雪旅游等项目。另外，河北地理位置更为优越，靠近京津等经济发达地区，南靠中原，发达的轨道交通使之连为一个区域经济实体，拥有更加广阔的冰雪市场发展前景③。加之大城市群带来的集聚效应，河北在冰雪产业链下游同样具有发展潜力，在分销渠道和营销渠道上都可以有所建树。此外，张家口与北京同为北京冬奥会的主办城市，更是为河北冰雪产业发展注入了一针强心剂。劣势方

---

① 徐一石：《基于SWOT分析的吉林市冰雪经济发展策略》，《中国集体经济》2021年第19期。

② 张晗、李平：《冬奥会背景下河北冰雪经济可持续发展的策略选择》，《商业经济》2021年第3期。

③ 扈春荣、刘啸：《冬奥会背景下河北省冰雪产业发展的优劣势分析》，《体育世界》（学术版）2019年第6期。

面，受限于冰雪资源和冰雪运动对经济发展的要求，河北冰雪产业渗透率相比东北三省要低许多，消费者的接受水平不高。

四　国内外代表性冰雪旅游项目的开发与运营

(一) 国外代表性冰雪旅游项目

国外冰雪旅游项目起步要比国内早许多，欧洲的冰雪旅游项目最早可追溯至19世纪。欧洲的阿尔卑斯山地区、北美的落基山地区和东亚地区是目前世界三大冰雪旅游胜地。欧洲和北美已经形成了以目的地冰雪度假区为主的开发模式，其中，北美的滑雪场主要交由商业公司进行运营。法国的拉普拉涅（LaPlagne）滑雪场是最典型的目的地冰雪度假区之一，VailResorts则是北美滑雪场商业公司的头部企业。

1. 法国拉普拉涅滑雪场简介

法国的拉普拉涅滑雪场是欧洲阿尔卑斯山滑雪胜地一颗璀璨的明珠，该雪场是世界最大滑雪场"滑雪天堂"的北侧部分，共包括10个滑雪度假村。其中七成以上区域海拔超过2000米，巨大的海拔落差形成了风格迥异的自然风貌，令人流连忘返。从滑雪场的开发历程来看，作为1992年法国阿尔贝维尔冬奥会的分会场，早期拉普拉涅滑雪场的多数设施更偏向于专业性，其中的众多高级雪道更适合专业运动员。然而，在1992年法国阿尔贝维尔冬奥会后，该雪场不断增添新的大众化雪道，让普通游客也可以参与其中。专业雪道和大众化雪道的统一，加上各个度假村落的配套服务设施，服务至上的理念彰显得淋漓尽致。拉普拉涅滑雪场曾在2017年登上全球到访榜榜首，参观人数超过2000万。此外，拉普拉涅滑雪场的价格也相当亲民，目标人群直指家庭旅游的消费者，雪场内部的各类娱乐休闲设施也都十分齐全。

2. 北美滑雪场商业公司VailResorts简介

北美滑雪场通常交由一个或少数几个商业公司进行经营，其中VailResorts是最具经营经验的滑雪场商业公司之一。该公司名下经营的滑雪度假村超过10家，为游客提供优质的冰雪旅游及相应配套服务。从1992年起，VailResorts公司从VailMountain开始不断扩张，在具有优势的区位地建设各类雪场，并加之并购措施，一跃成为世界上最大的滑雪企业。运营上，VailResorts 借助行业进入的高门槛建立了坚实的竞争壁垒，加之自身的独特运营模式，更加稳固了该公司的行业领导地位。VailResorts 通过多业务运营模式，在冰雪旅游产业链的中下游均有涉及，加上四季运营模式，为公司带来了稳定的现金流，逐步增强公司的盈利能力和竞争优势。迄今为止，北美还未出现一家可以和 VailResorts 相媲美的滑雪企业。另外，2008 年国际金融危机后的美国经济发展陷入停滞状态，相应的冰雪旅游消费也陷入停滞，VailResorts 借助本身的体量优势，逐步开始整合并购冰雪行业内资源，最终成为美国滑雪度假村的巨头。

（二）国内代表性冰雪旅游项目

尽管中国冰雪旅游发展较晚，但伴随经济发展水平的不断提升，国内冰雪旅游行业发展迅猛，在激烈的竞争中，国内冰雪旅游市场逐渐形成了以下三大旅游模式。

1. 冰雪度假模式

三大旅游模式中规模最大的为冰雪度假模式，采取综合开发方式，以室外滑雪场和大型综合度假区为开发重点，设施相对其他模式完善并且面积辽阔，适应了不同人群的消费需求，用户反响良好。该模式代表项目为中国雪乡国家森林公园。雪乡位于黑龙江省牡丹江市海林市大海林林业局双峰林场，一年中积雪期长达七个月，年平均积雪厚度达 2 米，雪量可谓全国之最。该项目结合现有的冰雪资源，加之当地特有的风俗习惯，构建了一个独具特色的冰雪度假区，其中最能体现雪乡鲜明特点的项目为雪乡文化展览馆。

运营方面，首先是选址问题，冰雪度假模式选址对客源、区位和交通要求比较高，三者要相对均衡才可发展。其次便是形象定位，选取何种民俗风情作为主要方面。以雪乡为例，该项目选取古朴的东北民俗，结合抗战红色文化，让游客身临其境，提升游客的参与度。再次即营销手段，雪乡通过"爸爸去哪儿"提升了国内市场的知名度，加之电影取景，一时间风靡于众。最后则是日常经营，雪乡项目在日常经营上做得不尽如人意，时常有宰客等丑闻爆出，需汲取相应教训，不可重蹈覆辙。另外，此类项目开发成本较高，小型雪场开发成本就超千万元，大型雪场最高可超过百亿元，如吉林要开发类似项目，需保持审慎态度。

2. 冰雪主题乐园模式

该模式将冰雪项目和商业项目相互联合，把冰雪资源和童话相结合，体现出冰雪主题乐园的城市地域特点，增强该项目的吸引力和知名度。代表项目为哈尔滨万达冰灯大世界。哈尔滨万达冰灯大世界位于哈尔滨万达文化旅游城，乐园内各种设施齐全，集冰雪游乐项目、冰灯、冰雕、亲子娱乐、特色园艺、国际风情餐饮于一体，游客的各种消费需求都能够在乐园内得到满足。

运营方面，冰雪主题乐园对市场模式设计要求较高，如何将冰雪项目和商业项目完美结合成为至关重要的课题。相对冰雪度假模式，该模式投资成本低、回笼资金快。但是，由于对冰雪资源的客观要求较低，武汉、福州等南方城市开始进行冰雪主题乐园的建设，产品同质化严重，国内市场竞争日益激烈。

3. 冰雪赛事模式

该模式借助知名的冰雪体育赛事，打响本地冰雪项目的知名度，吸引目标客户前往观看体验。国内代表性项目为河北崇礼滑雪场群，崇礼滑雪场群位于河北省张家口市，冰雪资源相当丰富，雪期长达140天，辖内可供使用的雪场面积超过300平方千米。作为北京冬奥会的分赛场，崇礼滑雪场的基础设施也在日益完善，全区雪道超过160条，魔毯超过67条，已举办中国精英滑雪联赛和国际雪联高山滑雪积分赛等诸多体育赛事。该模式在政府补贴和政策支持上具有较大优势，可减少部分前期投入。另外，体育赛事带来的各类商业赞助也相应降低了开发成本。但国内冰雪赛事影响力相对较弱，对游客的吸引力不足，一定程度上限制了冰雪赛事模式的发展。

运营方面，崇礼滑雪场群依托完备的基础设施，能够实现全季运营，所开发的团建、避暑、滑雪、踏青等项目对游客而言颇具吸引力。不仅实现了雪场的良好运营，还拉动了周边的餐饮及住宿等行业。

通过对国内外冰雪旅游项目的分析，冰雪旅游项目的成功开发与运营离不开以下几点：首先，需要在产业链上下游有所延伸，尤其在冰雪装备制造方面，须有自身的生产能力；其次，规模优势也不可小觑，具有一定的冰雪资源控制能力，通过不断整合资源来提升竞争优势；再次，随着冰雪旅游人群规模的扩大和旅游渗透率的提高，消费者对冰雪旅游服务的效率和快捷性有了明显提升，"互联网+"或成为不可逆转的趋势；最后，冰雪产业大多与服务业联系紧密，优质的服务水平对该产业的良性持续发展有着不可忽视的作用。

五　吉林省冰雪经济高质量发展面临的困难及存在的问题

（一）冰雪场地供给不足，交通基础设施保障能力不足

冰雪场地是冰雪运动得以顺利开展的基础，交通基础设施则是保障冰雪旅游的生命线，吉林省优质滑雪场较少，且滑雪场与城区之间、滑雪场与滑雪场之间、滑雪场与周边商业中心之间的交通基础设施网络还不够完善，限制了各冰雪场之间联合运营。从冰雪场地设施供给看，目前吉林省大型目的地滑雪场度假区只有3家，而且这3家滑雪场度假区的配套设施还不完善，接待能力和服务水平与国外世界级滑雪场相比还有很大差距。究其原因，一是滑雪场的开发建设和馆内设施的购置需要高额的资金投入，尤其是目的地滑雪场度假区的投资数额通常是城郊滑雪场的10倍以上；另外，滑雪场普遍需要人工增雪维持运营，企业需要采购造雪车、压雪车、缆车等价格高昂的硬件设备，还需要购买大量用于租赁的滑雪板、雪地车等滑雪设备。二是冰雪产业属于线下重资产行业，需要长期投资且投资回报的周期较长。目前，吉林省冰雪场地的投资主体主要有政府、企业和品牌商业地产开发商，政府主要投资的是专业训练和竞赛体育场馆，企业大多投资的是高端滑雪场与房地产开发及大型商业中心的综合体，政府和社会资本合作的投资比例不高。从交通基础设施保障能力看，通往冰雪场的交通设施建设水平较低，此外，冰雪场周边的市政设施、公共服务设施存在明显短板，公共交通、路灯、公共厕所、指示牌等普遍不足。

（二）专业技术人才匮乏，难以支撑冰雪产业快速发展

冰雪人才紧缺已成为制约吉林省冰雪产业发展规模与发展速度的要素

瓶颈，亟须建立健全冰雪人才培养机制以破解冰雪人才短缺、人才质量参差不齐、复合型人才严重不足等问题。根据吉林省提出的"至2022年全省参与冰雪运动人数超过1000万，冰雪旅游人数达到1亿人次"的目标要求①，吉林省需要大量的冰雪人才。然而，现阶段吉林省冰雪人才的培养源自华北和东北高校的体育学院，社会机构参与人才培训较少。另外，考虑到冰雪人才培养周期长、成本高的特点，吉林省也面临冰雪人才紧缺的情况。例如，一名整理雪道的压雪车驾驶员至少需要四五年的时间实践才能达到操作熟练的程度。

相比冰雪运动员、教练员、裁判和科研人员等冰雪运动人才，吉林省更缺乏的是造雪压雪、缆车修复、巡逻队医疗救护以及赛事主持人才等专业技术性人才和从事赛事运营与冰雪管理的复合型人才。造雪机和压雪车作为滑雪场的常用大型设备，在使用和维护上通常需要雪场人员花费大量时间学习与实践，并且维修成本高、难度大，吉林省几乎没有相应的专业人才，需要高薪从国外聘请，从而降低了设备的工作效率并对滑雪场的经营绩效产生较大的负面影响。巡逻救护人员作为保障大部分体验式游客安全的守护者，大多由附近村民充当，他们虽然具备滑雪技能，可以引导游客行为规范，降低安全风险，但难以有效处置突发安全事件和进行医疗救治。冰雪运动赛事主持则需要具备冰雪赛事解说与调动观众的双重能力，但兼备这双重素养的人才数量还远不能满足吉林冰雪赛事活动的旺盛需求。

（三）冰雪设施开发无序，低水平重复建设导致资源浪费

从省际层面看，在南北夹击的攻势下，吉林省冰雪旅游正在遭遇前所未有的挑战。近年来，北京、河北为筹办冬奥会加大了冰雪设施建设，黑龙江、辽宁也提出了大力发展冰雪经济，新疆、内蒙古、青海、山东等省份也加速了冰雪产业建设，浙江、广东等南方省份也悄然兴起了人造"冰雪世界"，各省份冰雪旅游的竞争越发激烈。各省份缺少联动，缺乏长远和整体规划将给全国冰雪产业带来"产能过剩"的风险。从吉林省

---

① 《中共吉林省委办公厅吉林省人民政府办公厅印发〈关于以2022年北京冬奥会为契机大力发展冰雪运动和冰雪经济的实施意见〉的通知》（吉办发〔2019〕45号）。

内部看，冰雪旅游产品无序竞争严重。冰雪旅游是吉林省近年来重点发展的行业，也出台了系列相关政策和法规，但整体而言，吉林省冰雪旅游在开发建设、运营管理等方面还缺乏系统科学的规划。具体表现为地方各自为政、盲目复制，大量风格相似的雪村、雪屯的重复建设导致省内冰雪旅游产品同质化问题突出。更重要的是，滑雪场在天然雪量不足的情况下，需要通过造雪机人工造雪并消耗大量的水资源，无序建设将加剧对水资源的浪费和对环境的破坏。

（四）冰雪旅游乱象频发，"一锤子买卖"降低品牌形象

冰雪旅游需求的持续释放需要有序的市场管理来维持，吉林省一些景区由于服务意识淡薄、经营管理混乱，冰雪旅游乱象不时见诸新闻媒体，对吉林省冰雪旅游的品牌形象造成了严重的负面影响。一些乡村还出现了私建雪场，这些小而弱、乱而散的雪场在配套设施、从业人员资质以及管理理念和经营策略等方面达不到相关行政法规的要求，甚至为了获得更高的经济效益进行虚假宣传、坐地起价，强迫消费和欺客宰客式的"一锤子买卖"严重损害了吉林省冰雪旅游的品牌形象。不少企业在投资冰雪旅游产业时，对冰雪旅游市场和冰雪旅游服务设施缺乏专业认识，导致建成的滑雪场更像是一个休闲式的体验型滑雪场，且设施过于简单，大多只有初级雪道。游客大多是第一次来滑雪，这些滑雪新手在这些设施简陋的滑雪场难以真正体验到滑雪的乐趣，无法感受到滑雪时由"飞翔感"和"失重"所产生的愉悦和快感，从而影响其对滑雪运动的认知，导致游客流失。

（五）产业融合程度偏低，冰雪经济产业链发展不成熟

冰雪经济的产业化需要靠完整的产业链来支撑，吉林省乃至全国尚未形成完善的冰雪产业链，"冰雪＋"与场馆建设、装备制造、运动培训、餐饮住宿、商业娱乐、影视创意、运营分销等还缺乏深度融合发展。以冰雪旅游上游的冰雪装备产业为例，尽管吉林省具有雄厚的装备制造基础，模具、铸造、锻造等基础配套能力可满足发展冰雪装备制造业的基本需求，但目前吉林省的冰雪装备制造仅局限在滑雪服、滑雪圈等技术含量较低的滑雪装备方面，精密度要求高的造雪机、压雪车、索道和安全标准高的滑雪板等冰雪设施装备和冰雪器械装备主要是从冰雪运动发达国家进口，对外依存度较高，尚未实现自主品牌生产。同样，冰雪旅游与中下游的餐饮住宿、商业娱乐、运营分销等的融合发展程度还较低。目前万科松花湖、北大壶、万达长白山这3家大型滑雪度假区在餐饮、住宿、购物、娱乐、影城和票务中介服务等方面还不够完善，既影响了游客的旅游体验，也由于没能形成行业间的联动而令企业普遍处于长期亏损状态。此外，吉林省极具历史底蕴的影视业、颇具地域特色及影响的网红资源尚未深入渗透冰雪产业，产业融合发展潜能尚未得到充分释放，"冰雪+"新经济、新业态、新模式还有待加速形成。

六　对策建议

（一）完善交通基础设施建设，提升旅游景区质量

吉林省要加大对冰雪旅游基础设施建设的投入，推动交通与旅游深度融合，提高交通基础设施保障能力和冰雪旅游景区接待能力。一是要加快全省高铁、公路旅游交通一张网的构建。通过加快建成高品质的东部和西部高速公路旅游大环线，加快推进机场与高铁站、重点冰雪景区间的公路建设，以一体化、便利化、快捷化、无障碍的旅游交通基础设施提高景区交通的可达性与便利度。二是要加快提升冰雪旅游景区基础设施建设。对大型冰雪场要按照国际高规格赛事标准完善场地设施建设，对存在安全隐患的冰雪场要指导其加强滑雪道防护网设置，并且要加强景区全覆盖和景区厕所的新建与改造，在改进滑雪场硬件设施的同时提高服务质量，提升景区舒适性和接待能力。三是要加大对冰雪产业建设项目的金融扶持。对国家和吉林重大冰雪项目建设，给予银行贷款贴息支持，同时鼓励金融机构创新金融产品，着力破解冰雪项目建设中的企业融资难问题。

（二）加速冰雪产业人才供给，强化冰雪人才保障

在冰雪产业人才培育过程中，要加强政府、冰雪场、企业与高校之间的深度合作，通过高质量的产教融合和校企合作共同完善冰雪人才培养体系。一是通过组织滑雪社会指导员、中小学体育教师冰雪技能、文旅企业职业经理人等培训班，提升行业从业人员的服务能力和管理水平。二是鼓

励国内滑雪场与南半球国家的滑雪场开展业务合作，支持国内滑雪场在夏季时派管理人员赴外方滑雪场进行考察交流与培训学习。三是鼓励高校邀请高水平冰雪运动员、企业高级技术人员与管理人员为学生授课，同时鼓励冰雪场、冰雪装备生产企业积极为高校冰雪相关专业学生提供实习的机会，以校企互利共赢发展促进复合型高端技能冰雪人才的培养。

（三）整合全省冰雪旅游资源，增强旅游经济韧性

吉林省要进一步强化顶层设计，坚持整体布局，加强科学规划，通过构建多层次、差异化的全季节旅游产品体系推动吉林全域旅游高质量发展。一是要加快推进全省冰雪资源普查工作，摸清各地市现有冰雪资源状况，建立吉林省冰雪旅游资源数据库，为优化全省旅游产品结构、科学制订吉林省冰雪产业中长期发展规划提供坚实的数据保障。二是要建立统筹协调机制，打通跨市、跨部门、跨层级的行政"堵点"，鼓励"八市一州"联合打造精品旅游路线，加强冰场与滑雪场、城郊滑雪场与旅游目的地滑雪场开展战略合作，以特色化、差异化发展破解冰雪旅游同质化难题，推动吉林冰雪旅游全域协同发展。三是要加强整合全省冰雪、森林、草原、湿地等生态资源旅游资源，统筹推动生态保护和生态旅游，把露营、徒步等春夏秋户外活动与冬季的滑雪活动加以整合，打破传统滑雪场只能冬季运营的限制，打造"春踏青、夏避暑、秋游景、冬滑雪"的全时段旅游发展格局，以四季经营破解"一季养三季"难题，提升全省旅游经济韧性。

（四）深入发掘冰雪文化内涵，普及群众冰雪文化

冰雪文化在推动冰雪运动和冰雪旅游发展中具有极其重要的作用，吉林省冰雪经济的高质量发展必须充分发挥冰雪文化在提升冰雪运动和冰雪旅游层次与内涵的作用，打造国际知名的优质旅游品牌。一是要加快推进冰雪项目进校园，将冰球、冰壶、短道速滑等冰雪课程融入国家体育课程体系，将吉林省"冬捕文化""木帮文化""冬狩文化"等传统冰雪文化与奥林匹克精神融入德育、历史等文化课程，通过构建室外体育课与室内文化课"两位一体"的冰雪教育模式，进而激发青少年学生参加冰雪运动的热情，提升冰雪运动的内涵和群众普及率。二是要加强吉林省冰雪文

化网络平台的建设，拓宽冰雪旅游宣传和推广的思路。冰雪旅游景区和目的地可以利用抖音、快手、小红书等平台，与冰雪大V、关键意见领袖（Key Opinion Leader，KOL）和网络达人合作，推出冰雪题材相关短视频，借助平台优势宣传吉林省冰雪文化与冰雪旅游。三是要充分利用现代数字技术，提升游客冰雪旅游体验。冰雪旅游景区和目的地可利用虚拟现实（VR）、增强现实（AR）、全息技术等现代数字技术，与冰雪内容相结合，创造出全新的数字冰雪体验产品，为游客提供高品质的冰雪旅游体验产品。

（五）努力构建冰雪全产业链，推动产业融合发展

打通冰雪全产业链是推动冰雪经济高质量发展的关键，目前国内冰雪装备产业的发展还比较落后，并且尚未形成完备的冰雪产业链条，吉林省要抢抓机遇，充分发掘冰雪产业链条上各细分领域的衍生价值，延伸、健全冰雪全产业链体系。一是要充分利用吉林省现有汽车、轨道客车的制造优势及其自动化控制等先进技术，重点发展压雪车、造雪机、浇冰车、缆车等重型冰雪场地装备，培育若干科技含量高、绿色环保并具有国际竞争力的重型冰雪场地装备制造企业。二是要加快材料轻量化等冰雪运动轻型装备关键技术和材料的研发，通过引进冰雪个人装备器材制造商，重点发展滑雪板、雪杖、冰刀等冰雪运动器材。三是要推进与发达国家知名企业合作，重点发展冰鞋雪靴、滑雪服装等冬季户外运动服饰。四是要将冰雪与教育、设计、文化、餐饮、影视、娱乐、会展、健康等联系到一起，通过"冰雪+"电竞、养生、文创、研学、会展、节庆等发展模式延长冰雪产业链，扩大冰雪旅游"乘数效应"。

企 业 篇

第 八 章

中国一汽推动高质量发展实践

汽车是工业文明的标志、制造业的明珠,汽车工业对国民经济、生产制造业、就业和消费具有强大的拉动作用,是国民经济的战略性支柱产业。近年来国家发布了一系列相关政策,标志着中国汽车产业发展将全面进入市场化发展的新阶段,汽车产业政策将加快调整向外资完全放开,将给中国民族汽车企业带来空前压力和挑战。吉林是新中国汽车工业的发源地,是新中国汽车工业"长子"——中国一汽(以下简称"一汽")的总部所在地。六十余年来,吉林全力支持一汽及全省汽车产业发展,政企携手谱写了"产业报国、工业强国""强大民族汽车工业"的壮丽篇章。多年来,汽车工业增加值占吉林工业增加值的1/4以上,利润占全省工业利润的一半以上,汽车销量占国内市场的比重超过10%,是当之无愧的第一支柱产业。一汽诞生于新中国百废待兴的年代,是中国汽车产业的"开拓者"和"领航员",是国家"一五"时期重点建设的156个项目之一,1953年建厂,1956年投产,制造出了新中国第一辆卡车(解放牌)、第一辆小轿车(东风牌)和第一辆高级轿车(红旗牌)。在党的坚强领导下,一汽持续发展壮大,大踏步追赶世界先进水平,意气风发地向着世界一流汽车企业奋勇前进,努力为实现汽车强国的梦想而不懈奋斗,为实现中华民族伟大复兴的中国梦做出新的更大贡献。

一 一汽高质量发展概况

当下的中国汽车产业,正处于巨大而深刻的变革调整中,一汽顺应产业变革趋势,抓住中国汽车产业消费升级和汽车产业转型升级的战略机遇期，在大分化与大变革的新时代冲出重围，实现旗下自主品牌的跃迁式成长，继续领跑中国车市。一汽旗下有三大自主品牌——红旗、解放和奔腾，有两个合资企业——一汽—大众（奥迪）和一汽丰田；旗下共有35个分、子公司；同时在海外拥有3个子公司、6个KD生产基地，产品出口78个国家。一汽共有员工12.8万人，其中党员2.88万人，工程技术人员1.91万人。

（一）企业规模效益快速增长

一汽1990年开始第三次创业，通过合资合作，大规模化进入乘用车市场；2018年开始第四次创业，以自主创新，掌控未来。近三年来，尽管面临汽车行业销量连续下降、新冠肺炎疫情和芯片短缺等一系列不利情况，但一汽在党中央的坚强领导下，全面深化改革、全面创新驱动、全面数智化转型，做到总体经营质量、自主品牌、创新能力的大幅提升，实现了"一汽的发展，风景这边独好"。2020年，在疫情冲击和汽车市场持续下滑的双重影响下，一汽实现整车销售370.6万辆，同比增长7.1%；营业收入6974.2亿元，同比增长12.9%，成为国内汽车行业少数销量、收入、利润全面增长的大型汽车企业之一。2020年，一汽是汽车行业唯一实现销量、收入、利润同时增长的大型企业集团，销量增长在主要汽车集团中名列第一，整车收入、利润行业第一，自主品牌增长第一。其中，红旗品牌突破20万辆，同比增长100%；解放品牌销量47.4万辆，同比增长41.1%，连续三年获得全球商用车单一品牌销量冠军。2020年，《财富》世界500强排名第89位；利润总额名列央企前茅；净资产收益率14.1%，列央企工业企业第一；劳动生产率122.5万元/人，位居国内汽车行业第一；位居专利公开量行业第一。2021年1—6月，在过去三年连续逆势上扬的基础上，虽然受芯片影响（近20万台，其中一汽—大众近17万台，红旗3万台），但通过努力和奋斗，销售收入、利润继续保持良好增长势头。

（二）自主品牌继续强势增长

一汽旗下自主品牌在"不破不立"的决心下，迎来销量与市场口碑的快速成长。红旗品牌影响力不断提升，实现跃迁式成长。自2018年新红旗品牌及其发展战略发布后，聚焦品牌形象、品质质量、产品研发、技术创新四大核心领域集中发力。用户对红旗的认识逐渐从情怀、理念拓展到了新的产品。红旗品牌正以强劲发展的速度冲刺世界一流汽车品牌这一目标。数据显示，2020年红旗品牌销量突破20万辆，同比增长100%；2021年上半年，红旗品牌实现销售14.5万辆，同比增长107.3%，继续保持了翻倍增长势头。

解放品牌以"可靠耐用、技术先进、经济适用"为关键，大力开展产品创新、技术创新、管理创新。近年来，解放品牌销量取得了国内重卡"五连冠"、中重卡"四连冠"、牵引车连续多年绝对领先的成绩。2020年实现整车销量47.4万辆，同比增长41.1%；2021年上半年实现销量33.9万辆，同比增长21.9%；中重卡市占率25.5%，位居行业第一；解放公司于2020年成功上市，并实行了经营者股权激励计划。

（三）品质全面提升跃居世界先进行列

一汽锚定世界一流汽车企业战略目标持续完善产品质量管理，为客户提供卓越品质的产品和优质的服务体验。近年来，一汽努力打造品牌集团军组织和行为规则，构建以"中国一汽"为背书品牌、以"红旗""解放""奔腾"为核心产品品牌、以合资品牌为助力，集产品、技术、服务、生态、公益等领域优势品牌于一体的品牌集团军，形成品牌合力，强化主责主业，实施"第一汽车、第一品牌"品牌建设工程，美誉度快速提升。

红旗品牌在全面、深入对标奔驰、宝马、奥迪基础上，从世界先进标准（产品标准、设计标准、技术标准、制造标准等）入手，以"安全、品质、健康、舒适、体验"为关键，以世界先进设计、先进工艺、先进制造能力为保证，全力打造世界著名高端品牌的品质质量。贯彻"无精致、不红旗"中国式新高尚精致主义的质量理念，基于"5G+工业互联网平台"，打造广泛链接、弹性供给、高效配置、质量卓越的智能制造体系，呈现极致美妙的红旗孪生产品，满足用户个性化的极致需求。当前，产品实物质量处于世界比较先进水平，未来一汽将努力把"红旗"打造成"中国第一、世界著名"的"新高尚品牌"，将"解放"打造成最值得信赖的商用车品牌，将"奔腾"打造成中国主流汽车市场的优秀品牌。

二 一汽推动高质量发展的经验

(一) 创新驱动,增强高质量发展硬核实力

"十三五"时期以来,一汽认真落实习近平总书记的重要指示要求,深入贯彻国家创新驱动发展战略,紧密围绕"新平台、新智能、新能源、新动力、新材料、新工艺、新魅技、新匠艺"等方面,聚焦产品、技术、管理和生态开展自主创新,全员参与,开放合作,在产品创新、技术创新、管理创新和生态创新方面取得了丰硕的成果,打造出多项国际先进、国内领先的创新成果,有力支撑了自主品牌以及合资品牌的产品技术竞争力和市场占有率的持续提升。

1. 极致跃迁、产品创新

一汽坚持以产品创新为主线,聚焦用户体验、精准策划、数字化开发、里程碑管理、严控质量、精细评价、生态合作、持续迭代,推进集团五大品牌产品平台共通、共用、共享。通过构建"一群三库、六位一体"策划模型,深入洞察用户场景需求,为产品研发部门输出创意解决方案,丰富红旗产品创新用户体验,构建卓越产品定义方法论。

坚持"崭新独创、全球首发"的创新理念,按照打造"明星精品"的产品规划思路,细化产品规划,强化产品定义,优化产品平台,不断推出畅销产品。以2020年为例,红旗H9、解放JH6、一汽—大众的第八代高尔夫、新一代奥迪Q3、一汽丰田的全新荣放等均成为行业各细分市场的"领头羊"。红旗产品车型由1款增加到8款,整车销量保持高速增长,由2017年不到5000辆,到2020年底突破20万辆,红旗品牌稳居第二阵营;解放中重型车连续多年保持行业领先,单一品牌连续两年全球第一;奔腾品牌构建FMA、FME双技术平台,形成了"T家族"SUV产品矩阵。产品创新不断加快,支撑红旗、解放、奔腾三大自主品牌快速拓展市场并已形成产品竞争优势。

2. 加速突破、技术创新

一是加强关键核心技术攻关和能力建设。一汽坚持"崭新独创、全球首发""自强自立、合作共赢"的技术创新理念,全面实施"创新·

2030 中国一汽阴旗（R. Flag）技术发展战略"（又称 R. Flag｜853 工程），聚焦于 8 个关键方面、5 大核心领域、36 个重点技术、3 大支撑，进行全面技术创新、技术攻关。一汽聚焦于前瞻新魅化、独创体验化、电驱节能化、智能网联化、安全健康化、生态集成化、使能数字化七大关键领域，深入推进关键核心技术攻关，打造行业领先的八新关键技术，即新平台、新智能、新能源、新动力、新材料、新工艺、新魅技、新匠艺，实现技术突破，从而构成技术发展战略框架，为企业发展引航。深入挖掘和分析汽车技术产业链、工具链中的难点问题，以国家总体安全观为引领，重点识别出 10 大类"卡脖子"技术攻关方向，启动了中国一汽"3310＋N"技术攻关计划，利用 3 年时间，实现红旗、解放、奔腾 3 大自主品牌的 10 大类技术攻关方向的关键技术突破。2021 年，一汽还发布了 1 主线、6 维、6 域、10 项技术创新的"1—6—6—10"重大创新成果。在新能源、智能网联、高效动力、先进底盘、新智材料、安全健康六大技术领域，已有 73 项关键核心技术取得突破。

二是研发体系能力持续增强。一汽构建了以长春为总部的"四国八地"全球化研发布局。组建研发总院、造型设计院、新能源开发院、智能网联开发院、创新技术研究院、材料与轻量化研究院、检测试验院、商用车开发院、奔腾开发院以及北京旗偲智能科技有限公司和南京科技开发有限公司等国内领先的研发机构；设立了德国慕尼黑前瞻设计中心、一汽解放奥地利研发公司等国外研发机构。一汽不断加大研发投入，自 2020 年起研发投入占比已达 3%（见表 8－1），研发的大力投入带来了丰厚的回报。

表 8－1　　一汽研发投入

年份		2021	2020
研发投入（亿元）		252.2	206.1
自主品牌研发投入占比（%）		6.6	4.8
红旗品牌	研发投入占比（%）	约 18	18
	同比增长（%）	约 35	

资料来源：中国一汽。

三是创新成果产出持续提升。2017—2020年,一汽申请专利达到10127项,其中发明专利3882项;2020年申请专利3508项,同比增长19.8%(见表8-2),位居行业第一。近年来,一汽申请专利数量快速增长、质量显著提升。"十三五"期间申请专利8220项,专利申请增速在央企中排名第一。2019年获得国家、汽车行业等各类奖项140项,其中国家科技进步奖4项。

表8-2 一汽申请专利数量

年份	申请专利		发明专利	
	数量(项)	增长(%)	数量(项)	增长(%)
2019	2927	100.8	1100	—
2020	3508	19.8	1757	59.7
2021	4000	14.0	2000	13.8

资料来源:中国一汽。

3. 把握趋势、模式创新

一汽灵活把握新流量时代与新消费时代的市场特征,在产品定位、商业模式创新、细分市场制高点抢占以及营销、传播等方面均实现了突破。

一是商业模式创新。一汽提出了不一样的数字化路线,通过创建客户生态云平台,构建了覆盖客户消费全流程的数字化触点,做到直达客户、赋能经销商,支撑企业端、经销商端和客户端一体化运营。客户通过小程序、App等即可尊享品牌服务;经销商则可以利用大数据、人工智能等,实时聆听客户声音,洞察客户喜好;整车售出后,一汽运用车联网、数字孪生实时建模,动态计算百亿级车联网数据,为客户提供全时精准服务。

二是营销模式创新。在用户生态营销方面,全面实施服务和体验升级,为用户代言。新红旗产品开创性地打造了以品牌体验、产品体验、销售体验、服务体验、生活体验、文化体验为六大维度的"智慧六位一体"体验式营销模式,实现从经营产品到经营用户的思维转变。截至目前,新红旗品牌已在中国市场累计收获超30万消费者的认可,背后是该品牌中国式新高尚精致主义的服务体验。

三是传播模式创新。新红旗的品牌之新,取得了业界和消费者的一致认可。近年来，新红旗品牌联合李宁、故宫等大 IP，共同掀起"国潮"之热，并通过向东京奥运会冠军赠车等引起心灵共鸣的方式，进一步增强品牌的吸引力。可以说，新红旗品牌在保留其独一无二家族基因的同时，以友好和积极的方式亲近普通人，完成了从"国车"到"国民车"的转变。

4. 数字使能、管理创新

一汽全面开启重构新时代全新管理体系，实现业务组件化、解耦化，形成覆盖全体系、全流程、全员的创新驱动管理体系。

一是持续开展业务重构等一系列管理提升项目，全力打造世界一流管理体系，全面对标借鉴创新型跨国公司的做法，以"理念先进、逻辑清晰、要素完备、方法创新、作业落地"为体系建设指导方针，加快管理体系创新迭代，打赢全面体系化与数字化建设攻坚战。

二是完善集团科技创新机制。建立科技创新奖励制度，激发全员内生创新，营造工作和文化氛围，做到"无创新不工作"；通过机构优化和管理改善，实现了创新研发的战略转型，产品开发效率提升40%，运营效率提升40%以上。

三是推动完善创新人才激励机制。一汽坚持党管人才与市场化薪酬策略相结合，持续加大科技人才激励力度，实施基于岗位价值的宽带薪酬激励机制；坚持正向激励，对标行业高分位，实现薪酬向研发领域科技人才倾斜；探索市场化股权激励，已在智能网联等新业务领域进行试点，鼓励科技人才高效产出。

5. 升维聚势、生态创新

一汽聚焦"共创共投共享、未来出行场景、创新开放合作和新型创新联合体"，强化生态创新为企业创新驱动。

一是聚焦行业合作、客户体验、产学研用与跨行业协同推进生态创新，成立31家协同创新实验室，深入创新开放合作，产出技术陆续实现产品搭载。强化基础应用技术研究，发挥高校与企业优势合力，建立5家基础应用实验室。一汽与兵装集团、东风公司，共同出资组建中汽创智科技有限公司，建设"魔方·云创"双创平台和创新中心，设定共创共投共享3个工作目标、重点推进4项关键举措，加速落地双创生态。

二是承办全国双创周吉林分会场，启动国内首个季冻区智能网联示范项目，技术创新氛围和员工创新热情空前高涨。

三是通过推进政策法规颁布，创造条件实现红旗、解放等品牌智能车协同开发，打造智能驾驶服务云平台。基于真实场景和云平台实现"双化"示范运营，构建车、路、云、用全业务生态，抢抓未来出行先机，赢得未来业务主动。

（二）数智化赋能，开创转型升级新格局

当前全球汽车产业链都面临着顺势进化、自我革命的全新使命，而对于那些在传统燃油时代一路铿锵的中国车企来说，更肩负着重塑制造逻辑与模式进化的转型重任。中国一汽站在"新四化"转型的特殊拐点，坚持创新驱动发展，加快向数字化智能制造模式转型升级。通过近年来的探索与实践，一汽基本形成了一套可操作、可落地的数字化平台架构和技术体系，在研发、制造、管理等核心领域已取得了明显的成效。

1. 数字化赋能

汽车制造的全流程产生大量的数据，因而车企的数字化转型对提升自身业务迭代能力和运营效率、提高全产业链发展质量具有重要意义。数字化转型是一汽实现高质量发展的核心支撑。面向未来，一汽发布了数字化战略，着力在整体运营、研发、智造、营销四大领域全面开展数字化转型攻坚，在取得高质量发展新成果的同时，积累沉淀了一套行业领先可操作、可落地的平台架构体系。建立"覆盖全程全域、实时在线、及时分析、智能管理"的数智化体系，与业务体系全面融合，形成数字赋能的高效运营体系。

在研发阶段，一汽构建基于数字孪生的协同设计和虚拟仿真平台，实现多专业、一体化、全天候的在线协同开发，产品开发周期缩减6个月以上。以协同设计为例，通过数字建模、虚拟现实、虚拟仿真等先进手段，打通从概念设计到工程实现、再到试验试制的全流程，突破了时间和空间的限制，开发效率提升了40%以上。以智能网联开发为例，一汽创建了世界先进的在环仿真、智能驾驶、智能人机交互、整车网络及网联四大数字化开发平台，具备全功能全场景的智能驾驶云端建模测试和分析评价能力。

在制造领域，一汽以建设世界一流智能化工厂为目标，搭建汽车行业

工业互联网平台，打造基于"5G+工业互联网"的数字化工厂，应用物联网、大数据、数字孪生、混合现实等最新技术，实现冲压、焊装、涂装、总装四大工艺全流程智能化生产，整车生产周期压缩7个月，订单交付周期缩短26%以上。数字化是一个系统性工程，制造逻辑改变，企业运营逻辑也必将随之改变。一汽近几年以业务创新为基础，重构基于中台架构的企业运营平台，在全面推进管理数字化方面成果显著。通过构建自主可控的全新一代ERP，一汽实现经营全过程的在线化、实时化、智能化，全面提升运营效率。而基于钉钉系统创建"一汽EASY"专属协同办公平台，一汽实现办公的移动化和数字化，把办公效率提高了30%以上，在应对新冠肺炎疫情、加快复工复产方面发挥了重要作用。

2. 电气化转型

随着碳达峰、碳中和目标的提出，产业转型潮在汽车行业不断升温，脱碳已成为汽车行业的一场大考。对于汽车企业而言，其既是落实碳中和目标的主体，也是碳排放的主体，因而责任重大。面对电气化与自动驾驶等新兴领域的疯狂生长，一汽坚决响应国家碳达峰、碳中和要求，全力打造以新能源智能汽车产业链为核心链的未来型智慧绿色城市汽车生态系统EcoLin5。

到2025年，一汽计划汽车整体销量目标为650万辆，新能源汽车销量占比达到20%以上。按照最新发展规划，到2053年一汽计划基本达到净零排放水平，具备实现碳中和能力。2025年，新红旗品牌中新能源车型将在一汽红旗销量中占比达到40%，2030年达到80%；同时，智能网联L2级以上车型的渗透率在2025年达到70%，2030年达到90%。商用车品牌"解放"将逐步实现新能源市场份额高于传统车，新能源销量占比高于全行业的"两高"目标。预计2025年、2030年和2035年，一汽解放新能源整车销量分别为12万辆、32万辆和50万辆，在总销量中的占比分别为20%、50%和70%。此外，一汽解放新能源将在纯电动、混合动力、燃料电池三条技术路线全面发力，2030年前实现关键核心技术全球领先。

从当前情况来看，一汽在新能源领域已进入发展快车道。目前，一汽旗下合资车企一汽—大众新能源车逐步上量，月均销量接近1万辆，引领着整个合资品牌电动车的发展。随着国内领先、世界比较先进水平的

FME电动化智能网联技术平台问世，基于其打造的首款车型红旗E-HS9也已投放市场。这款围绕四大首发技术、五大安全技术打造的红旗旗舰级智慧全能电动SUV，向外界集中展示了红旗在电动化、智能网联等领域的最新技术成果。2021年9月，红旗E-HS9还出口欧洲，在全球新能源汽车渗透率极高的挪威赢得了好评。

3. 智能化升级

在智能化领域，车企投入持续增加，智能汽车的渗透率越来越高。而在未来的市场竞争中，关键核心技术将成为智能化的关键。与其他电动化和智能化平台不同，一汽最新研发的新红旗电子电气架构技术平台FEEA3.0是以算力和软件为核心打造的数字化汽车底座，能够实现控制器数量和线束减少50%以上，同时能给用户和开发者提供安全可靠的开放型接口。

在自动驾驶方面，一汽作为国内整车企业中较早布局的重要一员，也正在进行有价值的实践。2018年以来，一汽不仅接连推出L2级、L3级产品，还与吉林省政府、长春市政府和长春汽车经济技术开发区政府携手打造了"旗智春城智能网联示范工程"。迄今，一汽已建设10.5千米智慧路，投放4辆红旗E-HS3L4无人驾驶汽车，并安全运营数万千米。下一步，一汽将扩大智慧路建设和开放规模，加大智能车投放，打造"百平方千米智慧应用场景、投放百辆红旗智能车"[①]，让车路协同照进现实。

（三）全面深化改革、激发企业活力

一汽坚持党对国有企业的领导是重大政治原则，是高质量发展的根本政治前提。大力推进"四化"，实现了党的领导有机融入公司治理；聚焦自主、优化体制，总部直接运营红旗品牌；聚焦放权、精简管控，激发分、子公司干事创业动力、活力；聚焦机制、释放活力，全面实施"四能"改革；扎实推进国企改革三年行动，聚焦改革重点、难点问题，精准发力，全面完成剥离企业办社会职能和解决历史遗留问题。

---

① 《一汽红旗打造"旗智春城智能网联示范工程"》，http://news.yongzhou.gov.cn/chanjing/2022-03-25/nXBlsfinOt3ETyT5.html。

1. 完善公司治理机制

在全面深化改革上,一汽党委发挥"把方向、管大局、促落实"作用,重点把控改革的"方案预研、目标确定、标准统一、程序合规、决策把关、效果检验"等关键环节。

一是党委地位作用法定化。党建工作进章程,所属78家企业全部完成章程修订。二是交叉任职制度化。制定《高级经理管理规定》《子公司董事会及董事管理规定》,明确"双向进入、交叉任职",有计划、有步骤实现所属企业班子成员交叉任职到位。三是责任边界清晰化。制定"三重一大"事项清单,厘清各治理主体的决策事项和权责边界。四是决策程序规范化。明确决策机制和议事规则,严格执行强化监督。

2. 聚焦自主、优化体制

一是管干结合、以干促管。一汽总部直接操刀运营最难、最重要和最迫切的红旗品牌,承担强大自主品牌、增强自主创新能力的责任;其他业务采用战略管控模式,充分放权、充分激发所属企业发挥市场主体功能。二是充分授权、优化管控。充分授权、充分监管,做到该下放的下放到位,该监管的监管到底,实现了各业务单元研产供销一条龙,做到责权利对等,强化了各业务单元的市场主体功能,把功夫下在市场上。三是创建卓越运营体系。以创新化、体系化、数字化为关键创建总部红旗卓越运营体系。

3. 全面实施"四能"改革

一是干部能上能下。实现所有干部三年一轮起立上岗,做到尽最大可能"选贤用能,淘庸去劣"。实施"三上岗":(1)揭榜上岗。先定目标再选人、先接目标再上岗。(2)竞争上岗。建立干部量化评价模型,优化面试制度。(3)破格上岗。新技术、新兴业务等岗位,可先上岗代理,再考核业务能力。

二是薪酬能高能低。实施目标导向、价值导向、创新导向,即以业绩定薪酬,做到高目标高薪酬、低目标低薪酬;以价值定薪酬,做到向主价值链倾斜;以创新水平定绩效和奖励,设立高绩效和专项奖。

三是员工能进能出。制定"三进两出"策略:新技术、新兴业务和能力短板领域加大人力资源进入力度;绩效落后和过剩资源领域加大退出力度。

四是机构能增能减。总部职能部门由23个优化为17个，实现机构精干高效，聚焦新技术、新业务、新智能，实施智能网联、移动出行、技术创新管理等；裁撤和合并落后产能和重叠管理的领域。

4. 扎实推进国企改革三年行动

一汽从六个方面推进改革工作：一是完善中国特色现代企业制度（8项任务）；二是布局优化和结构调整（19项任务）；三是深化混合所有制改革（9项任务）；四是健全市场化经营机制（10项任务）；五是抓好改革专项工程（3项任务）；六是加强国有企业党的领导和建设（5项任务），共计54项工作任务258条主要措施。同时，推出六项推进机制确保各项任务按时完成。一是责任担当机制，强化责任担当，切实加强对改革三年行动组织领导；二是任务量化机制，细化、量化年度、月度各项任务目标，倒排工期、挂图作战；三是工作循环机制，建立日协调、周点检、月例会、年中会、年总结的"全天候"推进机制；四是信息动态采集机制，提高数据的精准性和及时性；五是督导督促机制，改革环节有监控、过程有跟踪、完成有标志、成效有检验；六是宣传培训机制，创新宣传培训方式，营造良好改革氛围。

（四）绿色发展，筑牢可持续发展基础

减碳不仅在产品端，也包括生产端和使用端等，甚至贯穿汽车全生命周期和全产业链。通过产业链上下游联动，推动汽车全产业链条和产品全生命周期降碳、脱碳，才能实现真正意义上的绿色转型。目前，一汽已经成立"双碳管理委员会"，在低碳技术、汽车设计造型、生产过程管理、供应链管理等方面落实碳达峰、碳中和。

绿色制造的主体是绿色工厂。2021年建成的一汽红旗繁荣工厂，可称为绿色制造的样板工厂。该工厂VOC去除率达99%，热能回收利用率达95%，每年节约标准煤9.4万吨，减排二氧化碳23.7万吨、二氧化硫864吨。除了新建工厂，一汽也持续推进已有工厂的节能节水技术改造，不断增强能源资源回收利用率。2020年，一汽实施节能技术改造项目213个，实现节能量1219.86万吨标准煤，废水减排量达80.27万吨，年度新增工信部认证"绿色工厂"7家。在国务院工业和信息化部公布的第五批绿色制造名单中，一汽解放荣获国家级绿色工厂称号。

一汽不仅在生产、制造、研发端践行绿色发展理念，还对供应商提出绿色发展需求，联合供应商一起推动绿色发展。为了在产业链上实现减排，2021年9月，一汽与远景科技集团达成全面战略合作，双方将围绕绿色出行、绿色能源、高端动力电池、零碳产业园、可再生能源系统等多个领域开展深入合作，共同推动电动交通网络与新能源网络融合，打造绿色汽车产业生态。一汽与远景集团的合作不是单纯停留在动力电池供应链层面，而是依托于远景集团在可再生能源、零碳技术等领域的积累，以"零碳技术伙伴"的角色，进行更深维度的融合与协同。

在产业层面，一汽还创新性地提出了"Ecolin[5]"五链融合解决方案，即打造并推广以新能源智能汽车产业链为核心，融新型消费链、智能绿色出行链、智慧能源链、新基建链等五链为一体的未来型智慧绿色城市汽车生态系统。

（五）扩大开放合作，实现开放发展

一汽集团秉持开放合作理念，进一步扩大和加深合作，不断拓展与战略伙伴合作的广度与深度，加强对合资企业统筹和中方先进要素导入，创新打造合资合作2.0。一汽坚持全球化研发布局，以长春全球研发总部为中心，构建了"四国十地"的全球化研发布局，充分利用国内外优势人才、优势资源和优势环境。一汽坚持稳健的国际化发展战略，各项国际化主营业务均保持良性发展。截至2019年底，汽车整车出口累计逾32万辆，进出口额累计超过690亿美元。一汽已与全球78个国家建立业务联系，整车出口产品涵盖红旗高端乘用车、奔腾乘用车、解放商用车等全系列产品，遍布东欧、拉美、东南亚、中东、非洲五大区域市场，并实现了对日本、挪威、迪拜等高端市场的产品突破。海外一级代理商数量超过90家，在南非、俄罗斯、坦桑尼亚等国家建立海外子公司自建营销渠道。在"一带一路"倡议指引下，中国一汽积极参与"一带一路"沿线市场建设，加快布局国际产能合作，在南非、巴基斯坦、墨西哥、俄罗斯等14个国家建有16个海外组装生产基地，形成了以"一带一路"实施路径为基础的东、南、西、北四条海外生产力布局。

未来，中国一汽将继续把"走出去"战略与"一带一路"倡议深度融合，坚持加强合作，生态共赢发展，到2025年充分覆盖"一带一路"

沿线市场、持续深耕关键贸易市场、完善布局全球核心市场，逐步将海外业务打造成中国一汽新的增长极。

（六）以人为本，实现共享发展

一汽充分发挥广大干部职工的首创精神，全面落实"惠员工"战略，树立"以价值创造者为本""以奋斗奋进者为荣"理念，打造一汽事业命运共同体，全面激发干事创业的动力活力。

一是关心关爱员工。树立"以价值创造者为本""以奋斗奋进者为荣"理念，上线"两卡一网"（员工成长关心卡、员工健康关爱卡、员工生活服务网）数字服务平台，以"两卡一网"创建为主抓手，以"员工心声吧""员工给董事长、总经理直通报告"为渠道，解决好员工"急难愁盼"问题，实现关心关爱职工平台化、制度化、日常化。

二是注重员工职业发展。以关爱员工全职业生涯旅程为主线，构建贯通全 HR 业务链条的"电磁感应—螺旋上升式"成长发展平台，助推企业发展、指导员工成长、共享智慧结晶。搭建自高级经理后备至总经理助理的 6 级管理通道、搭建自员级至科学家的 6 级专业通道、搭建自技工到首席技能师的 6 级技能通道，实现员工全方位发展。

三是加强人才培训培养。重视技工人才培养和发挥作用，提高普通工人干事创新积极性，倡导工匠精神。实施"蝶变"赋能计划，聚焦领导力、数字力、专业力、基础力，明确能力标准，赋能与员工成长如影随形。组织实施党史学习教育、领导力培养、数字化转型培训、新技术培训、营销创新培训、质量培训、工匠和技能大师培养等活动，有效提高了员工技能和素质。

四是强化激励机制。坚持高约束、高激励，坚持共创共享，创新岗位分红、项目跟投等核心人才市场化激励机制，实现核心人才收益与企业发展强捆绑。实施核心人才"五金"计划、"三大攻坚战"专项激励、数字化转型种子单位、试点单位专项激励，高新技术企业岗位分红激励，极大激发了员工积极性。强化职业激励，让一大批有能有效的干部，尤其是年轻干部走向领导岗位，一些干部转岗或退出领导岗位。

五是积极引进人才。洞察全球人才布局和产业人才流动趋势，发挥北京、南京等研发机构人才高地作用，配套跨地域、多元灵活引智机制，利用"组合拳"引进精专智人才,先后引进一批国际造型大师级高层次人才、科技及市场化重点人才。

六是完善荣誉体系。围绕行政荣誉、党内荣誉、群团荣誉、专项荣誉、即时荣誉,完善职工荣誉体系,创新表扬表彰、记忆纪念方式,增强"相互鼓励、相互欣赏、相互合作和相互帮助"的氛围。

(七)党建引领保障,推动高质量发展

一汽以习近平新时代中国特色社会主义思想为指导,深入贯彻习近平总书记和党中央对加强国有企业党建工作的要求,不断提高党的建设质量,不断推动企业实现高质量发展。在国资委党委2019年中央企业党建责任制考核中,一汽被评为A级单位。

一是政治统领、行动有力。一汽深入学习贯彻习近平总书记重要讲话、重要指示批示和视察一汽重要讲话精神,认真贯彻落实党中央重大决策部署,胸怀"国之大者",清楚"企之大者",增强"四个意识",坚定"四个自信",坚决做到"两个维护"。认真学习习近平新时代中国特色社会主义思想,不断提高政治站位,努力做到理论自觉、行动自觉。深入开展党史学习教育,与学习"四史"、一汽史贯通起来,感悟思想伟力,提升政治三力,倍增奋进动力。

二是压实责任、履职尽责。推动责任清单化,一汽党委常委会会议每年年初研究制定全面从严治党年度重点任务清单、领导班子"一岗双责"清单,确保明责知责。推动履职机制化,每季度召开党建工作领导小组会议,每半年听取分管领域党建工作报告,明确党建创新方向、方法。强化责任考核及结果运用,发挥"指挥棒"作用。

三是固本强基、筑牢堡垒。一汽全面贯彻新时代党的组织路线,加强领导班子和党员、干部、人才队伍建设,织密建强党的组织体系。坚持抓基层打基础,持续深化专项整治,持续提升"三基"建设质量。大力推动基层党建标准化、规范化、创新化、数字化。积极探索加强混合所有制企业党建,以党建促发展。

四是双向融合、同频共振。一汽努力创新国有企业党建,做到党建和生产经营"双向融合、同频共振"。不断增强党建工作的有效性、针对性、创新性,党员干部带头攻坚,全体党员奋斗奋进,充分发挥党员先锋

模范作用。持续开展一党委一课题、一书记一项目、一支部一品牌、一党员一旗帜等活动。

五是强化监督、加强党风廉政建设。坚定不移推进党风廉政建设和反腐败斗争，坚持严的主基调，坚持稳中求进，坚持"三不"一体推进，企业治理效能持续提升，有力保障一汽高质量发展。坚决履行党委主体责任和纪委监督责任，树牢责任标杆，深入贯彻全面从严治党方针，充分发挥全面从严治党引领保障作用。坚决贯彻党中央关于加强对"一把手"和领导班子监督的意见，率先制定党委贯彻落实任务清单，切实加强对关键少数的监督。深入开展"一问责七整治"专项工作，持续净化企业政治生态。锲而不舍抓中央八项规定精神落实、抓"四风"纠治，自觉传承党的光荣传统和优良作风，大力弘扬新风正气。坚守政治巡视职能定位，全面贯彻巡视工作方针，扎实推进内部巡视巡察全覆盖，不断增强巡视巡察上下联动实效，持续彰显"利剑"作用。持续深化纪检监察体制改革，树立系统观念、强化系统思维、发挥系统优势，切实把制度优势转化为治理效能。

园区和地区篇

第九章

长春净月高新技术产业开发区
高质量发展路径探究

国家高新技术产业开发区建设发展进入第四个十年，迈入"创新驱动高质量发展"新阶段。1988年5月，国务院批准设立了第一个国家高新技术产业开发区——北京市新技术产业开发试验区。国家高新技术产业开发区历经30多年发展，已经成为中国实施创新驱动发展战略的重要载体。2020年7月，国务院出台《国务院关于促进国家高新技术产业开发区高质量发展的若干意见》（国发〔2020〕7号），2021年4月22日，科技部印发《国家高新技术产业开发区综合评价指标体系》，国家高新技术产业开发区（以下简称"国家高新区"）被赋予新时期建设成为创新驱动发展示范区和高质量发展先行区的新使命和新定位。进入新发展阶段，贯彻落实新发展理念，构建新发展格局的战略导向，按照国家高新区的新定位，长春净月高新技术产业开发区（以下简称"净月高新区"）坚定"又高又新"发展导向，秉持"发展高科技、实现产业化"初心，围绕"两区"建设，统筹发展与安全，加快提升发展质量、效益与速度，在科技创新突破、新兴产业培育、绿色可持续发展等方面实现引领示范。

一 净月高新区概况

（一）基本情况

净月高新区位于长春市东南部，成立于1995年8月，原名长春净月潭旅游经济开发区。2006年3月通过国家发改委审核，更名为长春净月经济开发区；2011年初，经吉林省人民政府批准转型更名为净月高新区；2012年8月，经国务院批准，晋升为国家高新区。全区下辖玉潭、新湖、新立城3个整建制镇和净月、永兴、彩织、博硕、德正、福祉、德容7个街道办事处，区域面积478.7平方千米，其中建成区超50平方千米，城市配套区面积达65平方千米，常住人口41万人[①]。

净月高新区生态条件得天独厚，拥有丰富的自然和人文旅游资源。净月高新区是长春市的生态核心区，地处大黑山脉城区段核心位置，拥有亚洲最大的人工森林，林水面积243平方千米，占区域总面积的51%。域内林木葱郁、水域丰沛、山岭绵延，有"喧嚣都市中的净土"之美誉，森林中每立方米负氧离子含量高达2万个，是城区的400—500倍。辖区东部有净月潭国家5A级森林公园，南部有新立湖国家水利风景区，西部有长春的母亲河——伊通河，形成了"三面环林水、一面接主城"的生态体系格局。辖区内拥有农业博览园、天怡温泉、凯撒森林温泉三个4A级景区，有中国第一家滑雪博物馆和中国最大的农业博览园。依托丰富的生态资源，净月高新区每年定期举办瓦萨国际越野滑雪节、净月潭森林马拉松赛、净月潭国际森林山地自行车马拉松等生态运动项目。除此之外，净月高新区文化底蕴深厚，旅游资源丰富多彩，拥有净月潭国家森林公园、伪满皇宫博物院、长影世纪城3个5A级景区，以及长春中国光学科学技术馆、吉林省博物院、吉林省科技馆、吉林省自然博物馆、吉林省民间工艺美术馆等12座各级各类博物馆及16处文物遗址。近年来，净月高新区不断优化和放大生态资源，将自然生态要素引入城市，大力实施"东林西进""南水北连"工程，区域森林覆盖率达30.1%，全面构建了"水域绿野"的优良生态空间。

净月高新区科技人文要素内涵丰富，科创资源富集。净月高新区拥有吉林省最优质的科技创新资源，域内汇集了15所高等院校，有在校大学生20万人，占全市的42.7%、全省的36.3%，占比在国家高新区中居于首位；汇聚了8个国家级和省级重点科研机构、12个国家级科技研发平台、147个省部级研发服务平台、9个文化产业园区，一线科研人员总数近4万人，承担了软件信息、汽车电子、现代农业、生命科学等国家级、

[①] 数据来源于净月高新区管委会（http://www.jingyue.gov.cn/）。

省级重点科研项目2000余项；已建成吉林青年创业园、净月众创大厦等各类孵化载体27个，可用孵化面积超过30万平方米，在孵企业400多家，为经济社会发展提供了坚实的科教资源保障。特别是晋升为国家高新区以来，区域创新体系建设实现快速突破，美国微软公司成功入区，联合软通动力、启明信息共同组建了微软全球首家汽车行业创新中心；与软通动力达成合作意向，建设面向东北亚的软件研发及服务外包中心；通过"535"人才计划，储备海外高层次人才2000多人。

净月高新区基础配套完善，交通便利。净月高新区经过多年的开发建设，城市配套区面积达65平方千米，建成区超50平方千米，道路总长240多千米，生态大街、福祉大路、净月大街、临河街等"三纵六横"主干道路与穿城而过的三环、四环和绕城高速，构成了成熟的交通网络；东部快速路南延、天普路立交桥跨伊通河西进、长双快速路等重点工程，又将净月高新区与其他城区、龙嘉机场、轨道交通的时空距离拉近到半小时圈内，形成丰富的立体交通体系。同时，建成3座供水加压泵站、管线180多千米，建成变电站7座，形成了路网发达、配套完善的基础设施网络体系。

（二）发展历程

随着国家和吉林省、长春市发展战略的转变，净月高新区的发展定位和发展方向也相应进行了调整。2006年，净月经济开发区以建设"净月生态城"为目标，确立了"生态为本、文化为魂、服务为用"的发展思路，形成以旅游开发为主的产业体系。2010年，净月经济开发区提出大力发展高技术产业，转型为省级高新技术开发区。2012年，成功升级为国家高新区。以晋升国家高新区为契机，净月高新区提出了创建"净月创新型生态城"的战略构想，确定了"一城——净月创新型生态城区""一高地——国家科技创新高地"的全新定位，规划了"一核、三带、九园"的生产力空间布局，明晰了东部生态旅游休闲带、中部城市功能服务带、西部新兴产业带的科学划分。2006—2012年，净月经济开发区完成了从经济开发区到高新技术产业开发区的重大转型，成为长春市经济社会发展的重要载体。

在此期间，净月经济开发区先后获得了国家多项政策试点和基地政策支持，比如国家服务业综合改革试点区、国家电子商务示范基地、国家广告创意示范园区、国家现代服务业数字媒体产业化基地、国家信息消费试点区、国家级文化和科技融合示范基地、国家智慧城市试点等。2019年，净月高新区进入国家城乡融合发展试验区吉林长吉接合片区名单。2020年，立足长春高质量发展"四大板块"总体方案，净月高新区瞄准1051平方千米的发展区域，借鉴雄安理念，确定"北城、南苑、中山水"的空间格局，"一山携两翼、三水润净莲"的空间意象，"北优、南跃、西接、东连"的空间发展战略，"一主、一新、一辅，两翼、三区、多点"的城乡空间布局结构，目前形成了旅游休闲区、高级现代商住区、先进制造业产业区、高等教育集中发展区、科技研发孵化制造区、园艺观光博览区六大重点功能区。

二 净月高新区高质量发展的政策措施与成就

净月高新区始终站在国家和省市发展战略的大背景下思考和谋划区域发展方向，结合自身条件和比较优势，不断调整发展理念和发展定位，确定主导产业和发展方向，从而更好地服务于省市和国家的高质量发展，融入国际国内经济大循环。

（一）政策措施

为了促进净月高新区高质量发展，长春市政府和净月高新区管委会采取了多项措施，改善营商环境、积极招商引资、促进产业升级、建设现代产业体系，加速城乡融合、改善收入分配，从体制机制、产业体系和要素分配等方面积极对接和融入国内国际大循环。近几年，净月高新区主要采取了以下措施。

第一，改善营商环境，增强发展活力。净月高新区在长春市率先启动"工程建设项目审批制度"改革试点工作，实现全流程"审批服务不出区"目标。建立"3+1+1+1"审批流程机制，率先建成"7天×24小时"自助服务区，84个审批事项全部实现"审批不出区"。全面完成机构改革，一次性成立、撤并、调整机构53个，占原机构数的79%，建立上下联动、协调一致的管理体制。深化"放管服"改革，企业登记时间由 3 个工作日压缩为 30 分钟，区本级 584 项审批业务"只跑一次率"达 100%，实现全流程"一窗受理、一窗出证、一网通办"。深化商事制度改革，实行"上门服务"的政务服务新模式，"24 小时为企业服务不打烊"，企业登记全程电子化办理率达 100%，区政务大厅获得"长春市先进政务服务大厅"称号。

第二，制订发展规划，研究发展新模式。确定发展定位后，净月高新区积极编制《长春国际影都战略研究》《长春国际影都协同发展规划纲要》《长春国际影都板块国民经济和社会发展第十四个五年规划纲要》《长春净月高新区产业发展战略规划》，为国际影都板块锚定发展方向，明确重点项目和活动。制定项目入区指引、招商热力图，组建专业招商团队，广泛开展"走出去""请进来"招商活动。借助长春电影节、吉浙数字经济发展峰会、瓦萨国际滑雪节等重大活动开展集中签约。组建项目中心，搭建信息管理平台，推进专班抓项目，积极组织申报专项债券，助推项目建设。稳步推进城乡融合发展试验区建设，成立农业产业发展公司，有序推进不动产登记及农村产权制度改革，规划设计"净月数字乡村云平台"，打造友好北沟"村级收储、集中管理、规模利用"农业产业发展新模式。研究制定《长春净月高新区关于加快推进高质量发展的若干政策》，成立净月高新区产业引导投资母基金和国投集团，助力产业发展。

第三，加速要素聚集和基础设施建设，促进产城融合发展。发展产业和建设城市，是净月高新区的两只"轮子"，必须协同互动。多年来，净月高新区坚持"以产促城、以城兴产"，把主要精力放在做环境、做条件、做准备上，力求"聚人气、聚人文、聚人才"，打造生态、智能、宜居、现代的城市功能。一是优先发展教育。净月高新区先后引进了吉林财经大学等 15 所大学。二是优先建设高档社区。建设了万科惠斯勒、伟峰东域、华润净月台等高品质楼盘，创造了宜居品牌，优化了城市品质。三是优先发展科技文化、旅游精品设施。净月高新区承接了省科技文化中心、省自然博物馆、长影世纪城、长春农博园等高端文化产业项目，举办了冰雪节、消夏节、农博会等一系列文化色彩浓郁的节庆会展活动，完善了高端配套功能，增强了城市国际化气息。四是优先发展城市服务功能。在教育服务上，净月高新区建成了华岳学校、华蕴学校等高端基础教育平台；在医疗服务上，净月高新区引进了中医药大学附属医院第二医院、吉林心脏病医院等省内一流的专业医疗机构；在休闲服务上，净月高新区培育了彩织啤酒街、巴蜀映巷、满族文化乌拉街等高端特色商业街区，初步形成了服务功能齐备、"产城人"紧密融合的良好格局。

第四，积极出台产业政策，引导产业升级。围绕重点产业，适时超前制订产业发展规划，牢固发展基础。在影视文旅方面，规划占地7平方千米的国际影都板块核心区，推进六大基地建设，城市展厅建成投入使用，酒店群、国际拍摄基地有序建设中，吉林新三馆等项目顺利推进。以创建全域旅游示范区为契机，建成"友好北沟"文旅综合体项目，开工长春野生动物园（一期）等项目。在生命健康方面，规划生命健康科创谷，开工建设吉大一院净月分院、市急救中心、市疾控中心等项目，洽谈吉大口腔医院、永晟精准医疗研究院、辅仁国际医院等项目，开展长春生命健康产业研究院等筹建工作。在数字经济方面，完成4万平方米数字经济产业园一期起步区建设，国内知名头部企业相继入驻，华为芯片及AI摄像机生产基地、科大讯飞东北亚研究院等项目稳步推进，与凤凰数字科技、菜根科技等4家企业签订战略合作协议。在电商领域方面，出台多项优惠政策，助力新电商企业发展。具体来说，对符合条件的网红经济园区运营企业给予500元/年/平方米的运营补贴；新引入符合条件的网红经济相关企业给予不超过1.5元/天/平方米的房租补贴或1000元/平方米的购房补贴；对不享受租房或购房政策但符合条件的企业可给予区级税收留成前两年100%、后三年80%的资金奖励；签约顶级头部主播及培育知名主播，按不同等级给予20万—200万元的一次性奖励；对在各大直播平台完成直播纳税销售额超亿元的企业及企业主办的有一定行业影响力的峰会、论坛等活动给予相应资金扶持。①

（二）取得的成就

"十三五"期间，净月高新区坚持高质量发展，在经济、社会、生态等领域取得了明显的全面进步，新经济、新业态、新模式涌现，第三产业比重提高，产业结构不断升级，生态环境质量提升，城乡居民收入水平提高且城乡收入差距缩小。

---

① 张晓黎：《净月高新区：新电商经济成发展新引擎》，《长春日报》2021年12月2日。

1. 经济运行平稳向好，产业结构不断升级

净月高新区经济保持总体增长态势。表 9-1 列出了 2016—2020 年全区主要经济指标。从表中可以看出，2020 年净月高新区地区生产总值迈上 400 亿元新台阶，达到 407.5 亿元，远超过 2016 年的 315.2 亿元。2016—2020 年，地区生产总值年均增长率达 5.9%，年均增长超过"十二五"期末的 1.2 倍。地方人均 GDP 从 2016 年的 103755 元增长到 2020 年的 197276 元，远超过 2020 年长春市人均 GDP 的 78456 元。2016—2020 年，固定资产投资累计 1228.7 亿元，年均超过 245 亿元。社会消费品零售总额累计超过 80 亿元，年均增速超过 5.0%。地方级财政收入从 2016 年的 6.9 亿元，提高至 2020 年的 12.7 亿元，增长了近一倍。全口径财政收入从 2016 年的 28.9 亿元增长至 2020 年的 60.1 亿元，增长了 1.1 倍。2016—2020 年，城镇常住居民人均可支配收入从 31069.4 元增长到 40001 元，农村常住居民人均可支配收入从 12576 元增长到 20000 元，城乡人均可支配收入之比从 2016 年的 2.5 降低到 2020 年的 2.0。

表 9-1 2016—2020 年净月高新区主要经济指标

	2016	2017	2018	2019	2020
地区生产总值（亿元）	315.2	340.5	359.3	386.7	407.5
地方人均 GDP（元）	103755	106725	109925	121300	197276
地区生产总值增长率（%）	8.4	7.3	7.8	3.2	2.8
地方级财政收入（亿元）	6.9	7.6	9	10	12.7
全口径财政收入（亿元）	28.9	34.7	41.2	51.2	60.1
固定资产投资（亿元）	521.5	137	169.7	183.6	216.9
城镇常住居民人均可支配收入（元）	31069.4	33167.7	35332	37843.6	40001
农村常住居民人均可支配收入（元）	12576	13431	14237	15455	20000
城乡人均可支配收入之比	2.5	2.5	2.5	2.4	2.0

资料来源：笔者收集整理。

净月高新区产业结构升级，服务业优势不断增强。图 9-1 描绘了 2016—2020 年净月高新区三次产业产值，可以明显看出，这期间三次产业产值稳步提高。第一产业产值、第二产业产值和第三产业产值分别从

2016年的1.2亿元、66.6亿元和247.4亿元增长至2020年的2.4亿元、79.7亿元和325.4亿元，分别增长了100%、19.7%和31.5%。2016年三次产业比重是0.7∶26.6∶72.7，2020年这一比重调整到0.6∶19.5∶79.9。战略性新兴产业快速发展，2020年其产值占规模以上工业总产值的比重达到40%，高新技术产业工业总产值五年达到50亿元。产业集群效应初步显现，至2020年，初步形成了52个产业园区，引进培育了一批信息服务、电子商务、金融服务、文化创意等方面的领军企业、龙头企业。文旅融合发展迅速，"冰雪+""避暑+"等系列主题旅游品牌效应逐步扩大，2020年，旅游总收入达到80亿元。净月高新区先后被评为国家服务业综合改革试点区、国家电子商务示范基地、国家广告创意示范园区、国家现代服务业数字媒体产业化基地、国家信息消费试点区、国家级文化和科技融合示范基地、国家科技服务业区域试点。

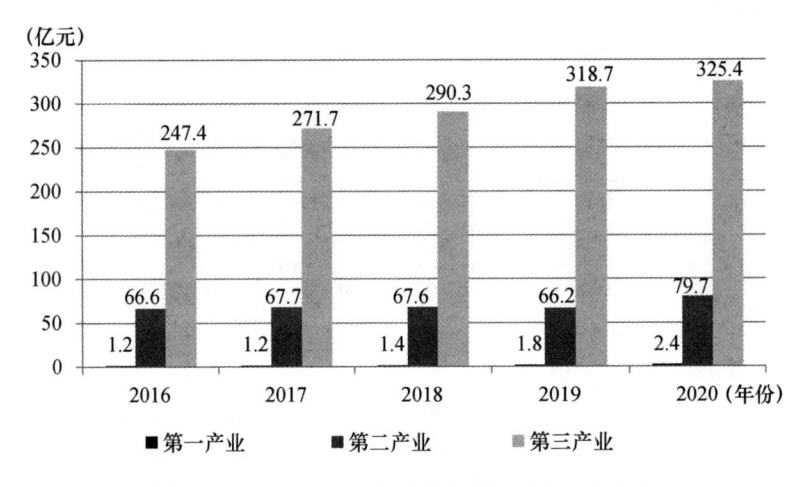

图9-1 2016—2020年净月高新区三次产业产值

资料来源：图中数据主要由净月高新区管理委员会提供。

国际合作持续深化，对外开放水平提升。"十三五"时期，累计利用外资和进出口总额均实现跨越式增长。格拉默、大陆汽车电子、富维伟世通、启明、径点、英可思、恩梯梯等一批知名外资、合资企业有力促进了地区经济产业发展。"十三五"时期，承办了"世界罗佩特组织——净月瓦萨国际滑雪节""利丁国际森林徒步节""国际农业、食品博览（交易）会"等国际节庆活动，国际影响力不断提升，2020年接待入境游客超过1000万人次。对内对口合作不断强化，建成吉浙创新服务中心，引进阿里云创新中心、支付宝×华信永道金融创新中心及杭州面面道网络科技有限公司等项目和企业；依托津长双创服务中心、吉浙服务业发展示范区，引进培育实体企业70家、虚拟注册企业114家。

营商环境改善，创新主体爆发式增长。2020年，全区国家级高新技术企业数量达到265家，增长超过20倍，省级、市级科技型小巨人企业分别达到46家和83家。技术交易合同备案五年累计实现76亿元。平台载体不断壮大，至2020年，全区孵化载体达到30个，省级以上孵化载体达到14个，总面积达到32万平方米，累计孵化企业超过1100家，在孵企业645家。津长双创服务中心（吉浙合作创新服务中心）、上市企业加速器、净月众创大厦等载体孵化效应不断增强。创新创业环境不断提升。2020年，全社会R&D经费支出占GDP的比重达到3.03%。至2020年，全区国家级研发服务平台达到12个、省部级研发服务平台达到147个、市级以上重点科研机构达到9个，企业研发平台达到35个，成为长春市乃至吉林人才培养、实验研发、成果转化的重要基地。组织承办两届中国创新创业大赛（吉林赛区）、阿里巴巴"诸神之战"全球创科大赛（东北亚赛区）、中英2019年硬科技创新创业大赛、吉林首届数字产业高峰论坛等极具影响力的赛事及活动。截至2021年12月，净月高新区内新电商相关企业已达100余家、主播200余位，2021年预计实现交易额10亿元。新电商经济正成为净月高新区蓬勃发展的数字经济中一抹璀璨的星光，将为净月高新区构建多元支撑、多业并举、多元发展的产业新格局提供有力支撑。①

2. 人居环境不断改善，生态建设取得新成果

城乡人居环境品质明显提升。"十三五"时期，全区城市建设累计完成投资超过300亿元，新增城市配套区面积25平方千米，新增建成区面积15平方千米。交通条件显著改善，累计修建市政道路近80千米、乡村道路160千米；基本完成东部快速路南延长线、临河街南延长线、河堤东路绕城高速连接段等重要工程，区域交通连续更加紧密；轨道交通4号

---

① 张晓黎：《净月高新区：新电商经济成发展新引擎》，《长春日报》2021年12月2日。

线、6号线建设进展顺利。

基础设施水平显著提高。城市排水、电力、通信、供热、燃气等市政管网设施体系不断完善。城乡综合环境治理持续推进，提升改造4个街区和30个住宅小区，实施暖房子改造面积130万平方米，惠及居民11000多户，完成农村改厕近5000户；有力整治广告牌匾、违规施工、占道经营等影响市容环境现象。

生态环境建设持续深入。"十三五"时期，切实落实生态环境保护工作，深入开展蓝天保卫战、碧水保卫战、黑土地保卫战和青山保卫战工作，2018年以来累计投入8.4亿元开展各项生态环境保护工作。[①] 净月高新区内新建公园11个，新增公共绿地230万平方米，城市绿化率达到42.5%；全区造林面积641公顷、森林抚育601.5公顷，森林覆盖率达30.1%。全面推行"河长制"，实现全区四级河长制体系全覆盖，劣V类水体全面消除。清洁能源体系建设逐步完善，节能减排工作深入推进，空气质量优良天数连续5年保持在300天以上，万元GDP能耗、万元GDP水耗均呈现逐年下降趋势，秸秆禁烧和综合利用率达95%。

3. 社会事业全面进步，民生福祉达到新水平[②]

教育、文体、卫生事业稳步发展。"十三五"时期，教育水平和质量不断提高，累计投入建设资金近16亿元，新建中小学校11所，新增教育学位1.8万个，新增幼儿园25所，市级二类以上标准园占比达80%。文化体育事业成果丰硕，建成新湖镇综合文化站、各类农村文化小广场等一批文体设施，开展瓦萨国际滑雪节、国际森林马拉松、国际森林自行车赛等系列文化体育活动，连续举办5届"书香净月"文化交流论坛活动，累计开展歌舞艺术展演、送文艺进基层、农民趣味运动会等各类群众性文化体育活动超过100场次。医疗卫生服务持续改善，新建区疾病预防控制中心和新立城镇卫生院，长春市中医药大学第三附属医院建成并投入使用，填补区内三甲医院空白；3家乡镇卫生院及16家村卫生室全部实行基本药物网上采购；加强疾病预防工作，有效应对新冠肺炎疫情影响，实现近千家复产复工企业、32所中小学校、22所高等院校疫情防控督导及

---

① 数据来源于《净月高新生态环境情况》，由净月高新区管委会提供。
② 本节主要数据由净月高新区管委会提供，市级层面数据主要来源于长春市统计局。

消杀指导全覆盖，圆满完成农博会、电影节、吉商大会等大型会议保障工作，守住了疫情防控安全底线，实现疫情防控和经济社会发展的统筹推进。

社会保障体系不断完善。充分保障城镇居民就业，"十三五"时期，实现城镇登记失业率低于 3.62%、城镇调查失业率低于 5.6%。持续改善中低收入群众住房条件，累计建设和筹集保障房 7000 多套。建立了统一的城乡居民基本养老保险制度，职工基本养老保险制度范围外的城乡居民累计参保人数超过 52000 人，被征地农民基本养老保险投保人数超过 23000 人，失地农民养老保险实现全覆盖；推进居家和社区养老服务改革试点，养老机构总数达到 9 家，养老床位达到 1338 张。社会救助体系不断规范，持续开展城乡低保专项整治、"幸福长春·圆梦助学""寒冬送温暖"专项帮扶等活动，累计帮扶困难群众 1 万人次，财政支出帮扶金额 550 万元。不断健全残疾人保障措施，投入各类扶持资金超过 500 万元，近 6000 名残疾人获得扶持帮助。

社会建设步入新轨道。"十三五"时期，坚持以人民为中心，全部兑现"幸福净月"民生实事，不断提升老百姓的获得感和幸福感。全区社区建成"一站式服务大厅"，城市"千米社区"、200 平方米以上农村社区比例不断上升。全区新增社工师 79 人，注册登记的社会组织 87 家，引入社会组织 95 家，打造了"博硕红""悦动凤凰""亮星工程"等一批特色党建品牌、9 个城市党建示范点。广泛开展市场安全"质量月""安全用药月"活动，持续推进食药、特种设备、重点工业产品质量等安全监管，市场安全明显改善。

三　净月高新区高质量发展路径、目标及存在短板

（一）高质量发展路径与目标

党的十八大以来，净月高新区始终贯彻和落实"创新、协调、绿色、开放、共享"新发展理念和国家、省市发展战略，坚持走高质量发展道路。净月高新区是长春市的生态核心区，这一条件决定了净月高新区的发展必须以生态为本，坚持生态优先，必须发展环境友好型产业，走高端、

高洁、高效的产业路线。在招商引资的过程中,严格落实"三线一单"管控要求,严格把控企业入区条件,严格控制水泥、平板玻璃、焦化、化工等重污染企业准入,严格高耗能、高污染和资源型行业的准入条件。同时,积极引导企业加大环保投入力度,2017—2020年净月高新区企业环保投入分别为291755.91万元、6934.8万元、28620.9万元和1218.5万元。① 大力推进能源资源节约利用,2019年和2020年净月高新区煤炭消费总量分别为376554.25吨和369450.8吨,达到了2020年煤炭消费总量削减0.5万吨的任务目标。深入推进碧水蓝天保卫战,全区空气质量优良天数连续5年保持在300天以上。

另外,从长春生产力的整体布局来看,净月高新区立足自身比较优势,坚持差异化、错位发展,同时结合国际产业和国际市场发展的前沿,选择知识技术密集、成长潜力大、综合效益好的新兴产业作为主导产业。基于以上考虑,在产业定位上,净月高新区瞄准高端、高洁、高效,努力构建新型的现代绿色产业体系,确定了现代服务业、文化产业和高技术产业"三业并举、融合共生、互动发展"的产业定位。在具体业态上,现代服务业重点发展总部经济、现代商贸、会展博览和旅游休闲;文化产业重点发展创意设计和数字媒体;高技术产业重点发展科技创新服务、软件信息及服务外包、电子商务、汽车电子和新能源汽车。2020年,长春市印发《长春高质量发展"四大板块"总体方案》,明确了净月高新区为建设长春国际影都板块的主力军,以万达文旅项目为龙头,充分发挥长影作为中国电影摇篮的文化传承和区域内生态资源丰富的优势,全面打造国际化电影全产业链基地,构建现代服务业高质量发展示范区,建设长春国际文旅创意城。影视文旅、生命健康、数字经济三大主导产业成为净月高新区的重点发展产业。

《净月高技术产业开发区国民经济和社会发展第十四个五年规划》(审议稿)提出,净月高新区围绕长春市"三个五"发展战略、中东西"三大板块"建设和"一主、六双"产业空间布局,立足长春市现代化都市圈建设和"四大板块"产业空间布局,着眼于打造国际影视文旅创意城的远景目标,以建设"生态智美高新区"为主线,以推动高速度、高

---

① 数据来源于《净月高新区企业环保投入情况》,由净月高新区管委会提供。

质量发展为主题，以高水平开放、创新两大要素融合发展为根本动力，突出产业、生态、美学和全域城镇化四大特色，加快构建现代化服务业产业体系、高质量生态环境体系、高标准美学设计体系、全域城乡融合发展体系，努力使净月高新区成为全市经济社会发展的增长极和动力源。

《长春净月高新技术产业开发区高质量发展规划》（2021年8月版）围绕建设"东北新经济高质量发展新高地"，着力打造东北地区新经济增长极、长春市创新创业活力区、高品质绿色发展示范区和新治理改革先行示范区的"一极三区"。提出了按照"三步走"战略：（1）力争三年"强筋健骨"，夯实新经济发展底层基础，到2023年实现新经济蓬勃发展，初步建成生命健康、影视文旅和数字经济三大产业，实现750亿元营业收入，达到300亿元产业产值。（2）五年"翻天覆地"，形成高质量发展"净月新轻模式"。到2025年，净月高新区在全国高新区综合排名中进入前100名。"十四五"期末，地区生产总值达到598.75亿元，主导产业产值和主营业务收入达到1320亿元，数字经济核心产业增加至占地区生产总值的比重不低于30%；全社会科研投入占地区生产总值的比重达到4.5%，累计新增高成长企业（瞪羚企业）数达到60家。（3）十年"区强民富"，建设成为东北地区新经济发展领航区。2030年，净月高新区在全国高新区排名中进入前80名，成为区域科技创新、技术创新、产业创新和经济总值的重要支撑，建成以新经济为内生动力、产业千秋各色、双创活力迸发、"三生"兼容并包的新型增长极，全面实现区域现代化。

（二）高质量发展存在的短板

虽然净月高新区始终坚持高质量发展理念，发展环境友好型、清洁高效高端型产业，但是按照国家高新区的全面高质量发展标准来看，净月高新区的产业发展还存在一些短板。

一是经济总量规模不大，综合创新能力有待提升。2020年净月高新区地区生产总值407.5亿元，仅占长春市地区生产总值的6%，所占比重较低。虽然净月高新区第三产业生产总值和占比不断提高，但服务业总量占全市、全省的比重没有明显提升。服务业总量绝对值与西安、杭州、天津等国内高新区或以服务业为主导的城区相比均存在较大差距。全区综合创新能力较低，高能级创新平台密度不足，科技成果产出相对薄弱，科教资源尚未转化成经济发展动能和绩效，高新技术企业数量增长较快但发展质量较弱，缺乏瞪羚企业和独角兽企业。

二是产业竞争力较弱，龙头型企业少。净月高新区内产业整体竞争力较弱，制造业规模较小，处在价值链较低位置，服务业缺少规模大、实力强、影响力广泛的龙头企业。2016—2020年规模以上工业增加值不升反降，从2016年的26.2亿元下降至2020年的24.8亿元；规模以上工业企业数目从2017年的82户下降至2020年的38户。制造业产业结构相对单一，汽车电子产业产值占规模以上工业产业的比重超过80%。服务业整体影响力较低，尚未形成自身品牌和核心竞争力。2020年，净月高新区参与核算的规模以上重点服务业全年营业收入实现36.9亿元，占全市的9.22%。规模以上服务业企业数量从2018年的138户下降至2020年的104户。全区营业收入超过亿元的规模以上服务业重点企业仅有10家，营收最大的为吉林华启企业管理服务有限公司，年营业收入4.7亿元。超亿元的信息传输、软件和信息技术服务业仅有吉林祥云信息技术有限公司、吉林广电新媒体有限公司、长春径点科技有限公司、吉林珑码科技有限公司4家企业，集中度不强，龙头带动作用极其微弱。

三是产业内部结构不优，新兴服务业有待发展。具体表现为新兴服务业贡献偏低，非营利性服务业占比较大。2020年，净月高新区新兴营利性服务业占全区GDP的比重为17.45%，非营利性服务业占全区GDP的比重为34.38%。净月高新区现有服务业行业中，非营利性服务业中的教育、公共管理和社会保障、社会组织是其主要支撑，"互联网＋"、数字经济等新兴行业占比较低。现有产业"高新"属性不强，服务业高端环节占比较低。以信息传输、软件和信息技术服务业为例，杭州高新区2020年行业实现营业收入1832.9亿元，在杭州高新区规模以上服务业的占比为70.1%，营收增速达13.2%，是杭州高新区经济增长重要动力。而净月高新区该行业全年实现营业收入9.29亿元，规模以上服务业占比仅为25.1%。同时，净月高新区内缺乏科技水平高、市场占有力强的新兴业态，研发设计、科技金融、数字信息等高端服务业尚未形成规模和产业集聚，生命健康、影视文旅、数字经济三大新兴产业处于培育初期。

四是园区科教成果转化体系和治理服务能力有待提升。净月高新区拥有丰富的科教资源，但是目前缺乏有效的科教资源成果转移转化通道和平台，科技成果产出相对薄弱，科教资源对经济社会发展的带动和引领作用不够突出。净月高新区创新驱动高质量发展的体制机制有待进一步完善，尚未建立系统政策保障体系，政务服务和创新改革现代化、数字化水平有待进一步提高，整体营商环境和治理能力有待进一步提升。

尽管在经济、社会和生态领域取得了明显的成就，但是与其他高新区相比，净月高新区还存在较大差距，距离国家高新区高质量发展的标准还有一定的距离。2020年，全国169个国家高新区中净月高新区排名第111位，较上年下降11位。单项排名中，知识创造和技术创新能力排名第55位；产业升级和结构优化能力排名第63位；国际化和参与全球竞争能力排名第96位；高新区可持续发展能力排名第167位。国家火炬统计评价指标体系的32个定量指标中，净月高新区仅有6个指标高于全国平均水平，26个统计指标在全国平均水平之下。虽然部分原因是国家高新区对火炬统计数据进行了修订，但同时说明净月高新区在创新驱动高质量发展方面还存在短板。

四 对策建议

未来，净月高新区的高质量发展需要在坚持绿色发展这一底线的基础上，做好以下三个方面。

首先，进一步深入探索"绿水青山"和"冰天雪地"转化为"金山银山"的机制，实现生态资源和产品的价值。发挥空气质量优、森林覆盖率高、旅游景点多的比较优势，大力发展康养产业、文旅产业、旅游产业等美学经济，在创造国民生产总值的同时，提高人们的幸福感。利用人工智能、5G等新技术，将生态环境、文化创意、科技等要素相融合，借助直播、哔哩哔哩等互联网平台，扩大净月高新区的知名度，提高园区吸引力。

其次，深入挖掘区域内科教文化资源的潜力和带动力，建立和完善创新体系，补齐"高新"短板。以自主创新示范区建设为抓手，加快"政+企+科+金"四位一体的创新体系建设。"政"即政府引领，"企"即企业主体，"科"即科研支撑，"金"即金融助力。以推进自主创新示范区建设为契机，积极向省市争取支持自主创新示范区人才管理改革、企业及人才税费减免、科研经费补贴等政策支持，提高净月高新区对高端人才、高新技术企业的吸引力。大力培育园区内产品技术含量高、成长性好的高新技术企业、科技型小企业和专精特新企业，同时积极引进各行业龙头企业，形成产业集群和产业生态。发挥科研院校和金融机构的支撑作用，推动科研机构、企业与金融机构协同创新。

最后，坚持体制机制创新。健全完善招商引资联络机构，学习杭州、深圳招商引资工作的先进经验和好的做法，积极引进战略投资者。改善营商环境，借助智慧政务建设，会同政务服务和数字化建设管理局围绕项目全生命周期打造项目服务管理平台。利用对口合作机制，加强与天津的合作交流，加强对口合作。同时，加强与北京中关村科技园区、上海张江高科技园区、深圳高新技术产业开发区等全国排名靠前的高新区的交流，提高园区的治理能力。

第十章

坚持生态保护和生态旅游发展相得益彰
——松原市推动高质量发展的实践探索

松原市因境内有吉林油田，于1992年获批设立地级市，是典型因油而建的新兴城市。随着新时代发展环境的变化，在中国宏观经济告别高速增长转向更加强调高质量发展阶段后，松原市加快产业转型升级步伐，坚持新发展理念，围绕促进经济高质量发展，不断加强工作机制创新和相关政策的完善，着力强化创新驱动发展支撑，着力优化营商环境加强项目建设，全面构建"5+5+N"产业体系①，经济高质量发展取得了显著成效。但由于建市时间短，松原市工农业发展仍然以资源型和初级加工型为主，产业附加值低，"一油独大"的局面仍未改变。与东北地区及其他资源型城市类似，松原市经济增长速度快速下滑，叠加百年未有之大变局与新冠肺炎疫情，经济社会发展仍然面临诸多困难。

2018年，习近平总书记赴松原市调研考察查干湖生态保护时指出："绿水青山、冰天雪地都是金山银山。一方面要保护生态，另一方面要发展生态旅游，相得益彰。"② 生态保护和生态旅游发展相得益彰，习近平总书记的指示既是对松原市致力于查干湖生态保护实践的高度肯定，也为松原市高质量发展指明了新道路。近年来，松原市牢记习近平总书记的嘱

---

① "5+5+N"产业体系是指打造油气开采及化工、农产品和食品加工、生物化工、新能源、生态旅游等5个主导产业，化肥制造、装备制造、现代物流、建筑材料、通用航空等5个优势产业，培育绿色康养、数字经济、医药制造、循环经济、冰雪经济、现代金融等N个新兴产业。

② 央广网：《习近平：生态保护和生态旅游发展相得益彰》，http://news.cnr.cn/dj/20210518/t20210518_525489687.shtml。

托,坚持贯彻习近平总书记的重要指示精神,探索走出了一条绿色振兴的高质量发展之路,也为资源型城市实现经济高质量发展提供了有益启示。

一 松原市经济社会发展概况

松原市下辖宁江区、扶余市、前郭尔罗斯蒙古族自治县、长岭县、乾安县和2个国家级开发区、5个省级开发区,全市共有78个乡(镇)、1123个行政村,面积2.2万平方千米,境内有汉、满、蒙、回等40个民族,2020年常住人口约为225.3万人。自建市以来,松原经济社会快速发展。尤其是"十三五"期间,在国内宏观经济下行压力不断加大、东北振兴面临各种不利形势的情况下,松原市围绕高质量发展,加大供给侧结构性改革,加大经济发展内生动力培育,克服各种困难,迅速扭转了宏观经济快速下行势头,经济社会发展仍然取得了较好成绩。

从经济总量来看,2020年松原地区生产总值752.88亿元,经济总量提升至吉林省第3位。松原经济能保持在吉林省第一方阵,得益于在"十三五"期间稳定工农业生产和宏观经济增速(见图10-1)。例如,顺利完成黑土地保护、松原灌区和高标准农田建设等一批农业重要基础设施项目,粮食产量稳定在700万吨以上,粮食产量排全省第2位。生猪和肉羊养殖规模、水产产量等均居吉林前列,农业产业结构不断优化改善。综合机械化率和耕地流转率等也居吉林前列,农业高质量发展基础进一步稳固。在工业方面,加大招商力度和项目建设,提速新旧动能转换,固定资产投资规模居吉林前列,多种产业兴起,初步形成了以石油开采、石油炼制、化工、医药、轻工、食品、建材、机械、电力等为主导产业,门类较为完整的工业体系。2016—2020年全市规模以上工业产值、增加值增速均为正增长,2016—2020年规模以上工业增加值增速分别为6.2%、0.8%、5.7%、1.8%、4.0%,工业经济运行总体保持平稳。在营商环境方面,松原市打造审批最便捷、投资最舒心、发展最长效、监管最智慧、创业最安心、服务最贴心的市场化、法制化和国际化营商环境,企业及群众对政府政务服务满意度为90.37%,在全省位列全省第2位。

与此同时,社会发展事业和民生全面发展。"十三五"期间,松原市

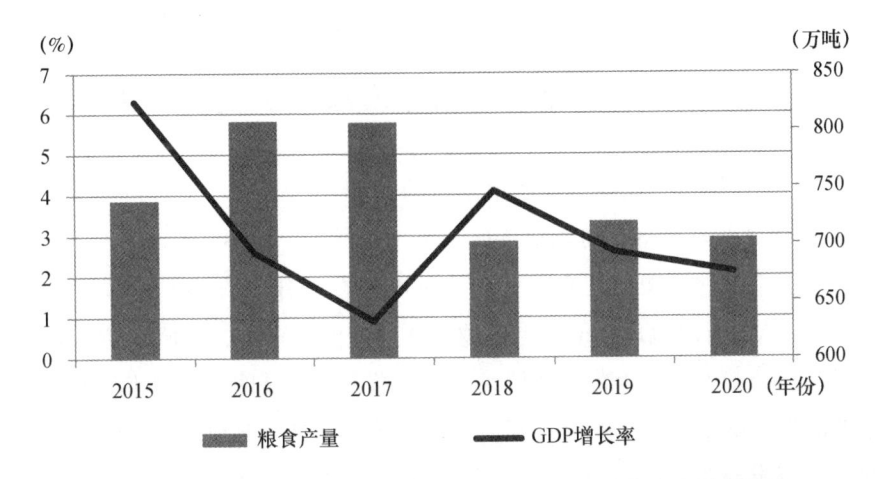

图 10-1 2015—2020 年松原市粮食产量与地区生产总值增速情况

资料来源：笔者根据 2016—2021 年松原市国民经济和社会发展统计公报整理而得。

全面加强基础设施建设，查干湖机场建成通航，长白乌城际铁路投入运行，完成建设高速公路 283.9 千米，是"十二五"期末的 1.8 倍，高速公路建设里程居全省首位。持续实施民生行动计划，加大民生实事办理力度。"十三五"期间，民生支出占全市财政支出总量的 86.4%，165 个贫困村全部退出，约 7.2 万名贫困人口全部脱贫，城镇居民和农村人均可支配收入年均增速均高于同期经济增速，人民群众获得感、幸福感、安全感明显增强。

松原市是典型资源型城市，境内已探明石油储量 15.9 亿吨、天然气储量 1377 亿立方米。油页岩探明储量 775 亿吨，约占全国、吉林探明储量的 10.8% 和 75%。此外，油页岩可提炼规模近 30 亿吨。俄罗斯石油、天然气年过境规模分别达 3000 万吨和 380 亿立方米。由于油气开采是绝对主导产业，环境保护压力较大。"十三五"期间，松原市扎实推进生态文明建设，加强生态保护修复，水、土、大气环境质量和森林覆盖率稳步提升，黑土地保护试点范围逐渐扩大，城乡面貌发生历史性变化，2016—2020 年，全市空气环境质量优良天数比例由 82.5% 上升到 88% 以上，PM10 年均浓度由 69 毫克/立方米下降到 50 毫克/立方米，PM2.5 年均值由 35 毫克/立方米下降到 27 毫克/立方米，污染防治攻坚战取得显著成效，环境质量明显改善。

二 松原市推动经济高质量发展的优劣势与挑战

（一）松原市推动经济高质量发展的优势

1. 构建新发展格局的地理区位优势

松原市地处松嫩两江交汇处，是孙中山在《建国方略》中提出的东镇①所在地，所以地理区位极为优越。从地理位置来看，松原市位于吉林中西部，处于吉林、内蒙古和黑龙江三省接合部，是国家级城市群哈长城市群的核心城市之一，距离长春市约170千米，是东北地区重要的交通枢纽和物流集散地。

目前松原市内外交通极为便利，境内有长西、长白乌、哈大等6条铁路干线和京哈、大广、珲乌等6条高速、14条国省公路干线通过，查干湖机场可以通达北京、上海、青岛、大连等国内15个大中城市。水运方面，境内在松花江沿岸有运输码头和渡口共17个，总泊位达5000多吨，可以在吉林市和哈尔滨市之间顺利通航。此外，松原市内建设有陆港和出入境检验检疫机构，可以直接在松原市内完成商品出口报关、检疫检验等手续，通过铁路或港口直接通关达港。

加快构建新发展格局是中央针对新发展阶段下的新任务、新机遇和新挑战做出的重大决策，是实现高质量发展的重要路径。促进人、物和资金等生产要素有序流动，畅通国民经济循环，是构建新发展格局的必然要求。松原市人口规模和经济规模都不大，实现高质量发展必须融入国内国际经济循环，走开放发展道路，地理区位优势无疑是发展流通经济和旅游经济的重要优势。

2. 保障粮食安全的农业规模化优势

粮食安全始终是人类面临的重大课题，《联合国2030年可持续发展议程》中"零饥饿"是重要目标之一。中国是人口大国，"手中有粮，心中

---

① 在《建国方略》中，孙中山提出在"嫩江与松花江合流处之西南，约距哈尔滨之西南偏一百英里"的位置设立铁路中区"东镇"。东镇不仅可以成为东北铁路系统的中心，未来还可在辽河、松花江之间建设运河后成为东北水陆交通要地。

不慌",保障粮食安全永远是关系国计民生的头等大事,也是国家安全的重要基础。习近平总书记多次强调,要牢牢把住粮食安全主动权,把中国人的饭碗牢牢端在自己手中。2021年中央农村经济工作会议明确提出,面对各种风险挑战,要全力抓好粮食生产和重要农产品供给,以稳产保供为整个社会稳定发展发挥好农业"压舱石"作用。

从气候来看,松原市属于中温带大陆性季风气候区,年均日照时间长,降水量接近500毫米,适宜农业发展。地理上,松原市位于松嫩平原南部,位于世界"黄金玉米带"和"三大黑土带"上,是国家粮食主产区,年粮食播种面积在1600万亩左右,其中全市纳入保护的黑土地约70万亩,高标准农田面积约52万亩,机械化水平超过94%,均居吉林省前列。除此之外,生猪和肉牛等养殖、蔬菜和食用菌种植与产量均拥有较大规模,居吉林省中上游水平,因境内湖泊等淡水资源丰富,渔业总产量居吉林省首位,约占全省的1/3。目前松原市下辖各县(市)均为国家粮食生产先进县,拥有国家级特色农产品优势区1个,省级特色农产品优势区4个,国家级有机小米认证示范区、国家级花生出口示范区、国家级绿色原料(水稻)标准化生产基地各1个,国家级标准化示范区11个,省级标准化示范区11个,是国家大型商品粮基地、油料基地和全国最大的杂粮杂豆集散中心,有"粮仓、肉库、渔乡"的美誉。在此基础上,松原市通过打造八大农产品加工业和食品产业集群,初步形成了具有一定规模的农业加工产业体系,特色农产品在国内外的销量及影响力逐步扩大,市场占有率和附加值逐步提高,品牌竞争力不断增强。

3. 绿色振兴的生态旅游资源优势

松原市位于国家生态安全屏障东北森林带内,也是吉林省的西部生态屏障,境内森林、草地、湿地、河湖等各种生态系统多样,其中草场面积高达16万公顷。由于地处科尔沁草原与松嫩平原交会处,加上境内"三江、一河、一湖"(嫩江、松花江、松花江干流、拉林河、查干湖,查干湖是全国第七大淡水湖)纵横交叉分布,形成森林、草地、湿地、河湖等多样化的生态系统。松原市境内现有国家级自然保护区、国家级地质公园、国家级水利风景区、省级自然保护区和湿地保护区十多个,旅游资源单体总量达714个(其中A级以上景区13处),自然生态旅游资源极为丰富。以查干湖、大布苏泥林、哈达山和"一江两岸"等为代表,呈现了松原市独特的自然风貌和优越的生态环境，其中查干湖屯更被评为"中国十大最美乡村"之"最美渔村"。近年来，松原河湖连通、"引松入扶"、沿江百里绿廊等工程的实施，使松原市成为名副其实的避暑、休闲、度假、养生胜地，为松原市发展生态旅游，走绿色振兴之路奠定了坚实基础。

4. 历史悠久且独特的地域文化优势

松原市除具有丰富的生态旅游资源外，还具有丰富的历史文化景观资源。松原市位于2000多年前的古夫余国和1000多年前的渤海国所在地，境内现有远古猛犸象化石、辽帝春捺钵遗址群、青山头遗址、大金得胜陀颂碑、塔虎城、王爷府、孝庄祖陵等众多历史文化遗迹。辽金文化、满蒙文化、草原文化和渔猎文化、农耕文化等交融共生，共同构成了松原市独有的地域文化。马头琴音乐、查干湖冬捕习俗和蒙古族乌力格尔等10项文化遗产被列入国家级非物质文化遗产名录，"郭尔罗斯全羊席""查干湖全鱼宴"等省级非遗项目被评为中国名宴，松原市也被称为"中国马头琴之乡"。

（二）松原市推动经济高质量发展的劣势和不足

1. 农业加工度低，产业附加值低，农民增收能力弱

松原市农业发展虽然有规模和特色优势，但并未发挥农业的基础作用，即未能带动农产品加工业发展。综合来看，松原市农产品加工业虽然有嘉吉玉米深加工、盼盼食品等部分龙头企业，但总体上松原市农产品加工业多数是小企业，产品多数是面粉、面条等初级加工品，以个体和中小微企业为主，不仅经营规模小，经营方式单一，且加工能力严重不足。例如，松原市年生猪出栏超过200万头，但本地屠宰能力只有100万头，屠宰加工能力严重不足。另外，从农业生产组织方式来看，松原市农民专业合作社规范化水平还不高，家庭农场经营能力有待提升；新型经营主体与小农户间的利益联结机制不紧密。以种粮为主的收入结构尚未改变，多元增收渠道尚未建立，农民持续增收动力不足，地多而农民不富的难题尚未破解。

2. 工业发展严重不足，且结构单一，转型难度大

一方面，松原市三次产业结构中第三产业占比超过52%，但第二产

业占比不足20%，是典型的产业结构虚高度化，工业发展严重不足，与工业化起步阶段特征相似。这是因为，松原市因油而建，工业结构呈现一油独大的产业格局。例如，2020年，石油和天然气开采业增加值占规模以上工业增加值的比重约为46.6%，包括开采辅助活动在内，油气开采直接相关产业占规模以上工业增加值的比重超过60%。另一方面，经过50多年开采，吉林油田综合含水率和自然递减率上升，采油成本高，采油难度加大，随着油价下跌，松原油气产量总体呈下跌趋势，与高峰时期相比，松原市油气产量最多时减少近30%。与此同时，受多种因素影响，松原市一直没有建立起油气加工产业，油气开采后直接对外运输，导致松原市工业长期停留在以资源型和初级加工型产业为主。松原市工业产业链短、互补程度不高，90%以上的工业产成品、半成品均销往松原市之外，而生产所需原材料以外地购入为主，本地企业之间的融合与交流较少，多数与外地企业谈合作，没有形成松原市内部产品的相互供给，无法实现本地产业闭环。缺少高新技术产业和战略新兴产业，从单位数量和产值占比情况看，高新技术产业单位仅占2.8%，产值比重仅为1.3%，战略新兴产业单位数量占比为11%，产值比重仅为5.6%。过分依赖油气资源开采，不仅加大了松原市工业转型难度，也导致经济发展易受外部环境，尤其是易受油气价格波动影响。

3. 人口存在结构性矛盾，产业支持能力较弱

松原市人口流失与老龄化问题较为突出，2020年，松原市常住人口为2252994人，与2010年第六次全国人口普查相比减少627092人（乡村人口减少571570人、城镇人口减少55522人），10年间减少21.77%，年均减少2.43%。其中60岁以上老龄人口比例高于全国平均水平，14岁以下人口比例远低于全国平均水平。在就业与人才建设方面，松原市"招工难"与"就业难"现象同时存在，人员安置压力较大；人才供给不平衡不充分问题突出，人才质量不高、高层次人才短缺、产业人才不足、人才分布不均等问题明显，在留住人才与引进人才方面政策不优，与发达地区相比缺乏竞争力。在财政收支方面，松原市财政收支矛盾突出，2020年，松原市地方财政收入为50.3亿元，而财政支出为297.4亿元；从财政收入的行业构成来看，涉油收入占比最高，属于典型的"油财政"，本地支持产业发展的能力较弱。

（三）新时代松原市推动经济高质量发展面临的挑战与基本思路

"十三五"期间，松原市虽然顺利完成污染防治攻坚战，但污染防治任务依然很艰巨，尤其是全市环境空气质量基础还不稳固。2019年优良级天数比例仍然较低，且不足全省平均水平（见表10-1），重度污染天气偶有发生。在水环境方面，嫩江口内断面和苗家断面不时会出现Ⅳ类水质状况。"十四五"期间，由于以油为主的工业结构和以燃煤为主的能源结构短期内很难改变，秸秆露天焚烧污染没有得到根本控制，农业化肥减量等保护性耕作还需进一步加大，嫩江、哈达山水源地、查干湖水质提升力度还需加大，松原市污染防治任务依然很艰巨。

表10-1　2019年吉林省地级市城市环境空气质量主要污染物年均浓度

地级市	SO_2（毫克/立方米）	NO_2（毫克/立方米）	CO-95per（毫克/立方米）	O_{3-8h}-90per（毫克/立方米）	PM_{10}（毫克/立方米）	$PM_{2.5}$（毫克/立方米）	优良级天数比例（%）	综合指数
长春	11	34	1.3	134	64	38	83.8	4.19
吉林	12	24	1.3	135	63	38	85.8	3.95
四平	11	27	1.2	150	69	36	83.8	4.12
辽源	15	23	1.4	152	51	36	83.1	3.89
通化	11	26	1.6	104	51	29	95.3	3.44
白山	14	19	1.8	128	56	29	96.7	3.59
松原	6	17	1.0	121	58	29	87.9	3.19
白城	8	15	0.9	120	49	26	91.1	2.92
延吉	9	18	1.0	115	44	26	96.2	2.94
全省平均	11	23	1.3	129	56	32	89.3	3.58

资料来源：吉林省生态环境厅：《吉林省2019年环境状况公报》，http://www.jl.gov.cn/sj/sjcx/ndbg/hjgb/202006/t20200605_7256296.html。

另外，还应意识到，松原市取得现有较好环境质量状况，既得益于加强环境污染攻坚治理，也与工业发展不充分密切相关。在工业以资源开采为主的低水平发展条件下，外部环境变化不仅容易影响松原市宏观经济波动,也容易影响松原市工业发展质量、污染防控压力和应对碳达峰、碳中和的努力。从工业化发展的一般趋势来看,松原市要实现经济高质量发展,工业还可能有较大规模发展,工业占比可能还有进一步提高。例如,2019年和2020年松原市六大高耗能行业增加值占比分别同比增长11.5%和1.1%[①],相应地六大高耗能行业能耗占规模以上工业能耗的比重也呈继续上升趋势。

从未来产业发展来看,由于长期发展形成了资源型产业主导和资源型经济发展路径依赖,松原市科技创新支撑能力较弱,高技术产业和战略性新兴产业规模小、发展迟缓,产业转型升级和产业结构调整进展不快。例如,2019年松原市高技术制造业增加值同比下降12.1%。受新冠肺炎疫情影响,2020年松原市高技术制造业增加值同比下降31.5%。由于人口和人才外流,松原市难以发展油气深加工产业,短期内很难培育或引进高科技人才及技术密集型、知识密集型、资本密集型的战略新兴产业和高技术产业。

松原市经济高质量发展的第三个挑战是民营经济发展较弱,尤其是民营工业企业多数是规模小、竞争力弱的中小企业。例如,2019年,松原全市规模以上民营工业企业增加值比全部规模以上工业企业平均水平低0.3个百分点。规模以上工业企业中,中央省属企业工业增加值增长6.1%,而地方企业工业增加值下降0.3%。2020年,全市规模以上民营工业企业增加值仅比上年增长0.4%,低于同期GDP增长1.7个百分点,更低于同期全部规模以上工业平均水平3.6个百分点。规模以上工业企业中,中央省属企业工业增加值比地方企业工业增加值增长高0.8个百分点。

综合上述分析可以看出,由于中国整体已进入工业化后期,在工业以资源采掘业为主、工业发展不充分条件下,由于生态建设和环境保护压力大,松原市实现经济高质量发展,不应走传统工业化道路,引进污染型产业或内生发展资源密集型工业。由于缺乏健全的产业生态,供应链不健

---

① 吉林省统计局:《松原市2019年国民经济和社会发展统计公报》,http://tjj.jl.gov.cn/tjsj/tjgb/ndgb/202012/t20201211_7821065.html;吉林省统计局:《松原市2020年国民经济和社会发展统计公报》,http://www.jlsy.gov.cn/zwgk/sjsy/tjgb/202106/t20210611_437582.html。

全，引进规模较大、竞争力强的制造业企业也有较大难度。与此同时，由于人才缺乏，科技支撑力不强，引进和培育发展缺乏本地根植性的高技术产业、战略性新兴产业难度大、见效慢。因此，实现松原市经济高质量发展应该是"双管齐下"：一手抓延长传统产业链，积极发展工业循环经济，促进产业转型升级，探索符合松原市自身特点的工业化道路；另一手抓发挥生态资源和地域文化优势，充分利用新一代信息技术，扬长避短，发展环境友好的生态旅游和生态经济，探索具有松原市特色的经济高质量发展道路。

三 松原市推动生态保护与生态经济发展相得益彰的主要实践与成效

（一）实施西部河湖连通工程奠定生态保护与生态经济发展相得益彰之路的坚实基础

松原市所在的吉林省西部有松花江、嫩江和洮儿河等重要河流，历史上湿地和自然湖泡众多。但受气候变化和人类社会经济活动影响，到20世纪90年代时，大多数湖泡出现干涸现象，洮儿河和霍林河等河流断流，区域地下水水位下降，同时水土流失加剧，沙化土地和盐碱化土地面积不断增大，湿地面积则从20世纪的6600平方千米减少到近年的3880平方千米，区域生态环境不断恶化[①]。由于缺乏水系滋润，叠加排水系统不畅，这一区域在汛期就成了洪水灾害肆虐的涝区，在非汛期则成了风沙干旱区。松原市也变成吉林重点风沙干旱区，涉及30余个乡镇，约占松原市国土面积的47.65%[②]。

根据党的十八大做出的"五位一体"总体布局战略部署，吉林省于2013年正式提出建设西部生态经济区，实施河湖连通工程。该工程设计投资33.38亿元，重点围绕查干湖、向海、莫莫格、波罗湖4大湿地，依

---

① 张瑜洪：《大力实施河湖连通工程 西部生态环境呈现勃勃生机》，《中国水利》2018年第4期。
② 付作伟、高明通、王国林：《浅谈松原市防沙治沙示范区建设》，《中国工程咨询》2016年第12期。

托自然河湖水系，建设哈达山水利枢纽，引嫩江入白城，建设大安灌区，新建和改建一批渠道、泵站、水闸、桥涵闸，利用松花江、嫩江、洮儿河和霍林河等水资源，贯通区内203个水库、湖泡和湿地，建设引、蓄、灌、排、提相结合的河湖连通工程体系，以查干湖、向海、莫莫格、波罗湖为核心，构建形成集中连片、河湖互动、动态平衡的四大生态群落[①]。

河湖连通工程是党的十八大以来吉林省最重要的生态修复保护工程，是习近平生态文明思想在吉林西部的重要实践。实施河湖连通工程后，初步估算，至少增加了1400平方千米湿地面积，改善湿地面积2400平方千米、水面面积440平方千米，补充地下水近2亿立方米，地下水位抬高1米，河湖泡水质均得到明显改善。同时还带动改善局部小气候和生产生活环境的改变。例如，多年观测统计发现，盐碱地和西部沙漠化面积分别恢复650平方千米和70平方千米，松原市和白城市年均降雨量分别增加40毫米和70毫米，年均沙尘天气分别减少61天和72天。河湖连通工程建设不仅直接改善了松原市等吉林省西部地区的自然生态环境和人居生活环境，还推动了农业种植、莲藕、鱼虾蟹养殖和芦苇等产业发展，同时营造了独特的自然生态景观，为区域旅游业可持续发展和做大做强提供了可能，为松原市推动生态保护与生态旅游融合发展奠定了坚实基础。

（二）查干湖蜕变探索生态保护与生态经济相得益彰之路和"两山"转化

查干湖地处松花江流域、嫩江与霍林河交汇处，主体位于松原市前郭县境内，是吉林最大的天然湖泊，也是中国十大淡水湖之一。湖区渔业资源丰富，曾是辽金时代帝王"巡幸"和"渔猎"之地，以查干湖冬捕为标志的渔猎文化久有盛名。2007年，查干湖获批为国家级自然保护区，查干湖冬捕也成为国家非物质文化遗产。

从吉林省西部河湖连通工程可以看出，查干湖在吉林西部生态保护中具有重要地位。但查干湖发展与保护并非一帆风顺。20世纪70年代，由于水源断流，查干湖萎缩至不足50平方千米，甚至几近干涸，鱼虾和芦苇也几近绝迹。由于湖底裸露，遇风即沙尘飞扬，生态环境极其恶劣。20

---

① 边境：《吉林依托西部生态优势 迈出绿色发展步伐》，《中国水利》2020年第24期。

世纪 80 年代，吉林省实施引松工程，从松花江引水使查干湖获得重生。实施西部河湖连通工程后，实现了查干湖与周边 91 个湖泡连通，形成了以查干湖为核心的查干湖生态板块，其中查干湖湖面面积达到 420 平方千米，总面积超过 500 平方千米。松花江水源可通过哈达山水库、哈达山干渠和松原灌区连接渠等，逐步引入查干湖，再经梁店排水闸和库里泡进入嫩江。由于水系循环将查干湖和系列湖泡变成了活水，查干湖水质得到大幅改善。7—10 月主汛期时，水可以引入查干湖和周边湖泡存蓄，减少洪涝灾害、盐碱地面积，也相应减少了沙尘天气。湿地和湖泡恢复后，区域生态环境和小气候不断改善，吸引候鸟落户栖息，水面扩大和水质改善也带动了渔业发展，也再现了查干湖冬捕的"冰湖腾鱼"盛景。2017 年查干湖渔场先后获得全国有机农业（淡水鱼）养殖基地、中国最美渔村等国家级荣誉。正是看到查干湖重生、人与自然和谐共生的美景，2018 年习近平总书记才在查干湖畔做出了"保护生态和发展生态旅游相得益彰，这条路要扎实走下去"重要指示。

保护生态环境就是保护生产力，改善生态就是发展生产力。查干湖的重生和蜕变表明，仅有悠久和丰富的历史文化还不够，只有抓好生态修复治理、环境保护和污染治理这些基础性工作，促进自然生态与人文生态的交融、人与自然的和谐共生，"生态+旅游"提升生态价值，才是"绿水青山"变"金山银山"的可持续路径。2018 年，查干湖景区获评全国"绿水青山就是金山银山"实践创新基地。

（三）查干湖"加减乘除"创新生态保护与生态经济相得益彰典范

在习近平总书记视察查干湖后，吉林省认真贯彻落实习近平总书记关于走好"生态保护与生态旅游发展相得益彰"之路的重要指示精神，进一步加强了对查干湖生态保护和旅游高质量发展的顶层设计，成立查干湖生态保护与发展委员会、生态保护专家咨询委员会等专门组织机构，修订《查干湖生态保护开发总体规划》。高起点高标准加强查干湖生态修复治理规划设计，包括先后出台《查干湖治理保护规划（2018—2030）》《吉林省查干湖生态修复与治理实施方案》，目的是全面系统加强查干湖地区生态修复和治理，提升和维持查干湖水位，强化水体自然循环流动，增强生物多样性，提升包括水体在内的区域生态环境质量。与此同时，吉林省出台《查干湖旅游经济开发区生态旅游发展专项规划》，松原市出台《查干湖生态小镇规划》和《查干湖景区创建 5A 级旅游景区提升规划》等，坚持生态优先，在规划层面确保实现旅游发展与生态环保的紧密衔接，以高品质科学规划促进高品质科学开发。在此基础上，吉林省、松原市采取了全方位措施，以实践将查干湖生态经济区创新打造成创新生态保护与生态经济相得益彰典范①。

一是做好"加法"，加大湖区生态环境和旅游基础建设，增强湖区环保能力与旅游发展能力。吉林省实施查干湖生态修复与治理工程，在湖东岸引入哈达山水库水，在西岸建设了农田退水自然成江区，在北岸建设六家泡和苏家泡湿地恢复工程。同时，建设马营泡面源污染拦截整治项目，开展了湖滨带生态苇塘固化工程，建设查干湖与库里泡连接渠，实现了嫩江与松花江水体连通转换，查干湖"死水"变"活水"。此外，松原市在集中区规划了污水处理厂，并计划将零散村屯生活污水通过管网就近引入污水处理厂处理，对零散村屯污水和畜禽粪便等也针对性进行技术处理，并建设了垃圾收集转运系统，包括 400 多个生态垃圾房、无渗漏垃圾存放点和小型垃圾处理站。对生活垃圾进行收集转运到区外进行集中处理，以全面改善查干湖地区生态环境。在此基础上，松原市建设了成吉思汗召、郭尔罗斯王府、妙因寺和查干淖尔文化广场等一批景观景点和旅游基础设施项目，尤其是在查干湖景区外 13 千米处规划建设查干湖生态小镇，为查干湖旅游提供餐饮、住宿和文化表演等服务，大大提升了查干湖旅游接待能力和基础设施水平。该特色小镇为"零排放"生态小镇，既强化了查干湖旅游的接待服务能力，也是对查干湖生态环境的增强保护，成为生态保护与生态旅游相得益彰的微型缩影。

二是做好"减法"，减少生产生活对湖区环境影响，减少环境污染排放。松原市提出要在"景区内做减法"，严格控制生活性和生产性污染，迁出了查干湖周边的全部畜禽养殖场，在查干湖周边开展生态移民 300 多户近千人，退耕还林还草 2400 多公顷，取缔或关停影响湖区环境的商贩

---

① 张红玉：《查干湖扎实走好保护生态和发展生态旅游相得益彰之路纪实》，《吉林日报》2020 年 9 月 18 日；杨晓艳：《查干湖生态保护和发展生态旅游纪实》，《吉林日报》2020 年 9 月 24 日。

摊点和周边村屯饭店 30 余处，关停旅游项目 20 多个，拆除建筑 3 万多平方米。吉林油田拆除了查干湖生态缓冲区内的 4 个采油平台、29 口油水井并恢复地貌，完成了 9 口合资油井的周边环境整改，并计划在 2032 年前完成试验区内 145 口油水井退出工作。即使是新建旅游项目，也要求全部布局在湖岸至少 8 千米以外区域。景区内餐饮企业全部安装油烟净化装置。

三是做好"乘法"，加大湖区景观和文化开发建设，着力完善湖区环保生态链和旅游产业链。根据渔业发展和净水需要，查干湖开展鱼类增殖放流行动，科学规划投放鱼苗数量和种类，改善查干湖鱼类种群结构，实现以水养鱼、以鱼净水；开展科学捕鱼，将冬捕 1 寸小眼网换成 6 寸大眼网，实现渔业可持续发展。松原市有计划地规划在湖区种植荷花、蒲草和芦苇，既可以发挥水生植物的自然降解作用、净化水质，又丰富了湖区景观层次。在此基础上，松原市改造了孝庄祖陵、塔虎城、王爷府等一批旅游景点，建设观景平台和观光栈道，查干湖景区有计划地给湖区油井添加长颈鹿彩绘（见图 10-2），在湖区种植了波斯菊、马鞭草、蝶恋花、芍药，形成多个五彩斑斓的花海方阵，在查干湖湿地中营造了仙境般迷人的网红打卡点。与此同时，充分发挥地域文化特色优势，组织民族情景歌剧、文化表演创作，举办美食节、冬捕节、湿地旅游节、湿地观鸟节等大型节庆活动，主办汽车冰雪拉力赛和查干湖生态旅游文化论坛等，推出马头琴音乐等非物质文化展演，与长影集团合作筹建查干湖影视基地，全方位、多角度地挖掘渔猎文化和农耕文化等特色文化，丰富生态旅游产品，增强生态旅游体验，为走好生态保护与生态旅游发展相得益彰之路画龙点睛和锦上添花。

四是做好"除法"，明确发展底线和红线，保障查干湖可持续发展。2018 年，吉林省十届人大常委会审议批准修订《查干湖自然保护区管理条例》，为查干湖保护、管理和利用以及坚持生态效益、经济效益和社会效益相统一奠定了制度基础，为防止破坏查干湖自然生态、水、水产、林木和野生动植物资源建立了制度保障。坚持生态优先，松原市明确规定，新上旅游开发和项目建设要严格遵守"三个不上"原则，即凡是工业项目一个不上，凡是污染类项目一个不上，凡是有潜在环境风险的项目一个不上。一系列制度建设，排除了影响查干湖生态保护和产业生态化发展的

图 10-2　被彩绘成长颈鹿的查干湖区油井

资料来源：笔者调研拍摄。

外在障碍。

通过一系列组合拳，松原市实现了查干湖地区环境质量的稳步改善与旅游经济收入的同步快速提高。2020年，查干湖库区水质整体从Ⅴ类甚至局部劣Ⅴ类提升到Ⅳ类，部分区域部分时段达到Ⅲ类，其中比2019年库区化学需氧量（COD）排放量下降了13.5%，而氨氮排放量则下降23%，氟化物浓度降至历史最低，草原退化得到明显遏制，森林覆盖率比2015年提高了1.08个百分点。查干湖所在的前郭县被评为吉林生态优先绿色发展示范区。与此同时，查干湖景区列入国家5A级旅游景点创建名单，不仅查干湖屯列入全国乡村旅游重点村，前郭县和6个村分别也被列入吉林省级全域旅游示范县和省级乡村旅游重点村。2018年和2019年，查干湖分别接待游客218万人次和460万人次，分别实现旅游综合收入19.2亿元和40.5亿元。2020年，即使受到新冠肺炎疫情影响，查干湖景区仍然实现了接待游客187.6万人次、旅游综合收入16.5亿元的骄人业绩，"查干湖"这块金字招牌越擦越亮。

（四）加大市域全境生态建设和环境保护力度，推动与全域旅游协同发展

松原市探索走生态保护与生态旅游发展相得益彰之路，不仅体现在查干湖，也体现在全市域。"十三五"期间，松原市以打好污染防治攻坚战为核心，持续加大环境保护工作。首先，加强地方环境保护法规建设，实现有法可依。吉林省人大常委会批准了《松原市大气污染防治条例》，松原市颁布实施了《松原市饮用水源保护条例》。其次，加强水气重点污染源排放管理和污染减排工作。松原市工业规模较小，工业以油气采掘为主，工业产业链短，工业固废污染压力相对较小。"十三五"期间，松原市加强了城市污水处理厂建设和改造，新建改造21座污水处理厂，其中5座城市污水处理厂达到污水一级A处理能力，全部消除城市建成区黑臭水体，中心城区雨污分流率和污水处理率分别达到85%和96.3%，重点流域中常住人口超过1万人的8个建制镇全部建设了污水处理设施。在大气污染治理和减排方面，松原市淘汰了190台10蒸吨及以下燃煤锅炉，整治了全部99座工业窑炉，县级以上建成区实现燃煤小锅炉"清零"，治理106家"散乱污"企业。同时，加大秸秆露天燃烧管控，推广秸秆"五化利用＋无害化处置"处理模式，秸秆焚烧治理取得了突破性进展。再次，持续加强生态修复建设工作。松原市实施了"绿化松原大地"行动和"百万亩造林""百万亩湿地修复行动"等工程，推进大规模国土绿化工作。在土壤保护方面，松原市加大了黑土地保护性作业，开展测土配方施肥、秸秆还田免耕播种和水肥一体化，促进化肥和农药减量化，建立农膜回收利用机制，开展农膜回收，促进减少农业面源污染。最后，加强生态环境执法。松原市制定了环保督查和水污染专项督查整改方案，在加强重点行业、领域和关键"节点"督导检查基础上，针对汽车修理和铅酸蓄电池维修等行业开展了专项排查整治行动，环境执法检查实现市域企业全覆盖。"十三五"期间，松原市生态环境质量不断提高。PM2.5年均值下降了8毫克/立方米，2020年达到27毫克/立方米，空气环境质量优良天数增加了7.2个百分点，2020年达到89.7%，超过吉林省定标准4.7个百分点。国控断面水环境质量不断提高，2020年优良水体比例达100%，森林覆盖率达10.12%，比"十二五"末提高1.08个百分点，城市建成区绿化覆盖率达36%。

生态环境和人居环境得到显著改善为生态旅游发展提供了良好条件，有力促进了生态旅游发展。"十三五"期间，松原市出台《关于加快旅游业发展的实施意见》，编制《松原市旅游发展总体规划》，制定《松原市促进旅游业发展奖励办法》，明确对旅游产品开发、品牌创建等活动的国有、集体和民营企业进行奖励，推动松原市融入吉林省西向旅游大环线，建设吉林省西部生态旅游名城，成为吉林省的生态旅游强市和中国优秀旅游城市。为此，松原市明确以查干湖旅游开发为核心，在做优查干湖生态旅游的基础上，全力构建全域旅游发展新格局，打造了龙华寺、大金碑湿地等一批知名景点；举办冰球邀请赛、冰上龙舟、雪地足球等体育旅游活动和查干湖冰雪渔猎文化节，带动冰雪旅游异军突起，大力开发陶字村和妙音寺村等美丽乡村休闲游，发挥地域特色文化优势，组织开发马头琴、安代舞、新城戏和呼麦等传统民族文化演出，经典剧目《盛世契丹春捺钵》等进景区，马头琴、查干湖冬捕等10项文化遗产被列入国家级非物质文化遗产名录。"中国马头琴之乡"——"2019把马头琴齐奏表演"入选吉尼斯世界纪录。"郭尔罗斯全羊席""查干湖全鱼宴"等省级非遗项目被评为中国名宴，形成了具有松原市特色、文旅融合发展的生态旅游新模式。与"十二五"末的2015年相比，2019年松原市接待国内外游客量从544.1万人增长到1090.4万人，翻了一番，年旅游总收入从88.3亿元增长到约180.1亿元，翻了一倍多。尽管受到新冠肺炎疫情影响，2020年松原市接待国内外游客量仍达到652.35万人，旅游总收入达到76.66亿元。"十三五"期间，松原市旅游综合收入达682.87亿元。生态旅游不仅是松原市"稳增长"和实现乡村振兴的重要驱动力，也成为松原市"十四五"时期致力打造的"六新产业"①的重要内容。

---

① 松原市"十四五"规划明确提出，要聚焦"六新产业"，构建"5+5+N"产业体系，推动经济转型升级，构建现代产业新格局。"六新产业"具体包括新能源、新农业、新旅游、新装备、新材料和新电商，其中新旅游就是要求走保护生态和发展生态旅游相得益彰之路，完善旅游发展要素，深化文旅融合，创建研学基地，打造500亿级文旅产业集群；同时，要打造休闲康养带，促进农旅融合和工旅融合。

四 培育网红经济：利用数字技术发展新生态经济的探索

当前，数字经济已成为全球新一轮产业竞争的制高点和促进实体经济振兴、加快经济结构转型升级的新动能，而其中网红经济是一种诞生于移动互联网时代下的经济现象，意为网络红人在社交媒体上聚集流量与热度，面向庞大粉丝群体进行营销，将粉丝对他们的关注度转化为购买力，从而实现流量变现的一种商业模式。由于东北地域文化具有幽默、热情和语音易懂等特点，东北盛产网红成为公认的事实。

2019年被认为是新网红经济元年，松原市敏锐地意识到数字经济与东北地域优势文化结合的机遇。2020年以来，松原市着力聚焦于"互联网+"行动计划和"数字松原"建设，积极探索新生态经济发展模式，充分利用网红直播资源优势，结合地域特色经济优势，培育网红经济的发展。松原市制定《松原市直播电商发展三年行动计划（2020—2022）》，以"网红吉地大厦"为坐标，借鉴"网红+孵化器+供应链"一体化模板，与各大物流快递企业建立深度合作，降低配送成本，努力实现主播、商家、货品、客户无缝衔接。为了不断提高网红人才质量，松原市实施"千村万人"村播计划，计划到2022年孵化培育100个网红品牌，培育1000名直播达人，培育1万人次乡村主播。通过加快培育大批电商人才，为松原市网红经济动力的持续增长提供人才保障。另外，在增强网红生态经济影响力方面，松原市积极探索创新数字经济政策环境和治理规则，在提升影响力的同时也使得网红生态形成更好的良性发展。

网红经济是一种形式，通过网红直播平台，不仅为年轻人提供了创业就业平台，发挥了为松原引人留人的作用，同时由于网红直播销售的主要是松原具有地域优势和特色的农产品，直接带动了农业电商发展，间接促进了农业面向特色化的高质量发展。例如，松原市将直播电商与乡村振兴、商贸物流、实体消费、后备厢经济、双拥服务、中小微企业等结合起来，多部门联合共同促进松原市网红经济的发展。松原市先后成功举办"生态查干湖网红品松原暨'市县长&驻村第一书记来了'"、电商网红直播线上线下农产品展销会、"抗疫助农·前郭黑玉米原产地直播"活动、农产品直播带货、"第一书记"旗舰店扶贫困带货、抖音及G热播专场带货等活动20余场次，不仅提高了松原市的曝光度，也将松原市的农特产品直销全国31个省份。松原市以一种独有形式将传统产业与数字技术的链接，为传统农业和服务业发展注入了新动能，更重要的是网红经济发展发挥了积极推动松原人民解放思想的作用，这也被新华社称为"'网红'唤醒一座城"①。

从生态旅游的角度看，网红经济不仅拉动了松原市线下经济，也促进了松原市生态旅游业的发展。例如，网红不仅直播松原市土特产和文创产品，还直播松原市旅游景点和旅游节庆活动，为松原市生态旅游发展发挥了不可或缺的传播中介作用。例如，2021年查干湖冬捕节期间，罗永浩通过抖音直播查干湖冬捕胖头鱼销售，吸引了超过800万人次观看，一个晚上销售1万斤特产鱼。甚至连松原市网红吉地大厦也成了松原市夜经济和网红旅游点。网红经济不仅为松原市经济发展注入了新动能，也成为松原市促进传统农业与数字技术、现代服务业融合发展，以及促进农旅融合的重要探索。

五 关于推动松原市经济高质量发展的思考和简要讨论

松原市虽然是因油而建的资源型城市，但农业占比高，工业占比低，工业产业链条短，仍未经历完整工业化过程，属于典型产业虚高度化。"十四五"期间，松原市污染防治任务依然很艰巨，全市环境空气质量基础还不稳固，以燃煤为主的能源结构未能从根本上改变，秸秆露天焚烧污染没有得到根本控制，农业化肥减量等保护性耕作还需进一步加大，嫩江、哈达山水源地、查干湖水质提升力度还需加大。从产业结构来看，松原市短期内"一油独大"的工业结构还没有、也很难实现根本性转变，受外部环境和国家碳达峰、碳中和的挑战，很难对油气进行就地加工发展石油化工和精细化工等下游产业，传统工业转型升级路径和工业化路径既

---

① 陈俊、孟含琪：《"网红"唤醒一座城——吉林松原发展"网红经济"新观察》，http://www.xinhuanet.com/fortune/2020-11/08/c_1126713125.htm。

无法助力松原市实现经济高质量发展，也难以助力松原市实现基本现代化。另外，同东北地区大多数城市相似，松原市面临人口流失、人才短缺、劳动力技能和薪酬待遇等与发达地区相比缺乏竞争力等诸多问题和挑战，因此要培育引进高科技人才及技术密集型、知识密集型、资本密集型的战略新兴产业和高技术产业需要付出更多努力。在这种背景下，如何探索出一条区域经济高质量发展道路，不仅对松原市，对处于类似发展阶段的欠发达地区都具有重要示范意义和参考价值。

从松原市开展生态保护与生态旅游发展相得益彰之路的探索实践来看，尽管仍然未从根本上改变生态本底脆弱的基本生态属性，生态旅游产业规模仍然较小，尚未能成为松原市主导产业和经济增长的驱动力，但在传统产业增长缓慢，甚至出现负增长的情况下，松原市仍然能实现且保持了生态环境质量的改善与生态旅游快速发展的"双丰收"，无疑证实了这是一条符合松原市情的正确选择。尤其值得肯定的是，碧水、蓝天、黑土地保护、草原湿地恢复、民族特色文化发掘和传承保护等，不仅为生态旅游发展提供了良好环境和基本物质条件，也满足了人民日益增长的对健康美好生活的追求，是高质量绿色发展的根本要求和出发点。生态旅游发展也不仅仅是培育新产业、提供创新创业和就业机会，更重要的是，与生态环境质量改善相结合的生态旅游发展、与数字技术相结合的网红经济等新生态经济发展等，可以直接促进农业特色化发展，改变农业效益低、农民持续增收动力不足等局面，并从思想上带动松原的"认识革命"，逐步改变对传统农业和传统工业发展的路径依赖。发挥"生态保护与生态旅游发展相得益彰"的产业辐射力和影响力，也是在更高层次上体现了经济高质量发展的目标追求。

综合来看，松原市生态旅游发展还处于起步期，包括查干湖在内，旅游基础设施尚不完善，旅游产业结构仍然较为单一，除冬捕和冰雪旅游外，其他旅游服务项目和内容均缺乏足够知名度，旅游业整体知名度向产业发展和经济效益的转化仍有待加强，旅游业自身的高质量发展仍有待提高。但从目前来看，松原市对生态保护与生态旅游发展相得益彰之路的探索在开新局和育新机上已取得了明显进展和初步成效。松原市坚持生态保护与生态旅游发展相得益彰之路，本质是扬长避短，即针对工业基础薄弱、链条短、科技创新能力不强、人才短缺等短板，利用生态优势和文化优势，发展生态旅游，推动将"绿水青山"转换为"金山银山"，同时以网红经济拥抱新技术革命，促进优势产业融合发展，探索区域高质量发展的绿色道路。

从全国来看，经过改革开放40多年的增长和发展，中国整体已进入工业化后期，传统产业发展已趋饱和，产业布局和发展格局已基本稳定。中国特色社会主义进入新时代，社会主要矛盾和经济增长方式已经发生转变，推动经济高质量发展是中国新时代发展的重要特征。当前中国各地区发展不平衡不充分的矛盾比较突出，很多地区类似于松原市，存在产业结构单一、发展动力不足、产业之间融合度较低、内生增长动力不足等问题。显然，松原市为欠发达地区转型发展和高质量发展提供了一个很好的参考样本，那就是充分发挥自己的优势，积极把握经济变局和新一轮科技革命的机会，促进产业融合发展和转型升级，探索经济高质量发展的新路。

从东北地区来看，同松原市类似，相当一部分城市面临着产业升级压力大、环保压力大、人口流失严重、人均收入水平较低、高科技产业偏少、新兴产业偏弱等问题，但也都有生态资源与人文优势，是国家重要商品粮基地。松原市凭借其丰富的生态资源与"绿水青山就是金山银山"的实践，打好蓝天、碧水、黑土地与草原湿地保卫战，积极发展生态经济，探索走出一条生态保护与生态旅游发展相得益彰的东北振兴新路子，其实践对吉林省乃至东北地区发展都有重要启示。

第十一章

粮食主产区农业高质量发展面临的挑战和思考

——以农安县为例

2017年中央一号文件提出"通过大力发展粮食深加工产业来实现延长粮食产业链条和推进农业供给侧结构性改革"。2018年中央一号文件再次针对农产品加工业发展提出了明确要求,"积极实施农产品加工业提升行动,支持农业主产区农产品就地加工转化增值"。党的十九大报告也指出,"要积极构建现代农业生产经营产业体系,扶持新型农业生产经营主体,进而推动小型农业生产户和现代化农业生产发展的有效融合"。发展农产品深加工是推进农村地区特别是粮食主产区高质量发展的重要途径。东北地区是中国重要的粮食主产区,长期以来,由于粮食深加工业发展相对滞后,严重制约了当地经济的高质量发展。2021年9月7日,调研组深入吉林农安县进行调研,发现农安县位于世界黄金玉米带,是吉林三大产粮大县之一,然而,由于玉米深加工业技术改造升级落后、缺乏龙头企业以及政府政策支持不到位等原因,造成玉米深加工业发展相对落后,并引发人口流失严重、广大农民收入水平偏低等诸多难题,严重制约了县域工业化发展进程和全县经济的高质量发展。农安县的发展情况在整个东北地区具有一定的代表性。本着解剖麻雀的研究方式,调研组在对农安县玉米深加工业发展现状、存在问题与制约因素、发达地区先进经验借鉴等研究的基础上,提出推动粮食主产区农业高质量发展的深入思考及对策,以期为东北乃至全国粮食主产区经济高质量发展提供有益的启发与思路。

一　农安县及其农业发展概况

农安县位于吉林省中部，地处松辽平原腹地，历史文化悠久、自然资源丰富、区位优势明显。农安县面积5400平方千米，辖22个乡镇、4个街道、377个村，实有耕地面积608万亩，户籍人口112万，是全省耕地面积最大的县份和人口超过百万的3个县份之一，在长春地区率先创建国家级卫生县城和省级文明城，2015年被省委、省政府确定为全省扩权强县试点县。先后获评为国家级现代农业示范区、最具投资营商价值县、全国县域投资潜力百强县、全国社会治理创新典范县等。

农安县是全国唯一以"农"字开头的县份，位于世界三大黄金玉米带之一的核心区，耕地面积608万亩。农安县属中温带大陆性气候，地势平坦，四季分明，雨量丰沛，土壤肥沃，光照充足，昼夜温差大。主要种植粮食作物为玉米，常年稳定在500万亩以上，协同发展水稻、大豆、薯类、杂粮杂豆等粮食作物，总面积稳定在550万亩以上，粮食产量在正常年景时稳定在80亿斤的阶段性水平。在保障粮食安全的基础上，持续优化种植产业结构，发展"三辣"、花生、西甜瓜、黄烟等特色经济作物，总面积稳定在60万亩以上，其中红石砬小米、华家甜瓜、哈拉海珠葱获得国家地理标志认证。农安县大力发展棚膜经济，已建国家级棚膜园区1个、省级园区14个，提高反季节蔬菜供应能力。

2021年，全县农作物播种面积639万亩（含复种31万亩），粮食作物播种面积570.4万亩，其中玉米520万亩，全县各乡镇均有分布；水稻22.8万亩，主要集中在龙王、黄鱼圈、靠山、小城子等乡镇；薯类及杂粮杂豆27.6万亩，主要集中在伏龙泉、永安、三盛玉等乡镇。2021年，预估农安县粮食总产达到84.14亿斤（农业数据），较2020年增加4.34亿斤，其中玉米平均公顷产量22800斤，总产79亿斤；水稻平均公顷产量20400斤，总产3.1亿斤；其他谷物平均公顷产量14800斤，总产0.4亿斤；豆类平均公顷产量6750斤，总产0.6亿斤；薯类平均公顷产量75000斤，折粮后每公顷15000斤（按1∶5折粮），总产1.04亿斤。从粮食作物补贴情况来看，2021年玉米生产者补贴为106.32元/亩，种粮一次性补贴为16.75元/亩，直补（地力补贴）125元/亩，实际补贴总金额为

248.07元/亩；水稻生产者补贴为227元/亩，种粮一次性补贴为16.75元/亩，直补（地力补贴）125元/亩，实际补贴总金额为368.75元/亩；大豆生产者补贴为106.32元/亩，种粮一次性补贴为16.75元/亩，直补（地力补贴）125元/亩，实际补贴总金额为248.07元/亩。全县其他经济作物总面积68.6万亩，其中，"三辣"种植面积16万亩，主要分布在以哈拉海镇为中心，周边发展带动其他乡镇。黄烟种植面积6.4万亩，主要分布在以青山口乡为核心的种植区及邻近靠山、新农、黄鱼圈、小城子等东北部乡镇；花生种植面积9.76万亩，主要分布在以杨树林为中心区域，辐射三盛玉、哈拉海、万顺、永安等乡镇；葵花籽种植面积4.2万亩，主要分布在哈拉海、龙王、高家店、永安等乡镇；西瓜种植面积4.34万亩，主要分布在烧锅、三岗、龙王、杨树林、靠山等乡镇；甜瓜种植面积4.2万亩，主要分布在开安、华家、农安镇等乡镇；林果种植面积2.7万亩，主要分布在万金塔、高家店、新农、龙王等乡镇；蔬菜种植面积21万亩，主要分布在靠山、青山、新农、黄鱼圈、哈拉海、烧锅、合隆等乡镇。

农安县大力推进现代畜牧业生产体系，以恢复和稳定生猪生产为主要目标，加大对种猪场的扶持力度，引进了柳桥肉鹅养殖加工的全产业链建设。全面铺开肉牛产业"11511"发展战略，城开绿色循环肉牛示范园区项目落地见效。加快新牧科技、新兆牧业等肉牛养殖项目投产达效，推动"秸秆变肉"工程建设步伐。2021年畜禽饲养总量纳为9000万头（只），其中，生猪饲养量316.5万头，牛饲养量37万头，肉羊饲养量75万只，肉鸡饲养量7740万只，鹅饲养量150万只，肉兔饲养量200万只，其他品种650万头只，肉类总产量45万吨。借助"二三里资讯"平台，线上举办"2021年动物免疫注意事项"培训班，线上实时观看人数达到400余人，在全县范围内开展"大清洗、大消毒"专项行动，印制5000份"养殖场户消毒技术指南"宣传单发放到养殖场户手中。持续加强病死畜禽监管，严格实施防疫检疫，开展非洲猪瘟及重大动物疫病防控，畜禽免疫率达100%。

全县粮食生产全程机械化整体推进，全县农机总动力达到205万千瓦，主要粮食综合机械化率达95%。拖拉机保有量达到11万台，其中大型拖拉机1万台，配套农机具31万台。保有玉米收割机5456台、免耕播种机3300台、秸秆捡拾打包机1111台、自走式高架喷药机355台、青储饲料收获机 615 台、深松机 604 台、搂草归行机 155 台、水稻插秧机 1084 台、水稻收获机 369 台；农机固定资产达到 24 亿元。作为主要粮食作物的玉米，综合机械化水平达到 96.5%，其中，玉米机械化耕整地（免耕播种除外）水平达到 100%，玉米机械化播种水平达到 98%，玉米机械化植保水平达到 100%，玉米机械化收获水平达到 90%，玉米秸秆处理机械化水平达到 74%，玉米机械化烘干能力达到 71%。水稻机耕水平达到 100%，水稻机插水平达到 89%，水稻机收水平达到 90%。

二 农安县推动农业高质量发展实践的典型经验

农业高质量发展不仅能够为国家粮食安全提供保障，还有利于缓解资源环境压力、满足消费升级需求、应对国际竞争等。同时，农业高质量发展也是推进供给侧结构性改革的现实需求，有利于更好满足城乡居民食物消费升级的需求，实现粮食产业转型升级，增强农产品市场竞争力。[①] 农业高质量发展是经济高质量发展的重要构成，包括高标准的农业产品、高效益的农业产业、高效完备的农业经营体系，以及高水平的农业国际竞争力。[②] 农业高质量发展的标准可从农业经济增长、农业经济结构、农业社会发展水平、农业可持续性等维度进行判断。[③] 调研组重点聚焦农安县农业高质量发展问题，基于实践调研以及农安县出台的相关规划，对农安县推动农业高质量发展实践的经验进行总结提炼。

（一）优化现代农业产业体系

农安县调整优化农业区域布局，推动"农牧特加"并举，构建优质、安全、高效种养加产业体系。第一，做优做强粮食产业。严守耕地红线，将永久基本农田划定 35.4 万公顷上图入库、建档立册，签订永久基本农

[①] 丁声俊：《站在新时代高度认识农业粮食高质量发展》，《价格理论与实践》2018 年第 1 期。
[②] 钟钰：《向高质量发展阶段迈进的农业发展导向》，《中州学刊》2018 年第 5 期。
[③] 何红光、宋林、李光勤：《中国农业经济增长质量的时空差异研究》，《经济学家》2017 年第 7 期。

田保护责任书，全面落实永久基本农田特殊保护制度。推广绿色增产增效技术，提高单产、稳定总产，提升绿色优质农产品供给能力。第二，大力发展精品畜牧业。以生态化、标准化、规模化为目标，围绕"退户入区"战略，引导养殖户改变传统饲养方式，鼓励畜禽出口企业、重点养殖企业建设养殖基地，增强综合防控能力。第三，壮大优势特色产业。巩固发展珠葱、黄烟、马铃薯、花生、胡萝卜、西（甜）瓜等特色经济作物种植业，通过政策引导、发放补贴、联系订单、引进项目等途径，扩大经济作物种植面积。第四，推动农产品加工业发展。农产品初加工、精深加工、综合利用加工和主食加工协调发展，加快玉米深加工业发展，推动稻米加工向绿色有机方向发展，杂粮杂豆向精细化、绿色、营养健康方向发展，畜禽产品向终端食品、生物保健品方向延伸。积极引进粮油食品精深加工、肉蛋制品精深加工、净菜包装等项目，重点开发玉米深加工产品、速冻面食品、肉食制品、禽蛋加工品等系列产品，发挥华正、康大等牧业龙头企业的带动作用，抓好农业产业示范建设项目、绿色循环优质高效特色农业项目建设。加大农产品开发和技术改造支持力度，加快农产品加工原料基地建设，建立龙头企业与原料基地联动机制，建设一批农产品加工业集中区和示范区。第五，拓展农业多种功能。农安县依托乡村现有的养殖合作社及农业生态基地，发展适应城乡居民需求的休闲旅游、餐饮民宿、文化体验、健康养生、养老服务等新模式新业态。不断完善乡村旅游基础设施，推进乡村旅游标准化建设，培育发展乡村度假、创意体验、乡村研学、乡村美食养生等乡村旅游产品。第六，以园区为载体深入推进产业融合。充分发挥现代农业产业园、创业园、国家现代农业示范区的带头作用，深入推进一二三产业融合，带动农安县农业产业体系的转型升级。建设农安县双珠（猪）现代农业产业园、农安县春江堰现代农业产业园，科学规划产业园整体布局，完成市级产业园晋位升级。打造一二三产业融合发展试点，打造国家农村产业融合发展示范园区。通过加大引进深加工企业，构建完善种养有机结合，集生产、加工、收储、物流、销售于一体的农业全产业链，挖掘农业生态价值、休闲价值、文化价值，集中各种要素投入，推动农业三产融合、项目集聚。

（二）提升农业生产体系的现代化水平

农安县深入实施"藏粮于地、藏粮于技"战略，深入推进农业科技化、机械化、信息化、安全化发展，巩固提升综合产粮能力，为国家粮食安全和优质农产品供给提供保障。第一，完善耕地保护建设。全面推行永久基本农田特殊保护制度，严格控制未利用地开垦，进一步落实耕地占补平衡制度。加强土壤改良和地力培肥，改善农田生态系统环境，增强耕地持续稳产增产能力。第二，不断强化农业科技支撑。农安县因地制宜集成推广绿色增产增效农业技术，持续发挥农业科技在现代农业建设中的支撑作用。通过构建产学研相结合的新型农业科技创新体系，重点推动现代农业科技成果转化中心玉米科研培育开发基地等项目建设，促进农业科技成果的转移转化和推广应用。打造形成以"创新团队+基层农技推广体系+新型农业经营主体"为核心的新型农业科技服务模式，完善基层农业技术推广体系。第三，实施现代种业提升工程。在资源保存、育种创新、品种测试以及良种繁育等方面加强能力建设，加大地方特色种质资源的开发和国内外育种资源的引进利用。加快主要农作物生物技术研究项目建设，参照国际种业现代育种理念，建立健全基础种质资源体系，重点建设以现代生物技术为核心的新种质创新技术体系、以现代分子育种为核心的快速育种体系、以生物信息学技术为核心的基因挖掘和鉴定体系、以高端技术人才培训为核心的技术团队和以加快成果转化为核心的农业生物技术成果转化体系。第四，提升农业综合机械化水平。农安县以加快转变农业发展方式为核心，以率先实现农业现代化和粮食生产全程机械化为目标，加强新型农业经营主体农机装备建设，不断提升粮食生产全程机械化水平。紧紧抓住国家和省市支持农业全程机械化发展机遇，加快高效、节能、环保、智能型农机装备的推广应用，继续实施敞开普惠农机购置补贴政策，全面提升全县农机化发展水平。第五，加快农业数字化发展。农安县按照"数字吉林"战略总体部署，推动实施农业数字化工程建设，推动新一代信息技术与种植业、种业、畜牧业、农产品加工业全面深度融合发展。农安县农业产业服务中心（农业大数据）、合隆镇数字农业产业园等项目建设加速发展，农安县正进一步探索推进农业农村大数据中心和重要农产品全产业链大数据建设。

(三) 创新建立现代农业经营体系

第一，培育新型农业经营主体。农安县积极培育发展农民专业合作社、农业产业化联合体、家庭农场等新型经营主体。实施农民合作社规范提升行动和家庭农场培育计划，培育创建农业产业化联合体。第二，推进农业规模经营。在充分尊重农民意愿的基础上，以市场为导向、效益为核心、家庭经营为基础、新型农业经营组织为主体、土地承包经营权有序流转为依托，通过家庭农场、专业合作、股份合作、土地入股、土地流转、土地租赁、土地托管等多种方式，合理推进农业适度规模经营。第三，促进小农户和现代农业发展有机衔接。通过增强对小农户生产的政策扶持，优化其生产设施条件，重视对其科技培训以及相关的职业教育，提升其自我发展能力，同时，鼓励小农户由分散式生产转变为集中连片的群体式生产。第四，强化现代流通业发展。通过不断完善农产品流通体系，形成了营销方式多样化、产销环节紧密联结、业态多元化的农产品流通新格局。第五，积极发展外向型农业。打造大型农产品物流中心、蔬菜粮油专业批发市场，重点抓好农安"三辣"区域性产地批发市场建设，不断扩大农产品市场规模。实施特色优势农产品出口促进行动，依托"长吉图"开发开放，主动融入国家"一带一路"建设，积极开拓国际市场，全方位开展农业对外交流与合作，扩大优势、特色、高附加值农产品出口，提升农业影响力和竞争力。

(四) 全力推进农业绿色发展

农安县以绿色生态为导向，不断优化农业绿色生产方式，节约利用资源，保护产地环境，提升生态服务功能。提高农业资源保护利用水平，推进农业可持续发展。推进农业清洁生产，实现生产方式绿色化。第一，严格落实黑土地保护制度。积极推广有机肥和生物肥料，增加土壤有机质含量，提高土壤产量潜力。通过对各类专项资金进行高效整合，提高对黑土地保护工程的相关投入。持续推行黑土地保护利用以及耕地轮作试点等相关工程，设立耕地质量监测点，扩大监测面积。第二，加强农业生物资源保护利用。对农作物种质资源开展普查工作，进一步推行农作物种质资源库和资源保护场等规划建设。落实农业生物资源保护制度，强化生物多样性保护，增强对渔业资源管控和养护。第三，开展化肥农药使用零增长行动。实施化肥使用量零增长行动，筛选推广新型高效肥料，推广机械深施肥、精准施肥等技术，提高化肥利用效率。第四，加强秸秆资源化利用。坚持"农用为主、多元利用"原则，推进秸秆肥料化、饲料化、能源化、原料化、基料化"五化"利用。因地制宜推广秸秆深翻还田、覆盖还田、堆沤还田、留高茬还田和旋耕还田等技术，重点推进150万亩秸秆还田保护性耕作等项目建设。第五，建设绿色有机农产品生产基地。农安县积极打造国家优质绿色农畜产品生产基地，建设全程绿色标准化玉米种植核心示范基地，重点包括前岗乡2000亩和三岗镇1.5万亩绿色特种玉米品种生产基地，为玉米深加工产业发展提供优质、充足原材料，逐步形成完整的玉米全产业链，提升玉米产业可持续发展水平。

三 农安县以农产品深加工推动农业高质量发展面临的挑战

在调研过程中了解到，农安县作为农业大县和产粮大县，在促进县域经济高质量发展方面做了许多工作，取得了一定成绩，但同时也存在诸多问题和挑战，其中制约当地农业高质量发展的突出问题是农产品深加工业发展滞后，无法将产粮优势转化为产业优势。尤其是当地的玉米深加工业发展滞后，与其地处玉米"黄金带"的区位条件很不相匹配。在充分了解当地产业发展现状和挑战的基础上，调研组进一步聚焦农安县玉米深加工产业发展，作为推动当地农业高质量发展的切入点，以"小切口"推动"大战略"。

（一）农安县玉米深加工产业发展取得的成效

玉米作为世界三大粮食作物之一，因其丰富的产出和可利用价值以及可再生资源优势而被誉为"黄金"产业。[①] 东北地区是国家商品粮重要基地，也是世界三大玉米"黄金带"之一。农安县是东北地区的经济大县

---

① 丁宝君：《东北地区玉米深加工产业存在的问题、原因及对策》，《农业经济》2009年第11期。

和玉米"黄金带"的核心地区。2020年,农安县粮食年产量263.8万吨,其中,玉米产量247.1万吨,占比达到90%以上。玉米加工业在农安县已有将近20年的发展历史,产业发展取得一定成效。

1. 已初步形成玉米深加工产业链,产品多样化发展态势基本形成

玉米是产业链最长的粮食品种,国外玉米深加工产品有3000多个品种,国内也有数百个品种,广泛应用于食品、医药、化工、造纸、纺织、石油钻井等各个行业。目前,农安县玉米深加工产品品种聚焦玉米淀粉、淀粉糖、变性淀粉、酒精类产品等。① 总体来看,大力发展玉米深加工产业,促进了农安县农业产业链条的前后延伸和一二三产业的深度融合,使产业链条更加完整、价值链条更加高端、利益链条更加合理,推动了农安县产业结构优化升级。具体来看,农安县玉米加工产品粗加工比例不断降低,精深加工比例逐步提高,开始由淀粉、酒精等初加工形式向发酵、精细化工产品延伸,也开始出现多元醇、乳酸等生产的合成纤维、工业塑料等产品,这些产品被广泛应用于食品、纺织、汽车、电子、医疗等领域,应用范围较广,但整体加工链条较短,精深加工程度不足。

2. 玉米加工产业已粗具规模,产业集群化态势初现

近年来,农安县不断加大农业领域的招商引资力度,重点跟踪落实了多个种植业结构调整项目、农业深加工项目,不断提高农产品附加值。玉米加工转化能力增长迅速,原有的玉米深加工企业发展规模不断扩大,新建和拟建的深加工企业加速涌现,出现了如合隆镇荣合粮食深加工有限公司等玉米深加工龙头企业。2017年,农安县招商办通过开展"产业引导+驻地招商"活动,瞄准中国玉米深加工产业较为发达的山东省,进行地毯式叩门招商,最终与山东省英轩控股集团签署了年处理100万吨玉米深加工项目合作协议。2019年,农安县政府与四川杏华堂生物科技有限公司就玉米高筋粉等系列食品加工项目进行签约,项目计划总投资1亿元,每年可加工玉米高筋粉15000吨、配方米6000吨、糠皮膳食纤维4000吨。同时,农安县积极打造农产品加工产业园区,通过"筑巢引凤"计划,成功引进皓月、柳桥等一批农产品加工龙头企业。总体来看,农安

---

① 余平:《吉林省玉米深加工业的发展及面临的挑战》,《吉林工商学院学报》2009年第3期。

县玉米深加工产业已经形成了一定的发展规模，集聚了一批中小型加工企业，已开始逐步引进一些龙头企业，充分发挥龙头企业的引领带动作用；已布局建设玉米深加工特色产业园区，逐步构建链条完整、体系健全的玉米深加工产业集群，由分散的小规模生产向规模化、集群化生产转变，以"产业园区＋龙头企业"的方式实现产业"接二连三"。①

3. 政府支持力度不断加大，政策效应逐渐显现

吉林省"十四五"规划提出，"打造农产品加工园区，在产粮大县重点布局一批加工项目，推动原料就地就近加工转化"。《吉林省人民政府关于加快农产品加工业和食品产业发展的意见》指出，"以'延伸产业链、打造供应链、提升价值链、共享利益链'为重点，以标准化生产、精深化加工、集群化发展为方向，做大做强做优农产品加工业和食品产业，引领农村一二三产业融合发展，加快推动我省由农业大省向农业强省跨越。"农安县政府也制定了一系列发展规划，支持玉米深加工业发展。2019年农安县政府工作报告指出，"要强化'农头工尾、粮头食尾'产业导向，全力争取产粮大县一二三产融合特殊试点政策，推动粮食精深加工，全面推广'安农赞'农产品区域公用品牌，扩大'三品一标'认证面积，提高农产品附加值和企业综合效益。加快培育一批'农字号'特色小镇"。《农安县乡村振兴战略规划（2019—2022年）》指出，"要实施农产品加工业提升行动。支持农产品就地转化增值，做大做强玉米、水稻等加工系列，延伸产业链条，提升精深加工能力和水平，推动合隆镇荣合粮食深加工有限公司特种玉米精深加工，实现农产品加工业向集约化、高端化和高附加值方向发展……到2022年全县农产品加工业销售收入突破400亿元"。总体来看，无论是吉林还是农安县，政府对于农产品深加工、玉米深加工产业发展的支持力度不断加大，政策效应逐渐显现。

（二）农安县玉米深加工产业发展存在的问题

农安县玉米深加工业发展已具备一定基础，取得一定成绩，但在发展过程中也存在很多问题，主要包括以下几方面。

---

① 梁闯：《农安：交出高质量发展的新时代答卷》，《长春日报》2021年1月12日。

1. 以中小型企业为主，缺少玉米深加工龙头企业

农安县玉米深加工业以小型企业和农户作坊为主，大部分企业生产规模小、投资比重低、同质化严重，缺少能够抢占市场竞争制高点的龙头企业，导致玉米深加工产业市场竞争优势未能显现，且在发展过程中引致一系列负面问题，具体表现为以下几方面。第一，发展模式粗放。中小企业往往技术装备落后，科技含量低，资源综合利用率低且能耗高，带来环境污染和资源浪费。第二，产品质量难以保障。由于普遍存在检验标准不严格、质量监管体系不完善等问题，致使企业钻监管漏洞，在质量标准合格的边缘生产出一系列品质堪忧的产品，难以形成品牌优势。第三，辐射带动能力弱。企业成长空间窄、规模小，技术门槛较低，市场上同类产品竞争加剧，影响玉米深加工企业规模扩张，无法形成整体优势和市场竞争合力。由于缺少龙头企业，对于产业的辐射带动作用欠缺，不利于行业整体发展。第四，经营风险较大。由于农产品生产过程中的不确定因素较多，在市场供求关系快速变化的情况下，小企业抵御市场风险的能力弱，特别是一些小企业技术和经营管理水平相对落后，在融资过程中，无论企业资产规模，还是抵押担保能力都较弱，金融机构出于风险考虑，无法给予较大的贷款支持力度，而这些小企业的投资收益周期又受很多因素的影响，并不稳定，很多企业无法获得足够资金以支持企业深加工项目的升级改造，不利于企业长期发展。第五，品牌优势较弱。当地大部分玉米加工企业只看重短期利益，即"物美价廉销路好"，对通过培育产品品牌以提升产品市场价值重视不足，对于品牌发展缺乏长远规划，打造自主品牌的积极性不够。这也与大部分企业的规模较小有关，不具备打造品牌的基础和能力，只能自产自销，渠道狭窄。

2. 以初级产品加工为主，加工链、产业链发展不完善

农安县玉米加工深度不足，没有形成较为完整的加工链产业链，增值效益有限。第一，玉米精深加工程度低。玉米深加工产品主要局限于食品链，还未涉及营养健康、安全食品以及环保材料等方面，而且食品链也局限于通用的工业淀粉、医用淀粉等，且特定淀粉等产品品种少、质量差。市场需求大的乳酸、聚乳酸等产品的规模和质量不高。六成以上的玉米淀粉都销往东南沿海地区，不足四成用于本地使用及进一步的精深加工。整体来看，高附加值产品极少。第二，玉米深加工产业链不完整。玉米加工

主要停留在单一初级产品，产品加工之前和之后的环节不完整、不健全，表现为产、供、销之间的衔接不紧密，许多环节处于脱节状态，不能实现产业链一体化运营，导致产业链不完整、不稳定，持续运行能力不高。从营销环节看，营销活动的主体是农产品交易批发市场以及玉米产品渠道商，农安县此类活动组织化程度低，各类协会组织发展不成熟、管理不规范，服务功能欠缺，导致产品营销范围打不开。有部分深加工企业已经开始运用电商平台进行市场开拓，但并未形成趋势，大部分企业还是习惯于传统营销方式，一方面增加了玉米产品交易成本，同时导致产品在运送过程中容易因变质而带来价值损耗，影响产品市场竞争力。第三，玉米深加工企业与玉米种植农户之间的利益联结方式松散。一方面，玉米加工产业信息获取方面，加工企业与采购和销售市场接触频繁，容易获取更多真实信息，而农户仅面向采购市场，双方信息不对称，加工企业在产业链中具有相对优势和话语权；另一方面，玉米加工企业与农户之间的利益协调分配机制不完善，企业在产品定价、渠道等方面具有明显的主导权。这两方面导致玉米加工企业与种植农户之间的利益联结机制松散且低效，不利于提高产业竞争力。第四，玉米深加工产业链的技术支撑能力弱。企业设备升级改造进展缓慢，制约了玉米深加工水平的提高，导致加工链条短、产品附加值低、行业盈利能力较弱，很多加工企业主要依靠低价原料赚取利润，产业增值效益较低。第五，支撑产业链发展的园区建设相对滞后。无论是园区规模还是园区配套服务都不能适应玉米深加工产业链的拓展、延伸和能力提升的要求，同时也制约着玉米深加工产业集聚效应的发挥，产业内部不同企业之间的协同发展受到很大限制。

3. 技术改造力度小，相关技术人才流失严重

农安县当地的玉米深加工企业大多仍运用传统的生产技术和生产工艺，深加工技术与装备落后，关键性技术人才流失严重。首先，科研投入力度小，整体水平较低。由于大部分企业规模小、利润少、资金不足，只能依靠简单粗加工快速完成资金链条周转，以保证企业正常运营，难以有充足的资金进行技术改造和研发投资，同时，企业对研发的管理水平相对欠缺，无法实现关键技术的突破。其次，企业技术水平难以为技术人才提供充足的发展空间。企业技术改造和研发投入欠缺，导致生产设备落后，自主知识产权和核心技术较少，难以满足高水平技术人才发展需求，很难

吸引高水平技术人才。再次，企业用人、育人、留人机制不健全。企业对技术人才的培养和科研经费等方面的投入严重不足，部分企业只考虑眼前利益，搞短期行动，没有长远规划，在人才的引进、培养、流动等方面的机制还不够健全，人才的福利待遇、发展空间、激励政策、医疗保险等制度不能得到保障和完善。最后，当地产学研合作机制不健全。当地企业与中国科学院长春应用化学研究所、吉林大学、吉林农业大学等本地高校科研院所的合作较少，这些单位在玉米加工领域的优势专业资源没有充分辐射到农安县，缺少校企合作平台，没有形成完善的产学研创新和转化生态，不利于本地玉米加工技术人才培养和产业升级。

4."与人争粮"标签严重，扶持政策不聚焦

农安县玉米深加工产业发展缺乏良好的政策环境，相关鼓励扶持政策不完善，实际实施力度不强。第一，玉米加工业发展与粮食安全保障之间没有形成良性互动。农安县承担着保障国家粮食安全的重要任务，玉米深加工被贴上"与人争粮"的标签，使其处于国家粮食安全的对立面。这不仅造成大型玉米深加工项目审批困难，也致使中央和地方在这一领域的政策支持力度不够。第二，政府相关政策不够聚焦。近年来，国家推出一系列东北振兴政策，但缺少专门面向农安县这类产粮大县粮食深加工行业发展更具针对性的政策优惠，政策无法精准落地农安县玉米深加工领域。当地政府对于玉米加工企业的技术创新和生产工艺创新的投入力度不足，科技研发财政基本没有投入。第三，当地营商环境不利于企业成长。"融资难、融资贵"问题未能得到有效解决，人才引进、税费减免等优化营商环境政策集成程度较低，涉企服务平台建设明显缺位。

四　农产品深加工驱动农业高质量发展的机理和路径

随着农业现代化进程不断深化以及产业融合的需要，农产品深加工业逐渐成为延长农业产业链、提升价值链、优化供应链、构建利益链的关键环节，在现代农业产业体系中占据重要地位。发展农产品深加工有利于带动农业产品高质量、产业高效益、生产高效率、发展可持续、市场高竞争力，对于推动中国农业高质量发展具有重要意义。

（一）农产品深加工带动产品高质量

发展质量的高低，最终是以经济发展能否满足人民日益增长的美好生活需要为判断准则的①，物质产品需要是美好生活需要的基础性层面。随着居民收入水平的逐步提高，消费者对农产品有了更高期待，对农产品的关注从过去的有无，转变为现在的优质。目前，中国农业发展面临着有效供给不能适应市场需求变化的问题，现有供给体系不能充分满足消费者需求，许多产品仍处在价值链的中低端。特别是随着中国居民收入水平逐步提升，食品需求结构有所调整，对初级农产品的需求比例不断降低，对深加工农产品需求的比例不断增加。由此，包括方便食品、休闲食品、绿色食品等在内的精深加工产品逐渐受到消费者喜爱。随着农产品加工技术的不断创新与推广应用，农业加工产业内部结构也逐步调整优化，粗加工比例不断降低，而精深加工比例在逐步提高。② 与此同时，农产品技术创新与研发机构也在保证农产品质量的基础上，对其进行科学、合理的加工创新，以此满足市场的更高质量的需要以及消费者对营养摄取的需要。③ 可见，通过发展农产品深加工，可进一步增加有效供给，减少低端供给，拓展中高端供给，促进农产品供给结构更好满足消费结构升级的需求，更好满足人民群众多元化、高品质需求。

（二）农产品深加工带动产业高效益

推进农业高质量发展，要通过调整优化农业产品结构、产业结构和地区结构，统筹粮食作物、经济作物、饲料作物，推进农林牧渔有机结合，促进种养加储运销一体，加快农村一二三产业深度融合，延长产业链、提升价值链、打造供应链、重组利益链、整合就业链。发展农产品深加工是推进农业产业化经营、延长产业链、实现农业提质增效的重要环节。随着农产品加工业日益走向精深加工，形成以农产品加工、流通、销售为一体

---

① 金碚：《关于高质量发展的经济学研究》，《中国工业经济》2018 年第 4 期。
② 刘涛：《现代农业产业体系建设路径抉择——基于农业多功能性的视角》，《现代经济探讨》2011 年第 1 期。
③ 慕晶、李可夫等：《农作物深加工对农业经济的影响探析》，《种子科技》2021 年第 17 期。

的健全的农产品加工链,形成更加完善的农业产业体系,可有效提升农业综合效益,发挥农业多功能性,使业态更加多元,增值空间不断拓展。发展农产品深加工可通过创造更多新型就业岗位,提高农民工资收入;通过把农产品深加工打造成农村经济发展的新增长点,可持续增加财政收入,提高农民的转移性收入;通过鼓励农民以土地、资金、技术等参与农产品深加工业发展,可进一步提高农民的财产性收入。因此,发展农产品深加工可形成有利于农民持续稳定增收的长效机制,显著提高农业经济效益和发展能力。随着农产品就地转化的兴起和发展,不同于过去,中国很多地区农作物大型加工企业一般建设在城市的工业园区,通过收集成熟的农作物并集中运输到这些园区进行产品加工,不仅延长了农作物加工时间,还大幅增加了原料运输成本,经济效益低。而在农村地区发展农产品深加工,特别是企业深入农村农产品产地进行投资,将农产品深加工场所直接建在产地附近,在大量节约运输成本的同时,保证了农产品的新鲜程度及质量,提高了当地农业产业效益。

(三) 农产品深加工带动生产高效率

通过发展农产品精深加工,一定程度上扭转过去主要依靠提高土地产出率的做法,通过激活劳动力、土地、资本、技术等要素潜能,进一步提高资源利用率、劳动生产率和科技进步率。农产品深加工带动劳动力要素高效率。通过发展农产品深加工,可以创造更多就业机会,一定程度可缓解农村地区劳动力流失问题,吸引部分当地的专业人才回归。同时,随着深加工过程中农业机械化水平的不断提升,对农民的科技文化素质提出更高要求,有利于培育新型职业农民,不断产生现代化农业人才,增加农村人力资本积累。农产品深加工带动资本要素高效率。农产品深加工将带动更多工商资本投资农业,并促进资本深化,提升资本使用效率。同时,通过深化农村产权制度改革,在发展农产品深加工的过程中,可进一步推动"资源变资产、资产变资本",加速农村资源的资产化、资本化和财富化,为农民持续增收开辟新路径。农产品深加工带动技术要素高效率。伴随农产品深加工发展水平的提升,要求不断提高加工技术和工艺设备水平,不断强化农业基础设施建设,广泛应用现代农业科技装备和先进技术,加快科技成果转化,提高科技创新效率和应用水平,创新农业资源利用方式,提高农业资源利用率。农产品深加工带动管理要素高效率。在农产品深加工过程中，要求具备对相应农产品深加工的过程管理水平，由此带动农业生产经营和农产品深加工管理人才的培养和管理水平的提升。发展农产品深加工有利于推动城乡之间、农工商之间资金、技术、信息、人才流动，使农业发展从过度依赖物质投入和劳动力投入转向更多依靠科技投入和知识投入，提高农业资源配置效率。

（四）农产品深加工带动发展可持续

近年来，中国在转变农业发展方式上取得一定进展，但由于长期高强度开发利用、农业资源长期透支造成地力大幅下降，资源利用的弦越绷越紧，生态环境频频亮起"红灯"。推进农业高质量发展，要追求资源、环境与农业发展的协调性，注重产业发展的可持续性。通过发展农产品深加工，实现从原料到产品，再到废弃物利用的整个循环产业链，从而建立农产品深加工的循环经济产业链，能够更有效地利用农业、农村废弃物，减少对农村的环境污染，实现农村绿色、低碳和循环经济发展。与此同时，人民收入水平和消费水平的不断提升，也在不断提高对农产品加工质量的要求，相关农产品生产质量标准越来越严格。一个重要标志就是餐桌食品的绿色化、有机化成为城乡居民对农产品要求的方向。由此，引导农产品深加工越来越朝着绿色产品、有机产品等方向发展，这客观上要求充分挖掘农业多重功能，大力发展有机农业、生态农业，推动农产品原料供应地精耕细作，通过标准化生产，提高农产品加工原料的质量水平，降低农产品污染，实现农业绿色低碳、可持续发展。

（五）农产品深加工带动市场高竞争力

通过发展农产品深加工，构建"长链"农业，在生产端提高社会化服务水平，培育新型农业经营主体；在流通环节，统筹农产品集散地、销地和产地批发市场建设，构建完善产销一体化农产品流通链条；在产品加工环节，进一步延伸农产品下游深加工配套产业链条，增加产品附加值，系统性提升农产品竞争力。通过发展农产品深加工，各地区围绕地方优势，打造更多具有品牌效应的特色农产品，可形成区域化布局、专业化生产、产业化经营、品牌化发展的农产品深加工发展路径，提升农产品市场竞争力。在发展农产品深加工过程中，通过加快建立与国际市场对标的农业标准和技术规范，健全特色农产品生产标准，形成覆盖农业生产、经营等各环节的标准体系，可进一步提高中国农产品国际市场达标率。

五 促进粮食主产区农业高质量发展的现实思考与对策建议

（一）促进粮食主产区农业高质量发展的现实思考

实现农业高质量发展，不仅能有效保障国家粮食安全，还对缓解资源环境压力、满足消费升级需求、应对国际竞争等发挥重要作用。同时，它还是推进供给侧结构性改革、有效扩大农村消费需求的现实需要，是新发展阶段贯彻新发展理念、构建以内循环为主导、内外循环相互促进的新发展格局的必由之路。粮食主产区实现高质量发展的重点是优化现代农业产业体系、提升农业生产体系的现代化水平、创新建立现代农业经营体系，以及全力推进农业绿色发展等。

农产品深加工是粮食主产区实现高质量发展的有效途径，其基本作用机制表现为：农产品深加工带动产品高质量；农产品深加工带动产业高效益；农产品深加工带动生产高效率；农产品深加工带动发展可持续；农产品深加工带动市场高竞争力。总体上看，在党中央和各地政府领导下，在广大农民的积极努力下，中国粮食主产区农产品深加工取得了明显进展，为提升当地农民收入、促进农业高质量发展，发挥了不可替代的作用。但与此同时，也应看到中国许多粮食主产区在推进农产品深加工发展过程中，还存在诸多制约因素，遇到很多方面的挑战。以农安县为例，这些挑战主要表现为：缺少玉米深加工龙头企业；以初级产品加工为主，加工链、产业链发展不完善；技术改造力度小，相关技术人才流失严重；"与人争粮"标签严重，扶持政策不聚焦等。

"十四五"时期，推进粮食主产区农产品深加工应遵循以下基本原则：首先，在总体上，把农产品深加工与保障粮食安全紧密结合起来，实现二者有效兼顾。近期召开的中央农村工作会议，进一步强调了保障粮食安全的重要性。习近平总书记强调："保障好初级产品供给是一个重大战略性问题，中国人的饭碗任何时候都要牢牢端在自己手中，饭碗主要装中国粮。"① 为此，必须将保证粮食安全与推进农产品深加工紧密结合起来，实现二者有效兼顾、协同发展。其次，在理念上，要牢固树立增加农民收入、提高农民利益的根本目的。实现农业高质量发展的根本目的是提高广大农民的生活水平。农民是农业高质量发展的主体，既是参与者，也是受益者。农产品深加工体制机制和发展模式的选择，必须充分尊重农民的意愿，考虑农民的切身利益，提高农民的收入水平。发展农产品深加工，将农业高质量发展的成就通过广大农民收入水平的显著提高，充分体现出来。再次，在方式上，要坚持因地制宜、分类推进。中国农村地域辽阔，各粮食主产区的经济社会发展水平和条件不同，通过农产品深加工实现农业高质量发展的方式也不同。以农安县为例，在推进农产品深加工、促进农业高质量发展过程中，应在借鉴其他地区农产品深加工发展有益经验的基础上，根据本县农业发展基础、技术条件、资金支撑能力等实际情况，选择相应的农产品深加工模式，因地制宜，推进本地农产品深加工一步一个脚印地向前发展，更好实现农业高质量发展。在这一方面，要预防两种偏向：一是故步自封，无视其他地区的有益经验和做法；二是盲目照搬、模仿甚至套用其他地区的模式和做法，无视本地实际情况，不能做到因地制宜，从本地实际出发探索形成适合本地实际的农产品深加工模式、方式和推进路径。最后，在组织上，要充分发挥党的组织、领导作用，正确处理好政府与市场的关系。加强党对经济工作的统一领导，是中国经济取得显著成就的根本原因。农产品深加工作为粮食主产区农村经济发展的重要一环，也必须加强党的领导。通过各级党组织的作用，把广大农民组织动员起来，建立农民参与农产品深加工的有效机制。在这个过程中，要处理好政府与市场的关系，一方面发挥有效市场的资源配置和调节作用；另一方面发挥有为政府的组织、协调作用，既充分调动广大农民的积极性、主动性、创造性，又有效发挥市场机制对资源配置的决定性调节作用，从而构建粮食主产区农产品深加工的有效驱动和调节机制。

（二）粮食主产区以农产品深加工带动农业高质量发展的对策建议

改革开放以来，各级政府高度重视农产品深加工产业发展，全国各地

---

① 中共中央宣传部：《习近平总书记系列重要讲话读本》，学习出版社2014年版。

涌现出许多农产品深加工产业发展的典型。从玉米深加工产业发展看，山东省诸城市、黑龙江省青冈县等地区，都在玉米深加工产业发展方面取得了显著成就，带动了当地经济的高质量发展，并探索形成了具有地方特色的玉米深加工产业发展经验（见专栏1、专栏2）。

专栏1　山东省诸城市玉米深加工业发展经验

山东省诸城市是全国农业产业化较为发达的地区，玉米深加工产业已成为拉动当地经济增长的关键产业，已建立起从上游原料采集到中游生产加工，再到下游销售服务的全产业链。其玉米深加工产业发展经验主要有：第一，注重将循环经济理念贯穿玉米深加工产业发展全过程。通过自主创新形成原料循环利用、产品梯次开发的循环经济模式，形成物料循环利用的深加工生产机制；高度重视环境保护，加强环境监管。第二，通过产学研合作强化产业发展的科研支撑。许多玉米深加工企业设立省或市级科研机构，且与全国重点高校及科院所所合作，围绕生产工艺创新和高技术产品进行合作研发，大大提高了玉米深加工产品的科技含量和附加值。第三，高度重视农产品深加工品牌建设。通过实施农业品牌强农行动，选择本地名、优、特玉米深加工产品进行品牌建设。通过设立优质玉米品牌市场推广项目，在青岛、北京、上海、天津等2小时经济圈内的大中城市建立诸城名优特农产品直销窗口。充分利用各类媒体平台，推销宣传农产品深加工知名品牌。

专栏2　黑龙江省青冈县玉米深加工业发展经验

黑龙江省青冈县是全国玉米主产区，素有"中国玉米之乡""中国玉米工业城"的美誉，通过发展玉米深加工产业，带动全县经济发展质量、效益的显著提升。其发展玉米深加工产业的主要经验是：第一，依托龙头企业延伸玉米深加工产业链。鼓励玉米深加工龙头企业沿玉米产业链发展方向，提高项目开发力度和产品加工深度，延伸产业链条。同时大力发展玉米产业园，实现企业集群化发展、全产业链开发。第二，积极与电商开展合作。与阿里巴巴对接，打造"淘乡甜"黄金玉米深加工产业带。选定青冈"唯品牌"玉米油定制化开发"淘乡甜"系列产品，以"基地直采"模式直供阿里巴巴旗下全国100家盒马鲜生超市。线上入驻菜鸟中转仓、天猫超市、"淘乡甜"店铺、蚂蚁金融、大数据分析等，与电商开展深度合作。第三，通过强化研发提升产品深加工产业技术水平。与国内科院所在玉米精深加工技术研发上进行合作，开发适销对路的高附加值玉米产品；通过开发玉米精深加工关键技术，以及引进国内外先进技术设备，提高工艺技术和自动化水平，提升产业技术支撑能力。另外，还通过推行"一村一品"产业发展模式，以及举办鲜食玉米节等方式，大力加强玉米深加工产品品牌建设。

借鉴农产品深加工产业发展先进地区的经验，粮食主产区以农产品深加工带动农业高质量发展应重点采取以下对策。

1. 聚焦发展农产品深加工龙头企业

农产品深加工企业规模较小，难以实现规模效益，不仅造成企业间无序竞争，且由于实力限制，科研及设备投入不足，造成资源浪费和环境污染。因此，需要对企业进行整合优化，淘汰或兼并部分规模小、技术落后、能耗高、污染严重的企业，大力扶持规模较大、技术力量雄厚的龙头企业，充分发挥龙头企业的拉动作用和辐射效应，不仅可以有效利用有限资源，还可形成规模效益，促进农产品深加工业向规模化、集约化方向发展，提高产业竞争能力。首先，通过完善扶持政策，加大对龙头企业的支持力度。成立种粮大县粮食深加工扶持专项基金，聚焦扶持粮食深加工龙头企业发展，打破原来"撒胡椒面"式的政策扶持方式。例如，对于年主营业务收入2000万元及以上的玉米深加工企业，并符合就地采购、自建仓储设施等，可享受补贴政策，补贴标准为200元/吨。其次，鼓励粮食深加工企业技术升级改造。在更新加工设备、提供技术支持、引进专业人才等方面为大企业提供专项补贴，推动大企业由大变强，发展为行业龙头。再次，鼓励企业兼并重组。鼓励企业通过兼并、重组、收购、控股等方式整合资源要素，鼓励金融机构在依法合规和风险可控的前提下，提供发放并购贷款，支持符合条件的企业发行并购票据和引入并购基金。最后，引进大型农产品深加工企业。完善发展环境，提高招商引资力度，龙头企业应强化对农业先进技术和创新成果的推广应用，充分发挥企业辐射带动作用。

2. 优化农产品深加工产业体系，提高行业效率和效益

首先，延伸农产品深加工链。支持农产品加工企业加快技术改造和装备升级，实现新旧动能转换，延伸产品加工链条，提高产品附加值，提升企业加工转化增值能力。其次，延伸农产品深加工产业链，提升价值链。坚持延链、强链、补链原则，集合资源要素，集中点面布局。以玉米深加工产业为例，重点打造鲜食玉米、酒精、淀粉、蛋白、糖、酶工程、玉米芯及秸秆高值化利用等产业链，通过对玉米产品次第开发，原料循环利用，促进产业链延伸、价值链提升。最后，完善农产品深加工产业园区建设。完善园区配套服务，通过政府投资固定资产租赁、税收减免、人才引

进、融资支持等措施,引导和促进产业链条各个环节的加工企业向园区集中,构建形成链条完整、体系健全的农产品深加工产业集群,形成以市场牵动龙头企业、龙头企业带动专用农产品生产基地、基地扩散至农户,集研、种、加、产、供、销于一体的经营管理体制和运行机制,促进农产品深加工产业集聚化、规模化、协作化发展。

3. 提高农产品深加工业科技创新水平

第一,推动农业生产精准化管理,加速以物联网、云计算、大数据为代表的新技术群在农产品深加工领域的应用。提高产品加工设备的数智化水平,对农作物生长信息及生产线数据进行实时感知、智能诊断、智慧管理,引领农产品加工业高效益发展。第二,政府应加大对农产品深加工领域的科研和基础设施服务的投入。加速推进农产品深加工技术研发工作,促进产学研一体化,打造产业技术联盟,建设科技创新服务平台,加快对科技成果信息服务联盟的建设,推动科技成果信息跨区域共享。第三,留住、培养、引进农产品深加工技术人才。东北地区的很多农业大县普遍存在农业技术人才流失问题,应实行技术人才补贴工程留住本地人才。对于本地毕业生来县从事农产品深加工相关工作的,根据人才标准进行相应的住房及租房补贴;对于毕业生来县创业者,给予创业补贴;对于具有高级技术职称的高技能人才,给予安家补贴、住房及租房补贴,同时通过个税奖励、薪酬激励、职称及技术登记评聘激励等手段强化人才贡献待遇激励。建立高校与企业人才交流、培养和输送机制。充分发挥本省高校科研院所在农产品加工领域的优势专业资源,建立健全科研人员校企、院企共建双聘机制,引导相关领域科研人员来本地农产品加工企业挂职或兼职。整合本地教育资源,鼓励本地高校科研机构有针对性地增设农产品加工相关专业。推进农产品加工企业与本地职业院校合作办学,建立一批面向产业发展的职业培训基地,保障企业专业技术人才需要。加大农产品深加工人才引进力度。重点引进一批专业对口、产业急需的技能型人才。对于紧缺型和创新创业型人才,在薪酬待遇、安家补贴、家属调转、子女教育等方面加大扶持力度。组建农产品深加工专家顾问团,设立院士专家工作站、工程中心等,加强人才储备,形成完善的产业人才梯队。

4. 促进农产品深加工业绿色生态可持续发展

首先，进一步精细化改良生产线。更换和创新农产品深加工过程中能耗较高的传统设备，实现生产原材料高效利用。其次，在绿色发展方面完善对种粮大县的奖励和补贴方法。目前，中国已经建立了粮食主产区利益补偿机制，产粮大县获得财政支持的资金规模主要依据粮食产量、调出量、粮食播种面积等指标，未来把清洁生产等指标纳入其中，综合考量上级财政对产粮大县的补偿力度。政府要进一步完善农产品加工业生态补偿税收优惠政策，对绿色生产、循环生产等方面的技术创新投入进行财税补贴。最后，通过法治途径确保优质绿色农产品市场良好运行。加快中国农产品市场交易立法，成立相应执法机构，建立相应执法队伍，规范上市交易农产品的有害残留物（农药残留、重金属超标）检测、卫生状况监督、生产过程中的化学品投入、成熟程度、等级和外形以及包装标识等管理，引导农民组织和农产品加工、流通等行业组织在产品成熟程度、等级和外观外形要求等方面设定进入市场的最低标准，对违反市场交易规则的行为要加大处罚力度。

5. 强化优质品类生产，加强渠道建设和品牌建设

第一，农产品深加工企业要从以增产为导向转向以提质为导向，摒弃"价格战"策略。在研发新产品的同时，企业应充分考虑市场需求，推出适用于不同品质和不同性价比需求的中、高端深加工产品。政府方面，可实行偏向性财税补贴政策，进一步减少"黄箱"政策，对于提供市场信息和咨询、承担促销策划、做好绿色产品消费推动等不会导致本地农产品加工企业低价竞争的"绿箱"政策可进一步推行。第二，加快电商平台建设，拓展销售链条。建设"互联网＋农产品"电商平台，使农产品深加工产业与电商运营体系密切融合，充分利用线上资源，在加工产品售前、售中、售后各个环节，借助新一代信息技术采集数据对全过程进行优化管理，更为精准地满足消费者需求。第三，重视农产品品牌建设。结合品牌优势特色，对已有品牌进行整合，进一步完善农产品深加工品牌认证与保护体系建设，提升优质农产品加工品牌的市场占有率，提升产业整体竞争力。当地政府可参考借鉴其他地区经验，进一步通过政策聚焦、资金扶持、标准引领等手段，推进产品品牌培育工程，建立完善品牌目录制度和评价体系，强化区域公用农产品品牌建设与管理能力。

6. 通过政策手段改善农产品深加工行业营商环境

第一，发展过程中不贴"与人争粮"的标签。在调研中了解到，粮食深加工行业通常被贴上"与人争粮"的标签，使其站在国家粮食安全的对立面，一定程度上阻碍了该行业持续健康发展。要从思想上破除这一观念，把粮食加工业做大做强，"藏粮于业"实现更高层次的粮食安全，使粮食安全保障体系更高层次、更高质量、更高效率、更可持续。从国际经验看，通过产业发展实现粮食安全比单纯的粮源充足更有保障。因此，政府要鼓励产粮大县提升就地种植、就地加工比例，降低产粮大县外地加工所耗费的运输成本，提升资源配置效率，做大做强粮食加工产业。第二，优化农产品深加工项目审批管理方式。推动建立大型农产品深加工项目审批绿色通道，进行限期办结，一切审批均以项目需要为出发点。第三，优化中小型农产品深加工企业融资环境。创新金融产品及服务，满足企业对金融服务的差异化需求。增设县域金融网点，提升农村金融服务便利性与灵活性，通过财政贴息、担保、以奖代补等政策优惠，引导金融资本、工商资本入村。放宽信贷融资政策，解决贷款手续烦琐、批准时间长等问题。放宽贷款抵押物范围，提升中小农户贷款能力，大力发展农业商业保险，积极引导担保机构为企业贷款进行担保增信，建立多层次风险缓释措施和风险分担机制。支持符合条件的深加工企业申请发行农村产业融合发展专项债券。

政 策 篇

第十二章

吉林省实现经济高质量发展的优劣势与面临的挑战分析

一 吉林省经济发展现状

"十三五"期间，吉林省积极抓住东北振兴的历史机遇，经济保持平稳增长，新旧动能加速转换，产业结构持续优化，粮食产量连续8年稳定在700亿斤以上，农业地位进一步巩固；城乡居民人均可支配收入年均分别增长6%和7.2%，累计脱贫70多万人，全部摘帽15个贫困县，历史性消除绝对贫困现象，圆满完成脱贫攻坚任务。与此同时，生态环境和营商环境进一步改善，发展优势不断彰显，基本完成"十三五"规划的主要目标，吉林省振兴的基础更加稳固，初步走出了一条高质量、高效率、优势充分释放的新路子。

从经济增速来看，"十三五"期间，吉林省地区生产总值年均增长速度为4.3%，GDP总量从2016年的10427亿元上升到2020年的12311.3亿元。虽然同东北其他省份一样，吉林省宏观经济增速低于全国平均水平，且降幅更大、降速更快，但考虑到"十三五"是中国经济由高速增长转向高质量发展的重要时期，受国家宏观经济增速下滑、东北振兴面临新的困难挑战等多方面因素的影响，吉林省经济发展取得这一成就殊为不易。

尤其需要指出的是，吉林省着力构建"一主、六双"现代产业体系，在汽车、石化和农产品加工等传统主导产业平稳发展的同时，装备制造和医药健康等优势产业不断发展壮大。另外，新能源汽车和卫星及通用航空等新兴产业快速发展，传统产业内生动力得到加强，新动能逐步释放，在面临史无前例的新冠肺炎疫情冲击下，吉林省经济率先企稳。如图12-1所示，2020年，吉林省GDP增速2.4%，居全国第20位，达到党的十八大以来的最好水平。主要经济指标在东北地区处于领先地位，也超过全国平均水平，其中工业始终保持较平稳较快增长。2020年吉林省工业增加值增长6.9%，增速居全国第2位。这一发展势头在2021年继续得到保持。例如，2021年1—11月，专用设备制造业、食品制造业、通用设备制造业、纺织业、化学原料和化学制品制造业增加值增速分别达46.1%、35.5%、23.6%、18.4%和10.4%，均高于全国平均水平。以新能源汽车、工业机器人和碳纤维等为代表的新动能带动工业结构不断优化。

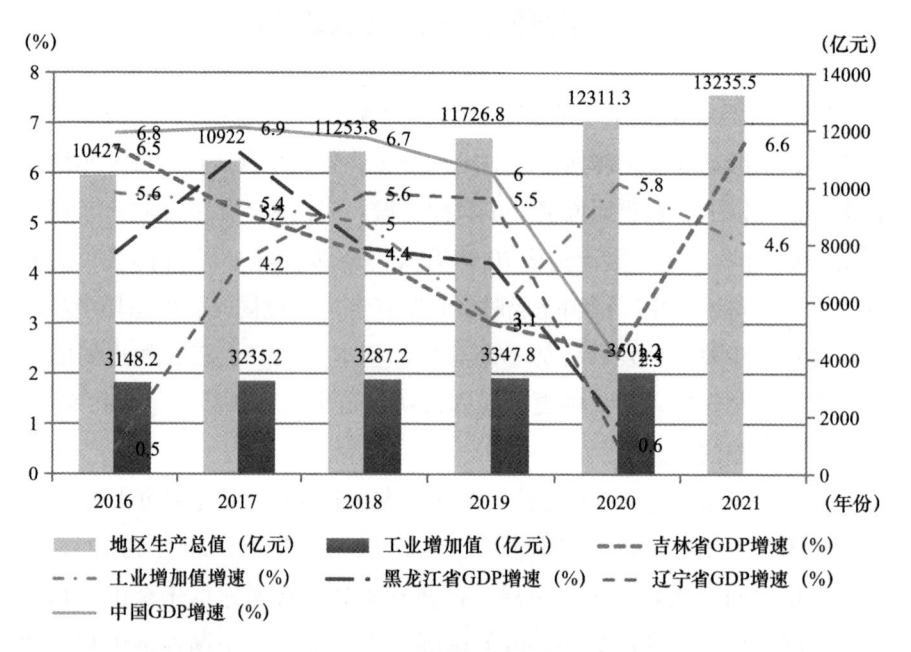

图12-1 2016—2021年吉林省经济和工业发展情况

资料来源：笔者根据历年中国统计年鉴和吉林省、黑龙江省和辽宁省历年统计年鉴整理而得。

从产业结构演进来看，吉林省三次产业增加值占比相对比较稳定。2016—2020年第二产业增加值占比逐渐略微下降，第二产业增加值占比从37.4%下降到35.1%，第一产业占比从10.8%增长到12.6%，相应地，第三产业占比从 51.8% 增长到 52.3%。从增加值指数来看，吉林省第一产业增加值指数在 2016—2020 年始终低于地区生产总值指数，并且其指数呈下降趋势。第二产业增加值指数在 2016—2019 年总体上呈下降趋势，在 2020 年出现较大幅度的增长，并且高于地区生产总值指数。第三产业增加值指数在 2016—2019 年始终高于地区生产总值指数，在 2020 年低于地区生产总值指数，但第三产业增加值指数在 2016—2020 年始终呈下降趋势（见图 12-2）。

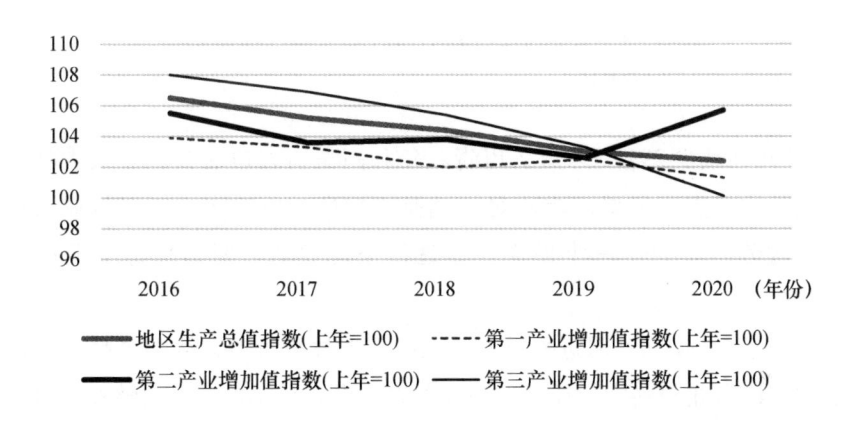

图 12-2　"十三五"期间吉林省三次产业增加值指数变化

资料来源：国家统计局网站。

从固定资产投资来看，吉林省振兴跨过了最艰难时期。"十三五"期间，吉林省全社会固定资产投资（不含农户）在 2017 年及 2019 年出现负增长，尤其是在 2019 年全社会固定资产投资（不含农户）下降了 16.3%，且下降幅度较大（见图 12-3）。从 2020 年开始，吉林省固定资产投资开始出现恢复性增长，全省 2020 年全社会固定资产投资（不含农户）比 2019 年增长 8.3%。2021 年 1—11 月，吉林省一批重大项目相继开工，固定资产同比增长 11.8%，超过全国水平 6.6 个百分点。尤其是高技术制造业投资、医药制造业投资分别同比增长 34.2%、24.8%，投资结构和投资质量进一步提高。

根据 2020 年第七次人口普查数据，吉林省常住人口为 2407.3 万人，比 2010 年第六次人口普查时人口减少 338 万人。其中，15—59 岁劳动力

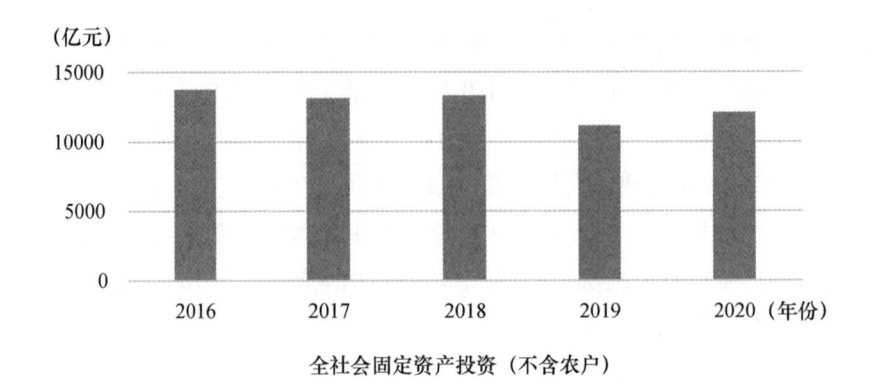

图 12-3　"十三五"期间吉林省固定资产投资变化

资料来源：国家统计局网站。

人口 10 年间减少 291.9 万人，以青壮年和高学历人口居多，导致吉林省人口老龄化严重，消费需求不足、就业结构性矛盾突出。全部就业人口中，乡村劳动者约占一半份额且呈逐渐下降趋势，城镇登记失业率约为 3.5%。

"十三五"期间，习近平总书记三次到吉林省考察，从中央高层到部委层面围绕东北振兴频频展开调研和部署，设立东北振兴专项转移支付给予倾斜支持，推进区域间产业转移税收分享机制，助力国有企业改革，支持新兴产业发展，推动长春东北亚区域性金融服务中心建设，为吉林省老工业基地振兴及整个东北振兴提供金融支撑和保障。同时，吉林省加强同京津冀协同、长江经济带、粤港澳大湾区的对接。《国家发展改革委关于印发吉林省与浙江省对口合作实施方案的通知》（发改振兴〔2018〕433号），推动两省在体制机制、产业发展、基础设施、平台建设、创新创业、干部人才等方面的交流合作，共同推进吉林省老工业基地加快振兴及浙江经济社会更好更快发展。

二　吉林省实现经济高质量发展的主要优势

（一）地理区位与全面振兴东北政策叠加优势

吉林省北接黑龙江省，南接辽宁省，西部与内蒙古自治区相邻，东部与俄罗斯相邻，东南部与朝鲜相邻，其最东部与日本及韩国靠近。因此，吉林省不仅是东北三省的地理中心，也是东北亚的地理几何中心。此外，在"一带一路"倡议和中俄蒙经济走廊建设中，吉林省均处于重要地位。

国家东北老工业基地振兴战略及全面推动东北振兴政策陆续出台，为吉林省加快实现高质量发展营造了良好政策环境。在新发展阶段，加快构建以国内大循环为主体、国内国际双循环相互促进的新发展格局，既是"十四五"规划提出的关系中国发展全局的重大战略任务，也是把握未来发展主动权的战略性布局。吉林省人口和经济规模小，地理面积不大，融入新发展格局是实现高质量发展的必然选择。吉林省在东北亚、"一带一路"和中蒙俄经济合作中的特殊区位优势，不仅有利于推动吉林融入国内大规模市场，也有利于推动加强与日韩和蒙古、俄罗斯的合作，推动吉林省加快融入更大范围、更宽领域和更深层次的开放环境，为吉林省经济发展带来广阔的市场空间和投资空间。

（二）老工业基地的产业基础优势

新中国成立后，综合考虑东北地区经济基础和长春在东北三省的中心位置，在中央直接领导下，1953年在长春布局建设了"一五"期间的重点工程第一汽车制造厂。1956年，"解放"牌卡车在一汽成功下线，不仅造出了中国第一辆汽车，也开启了中国汽车时代的新纪元。大致在同一时间，扶余油田勘探开发成功产油。以此为契机，1954年国家在吉林布局建设吉林化学工业公司（简称"吉化"）。作为国家"一五"期间以"三大化"为标志的第一个大型化学工业基地，吉化是集炼油、烯烃、合成氨/合成气、合成树脂/合成橡胶于一体的大型综合性石油化工企业，不仅奠定了吉林石油化工的基础，也为中国石化产业发展做出巨大贡献。在此基础上，吉林逐步形成了以汽车制造、石油化工、食品、信息、医药、冶金建材、能源和纺织八大重点主导产业为核心的现代工业体系。

吉林省是中国的老工业基地之一。但与其他老工业基地不同的是，吉林省的老工业除石油化工、冶金建材等传统产业外，主要是以一汽为代表的汽车产业在吉林省经济中占有较大比重。汽车产业是现代工业，尤其是制造业的代表，长春成为中国汽车工业的发源地。经过几十年的发展，按产量计，一汽已成长为国内居前三位的汽车集团，一汽在吉林年生产整车超过250万辆，尤其是自主品牌红旗汽车年产销量双双突破20万辆，演绎出了一曲"风景这边独好"的红旗复兴崛起故事。与此同时，吉林省形成了以长春市、吉林市和辽源市为核心的汽车产业集群，按产能和产量计算，吉林省汽车产量居国内第2位，仅次于广东省。吉林省汽车产业集群在国内汽车产业集群中处于重要地位，有着举足轻重的影响。

目前吉林省正全力支持汽车产业的创新和发展，推动一汽新能源汽车重大项目投产，一汽市场占有率快速上升，红旗汽车年销量突破20万辆，解放汽车产销量3年增长62%。碳素纤维等新材料产业快速成长，动车组高铁列车装备制造业技术实现突破。伴随中国庞大的高速铁路及城市轨道交通建设前景以及中国高铁走向世界的发展格局，吉林省轨道客车的发展未来前景广阔。卫星、无人机、工业机器人等新型产业未来市场前景可期，而生物医药产业则是大健康产业中的骨干产业，吉林省依托其自然资源方面的优越性，不断提升医药产业技术与规模。在新一轮产业革命来临之际，随着汽车产业技术革命的加速到来与化工行业新材料、高端化技术的到来，加上吉林省高铁装备、光电子产业技术储备和生物医药产业基础，吉林省老工业基地的产业基础优势将会充分展现出来。

（三）重要商品粮基地和农业规模化发展优势

吉林省地处世界"三大黑土带"和"黄金玉米带"的松辽平原。黑土地是耕地中的大熊猫，是中国最肥沃的土地。在黑土地保护方面，吉林省梨树县曾与中国科学院等单位合作，建立了包括收获与秸秆覆盖、土壤疏松、免耕播种施肥、防治病虫草害的黑土地保护全程机械化技术体系，创造了被习近平总书记称为"梨树模式"的黑土地保护模式。通过实施"黑土粮仓"科技会战，持续加强黑土地保护，2020年吉林省仅纳入保护性耕作的黑土地面积就高达2875万亩，居全国第1位。预计到"十四五"期末，保护性耕作面积将达到4000万亩。

得天独厚的自然地理优势，加上持续地保护，吉林省粮食人均单产和亩产均居国内前列，也使吉林省成为"东北粮仓"的主阵地，是国家最重要的商品粮基地之一。2013—2020年，吉林省粮食产量连续八年稳定在700亿斤以上水平。按省域粮食产量计算，吉林省粮食产量居全国第5位。2021年认真落实粮食播种任务、备耕生产任务、推广绿色高质量高效技术和农业水旱灾害防范等任务；全省粮食播种面积8581.95万亩，比

2020 年增加 59.28 万亩；粮食产量比 2020 年增长 47.24 亿斤，实现了 807.84 亿斤的突破，超额完成国家下达的任务。

吉林省虽然国土面积小，但利用农业规模化发展形成的商品粮基地优势，加快农业农村现代化，积极推进农产品精加工、综合利用加工和现代食品加工和规模化经营，成功发展生猪养殖等畜牧业和食品加工业，吉林省生猪和食品产业在国内均处于第一方阵。此外，吉林省是国内重要的生猪调出大省，长春皓月集团发展成为亚洲最大的肉牛屠宰生产企业，包括单体深加工规模最大的吉林梅花氨基酸有限公司，吉林省玉米深加工产业规模居国内第 3 位。近年来，吉林省大力实施"秸秆变肉"暨千万头肉牛工程，推动秸秆饲料化利用，2020 年实现饲料化秸秆利用占比达到 23.3%，居国内前列，探索出了重要的秸秆利用路径，对推动农业和农村绿色发展、改善农村人居环境发挥了重要作用。

近年来，吉林省探索实施"藏粮于地、藏粮于技"战略，聚焦黑土地保护与利用和农村农业科技创新，"十三五"期间，先后搜集保存了 6 万余份玉米、水稻、大豆、寒地果树、畜禽等各类种质资源，选育出具有高产、多抗、宜精播、脱水快、适宜机械化收获等特点的玉米新品种"吉单 66"，成为 2019 年中国农业农村重大科技新成果十大新产品之一；选育出具有丰产性好、抗病、抗倒伏、肥料利用率高、收购价高、米质优、食味好等特点的水稻新品种"吉粳 816"，连续两届荣获"全国优质稻品种食味品质现场鉴评"金奖。此外，吉林省还选育出大豆审定品种油分最高的新品种"吉育 202"，以及专业型酿酒高粱、高产早熟型花生、优质食用向日葵等。未来随着黑土地保护力度的不断加强、保护面积和高标准农田面积的扩大、农业新品种种植面积的不断扩大和农业科技创新能力的不断增强，林省农业的优势地位将进一步得到巩固吉。

（四）丰富多样的生态资源和历史悠久多元化的人文资源优势

吉林省地处温带大陆性季风气候区，季节性变化明显。地理上，东南长白山地区地势高，逐步向西北倾斜降低，地势上以中部大黑山为界，东部主要是长白山中山低山区和低山丘陵区，具有独特的火山地貌和侵蚀剥蚀地貌；中部是台地平原，西部是平原，以草甸、湖泊、湿地和沙地为主。加之吉林省地跨图们江、鸭绿江、辽河、绥芬河、松花江五大水系，地貌形态极为丰富。从历史来看,从夏商周时代开始,吉林境内就有古代民族活动,东胡、山戎和夫余等民族地方政权很早就与中原王朝开始建立朝贡关系,汉武帝开始正式设立玄菟郡等,将吉林纳入中央统一管辖的行政建制。高句丽、渤海国、东丹国、辽国、金国等先后在吉林活动、建立政权或设立行政管理机构。从元朝开始,吉林再次被纳入中央行政统一管辖。在漫长历史中,吉林形成了丰富多样的民族文化。

地理形态多样和悠久的历史,造就了吉林省丰富的自然景观资源和人文景观资源。吉林省众多旅游景点在全国甚至全球声名远播,如以长白山自然保护区为代表的名山大川,以净月潭和查干湖为代表的旅游风景区,以北山、青山、长白山为代表的冰雪资源旅游区,以长影世纪城、世界雕塑公园、文顶山文化旅游区、高句丽文化古迹等为代表的人文景观,等等。据统计,截至2020年4月,吉林省有全国重点文物保护单位76处,国家A级旅游景区231家,其中包括伪满皇宫博物院、净月潭国家森林公园和长白山等5A级景区7家,北湖国家湿地公园、松花湖风景名胜区和前郭查干湖旅游度假区等4A级景区63家。"十三五"以来,吉林省旅游收入年均增长幅度超过20%,旅游收入占GDP的比重逐年提高,2019年全省接待国内外游客24833.01万人次,全年旅游总收入4920.38亿元人民币(见图12-4)。

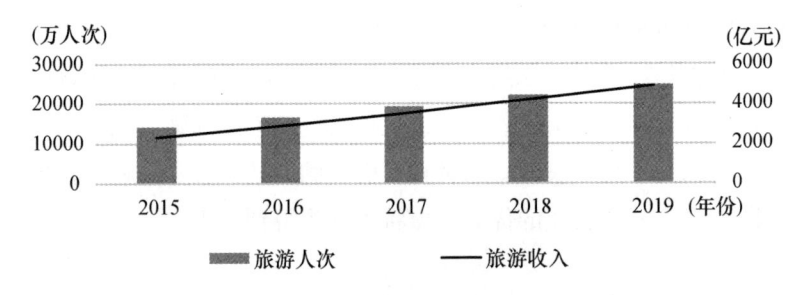

图12-4 "十三五"吉林省旅游业发展情况

资料来源:吉林省统计局:《吉林省2019年国民经济和社会发展统计公报》,http://www.jlsy.gov.cn/zwgk/sjsy/tjgb/202106/t20210611_437582.html。

"十三五"以来,习近平总书记曾先后三次视察吉林省,针对吉林的生态优势,特别强调指出"绿水青山就是金山银山,冰天雪地也是金山银山",要坚持走生态保护和生态旅游相得益彰发展之路。在高质量发展阶段,随着人民对美好生活需要的日益增长,践行"两山"理论,建设旅游强省和文化名省,吉林省丰富多样的生态资源和历史悠久多元化的人文资源越来越成为高质量发展的重要优势。

(五) 相对丰富的科教资源优势

吉林省是国家科技部批复的第 11 个创新型省份,是东北三省中唯一的创新型省份。与北京、上海、广东、江苏等省(市)相比,虽然创新资源和创新能力尚存在较大差距,但从吉林省人口、经济产出和地理面积规模等来看,与同等人口或经济规模省(市)相比,吉林省的科教资源相对丰富,科技创新能力相对较强,这也是吉林实现高质量发展的重要优势。

从科教资源来看,截至 2019 年底,吉林省共有 62 所普通高等教育学校(含 37 所本科院校)、21 个研究生培养单位,其中包括吉林大学、东北师范大学、中国科学院长春光机物理研究所和应用化学研究所等一批具有较强研究开发和创新能力的高等院校和科研机构。2020 年吉林省研究生教育招生 2.96 万人,在学研究生 8.41 万人,毕业生 2.26 万人;普通本专科招生 20.85 万人,在校生 72.70 万人,毕业生 17.69 万人(见图 12 -5),中等职业教育招生 4.48 万人,在校生 11.89 万人,毕业生 4.04 万人。

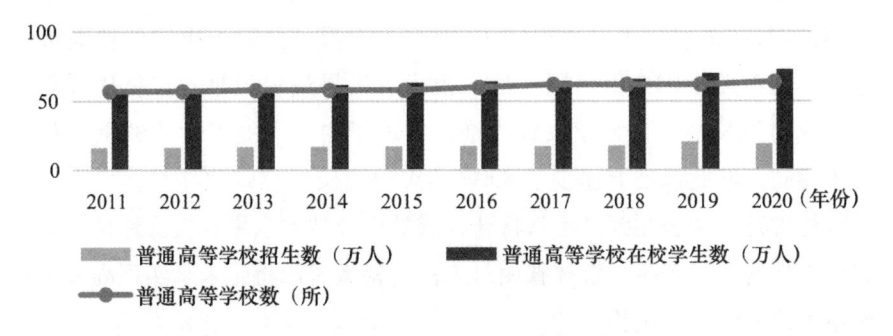

图 12 -5 吉林省高等教育资源情况

资料来源:笔者整理历年中国教育统计年鉴而得。

与此同时，吉林省已分别建成国家级重点实验室和省部共建重点实验室12个和3个、省级重点实验室114个、省级科技创新中心（含工程技术研究中心）超过150个，在汽车零部件、农作物育种和医药等领域建设了3个省级公共技术研发平台，在玉米深加工、汽车、汽车电子、玉米良种与丰产等领域成立了12个技术创新战略联盟，围绕汽车、石化、食品加工、医药健康和电子信息等主导产业形成了较为完善的创新体系。目前长春高新技术开发区已成为国内在汽车及零部件、生物制药、光机电一体化和新材料等领域具有较强影响力和竞争力的国家级科技园区，吉林高新技术开发区是国家级软件产业基地，同时在石油化工、软件工程、生物基因工程和纳米新材料等领域具有重要影响力的国家级科技园区。

党的十八大以来，吉林省依托长春光机物理研究所、应用化学研究所、吉林大学等重点科研单位，并发挥一汽、长客、吉化等大企业创新引领作用，重点在光电子、精密仪器、生命科学、生物医药、新材料和新能源汽车等领域开展前瞻性、原创性、多学科交叉融合的创新研究和前沿技术、产业重大共性关键技术开发等，取得了一批具有影响力的创新成果，如长春光机所成功研制"大型高精度衍射光栅刻划系统"和直径4.03米世界最大口径单体碳化硅反射镜，先后实现了中国光谱仪器行业和大口径光学制造领域的重大突破。长春客车制造车生产"复兴号"中国标准动车组具有完全知识产权，代表中国高铁客车制造的最高水平。长光卫星技术有限公司在研制和成功发射了中国第一颗商用高分辨率遥感卫星——"吉林一号"的基础上，发射了13颗系列卫星，开启了中国商业航天新纪元，其中高分03A星是同等技术指标下世界最轻卫星。吉林化纤集团研发成功24K及以上大丝束碳纤维，实现了中国碳纤维行业的重要技术瓶颈突破，在此基础上建设了8000吨大丝束碳纤维碳化项目，大大提升了吉林省乃至中国在碳纤维新材料领域的产业技术水平和世界地位。这些突出成就的取得表明，吉林省相对丰富的科教资源将是未来实现高质量发展不可或缺的重要优势。

三 吉林省推动经济高质量发展存在的主要劣势和问题

自中央推出新一轮东北振兴战略以来，即使存在新冠肺炎疫情的不利影响，从吉林省经济发展来看，东北经济正在走出低谷，呈现平稳回升和稳中向好态势，包括经济增速超过全国平均水平，智能制造、信息服务等新动能亮点不断显现，但东北振兴仍面临诸多困难。具体而言，推动吉林省经济实现高质量发展，仍存在诸多劣势和问题。这些劣势和问题既有东北地区乃至全国的共性问题，也有吉林自身的特殊性问题，需要特别给予关注。

（一）工业化发展不充分，产业结构虚高级化，经济驱动力较弱

吉林省是老工业基地，但与印象中不同，吉林省并未经历完整的工业化过程。三次产业结构中，近年来第二产业占比逐步降低，目前仅为35%左右，第三产业占比超过50%。事实上，这不仅不能意味着吉林省产业结构具有高级化特征，相反这是由于吉林省工业发展规模小、工业发展不充分导致吉林省产业结构呈现虚高级化现象。以2020年为例，吉林省全年工业增加值为3501.19亿元，整体规模相对比较小。不仅如此，从图12-6可以看出，"十三五"以来，吉林省规模以上工业企业利润总额在逐步降低。吉林省规模以上工业企业利润总额从2016年的1268.49亿元下降到2020年的573.99亿元。2020年吉林省重点产业利润下降9.9%，高技术制造业利润下降5.5%，规模以上工业企业利润比2019年下降10.5%。工业是最重要的实体经济，由于工业规模小、利润不断下降、效益低，在经济转型高质量发展的新发展阶段，如果缺乏接续型新产业，意味着经济发展将会出现驱动力不足的问题。

（二）产业结构单一，产业链短，应对经济波动风险能力弱

吉林省现有产业中，农业占比高，但主要是种植业，总体而言，农产品加工比重低，以初级产品加工为主，农产品深加工发展不充分。工业虽然有较为健全的工业体系，但多数工业企业和工业整体规模小，产品竞争

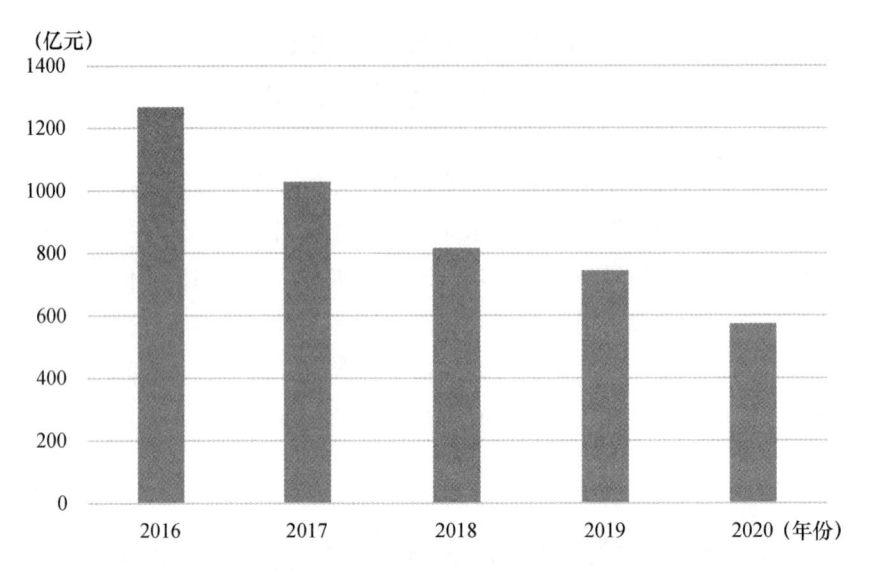

图 12-6　"十三五"期间吉林省规模以上工业企业利润情况

资料来源：国家统计局。

力不强，汽车和石油化工占绝对主导，尤其是汽车一业独大。据统计，以一汽为主导的汽车产业 2020 年占工业的比重为 46.1%，贡献率高达 85.5%，其他重点产业经济贡献率较低。另外，整体上，吉林省产业以初级加工产品和原材料居多，如油气产采掘。包括汽车产业在内，整体产业链偏短，供应链和市场"两头"在外，主导产业辐射带动能力未能充分发挥。以汽车产业为例，产业上下游衔接配套不紧密，汽车零部件地方配套率仅为 47%，轨道客车省内配套率尚不到 30%，且绝大多数配套产品为车身、内外饰等金属和非金属件，技术密集型的电子电气类高附加值产品偏少。与浙江、广东等汽车产业大省相比，本地配套率明显偏低。2014 年以来，吉林省汽车产量呈波动趋势，突出现象是奥迪、迈腾等德系中高端车型及近年的红旗车型产量保持快速增长，但奔腾等自主品牌和大众低端车型产量萎缩，很重要的原因之一是本地汽车零配件产业无法提供强有力的配套能力，导致价格更敏感的低端车型生产外迁。显然，以传统产业为主，产业结构相对单一，产业链短，产业加工度不高，导致吉林省在面对外部经济环境波动时抗风险能力变弱，从而带来高质量发展的不稳定性及高风险性。

(三) 企业创新不活跃,科技资源优势尚未转化为创新优势

据统计,2017年吉林省规模以上工业企业中参与R&D活动的企业仅为386家,占企业总数的6.4%,排名居全国倒数几位。创新投入和创新人才多年以来增长相对缓慢,2019年R&D经费投入强度为1.27%,2020年R&D投入强度不足1%,不仅远低于北京、上海和广东等经济发达和创新能力强的地区,也远落后于国家平均水平。[①] 创新平台数量少,质量有待提高。例如,截至2018年,吉林省国家级开发区和高新区仅有5个,5个高新区(长春高新区、吉林高新区、延吉高新区、长春净月高新区和通化医药高新区)中部分高新区如净月高新区定位不清晰,质量亟须提高。科技成果转化还有短板,创新协作与创新集群发展相对缓慢,一些科技产出与成果难与承接企业有效对接,不能在本地实现转化,影响新动能的培育发展和产业转型升级步伐。

(四) 民营经济发展不充分,发展活力不足

单纯从数量来看,吉林省民营企业数量较多,占比较高,但从产业布局来看,吉林省民营经济主要是从事第三产业,个体和私营经济主要集中于批发零售、餐饮和社会服务业及其他服务业,发展质量不高。吉林省民营企业在第一、第二产业占比过低,第三产业占比过高在一定程度上制约了民营企业未来的发展潜力。从企业发展实力和经济地位来看,长期以来,一汽、长客、吉化等国有企业产值占工业比重很高,工业领域的民营企业发展不充分。吉林省民营企业大部分规模偏小、基础相对薄弱、融资渠道十分有限,与南方及沿海省份众多的民营企业相比,吉林民营企业普遍创新能力不足,发展活力不够。吉林省2020年仅有2家企业入围中国民营企业500强(修正药业排名第124位、新星宇排名第397位),全省只有一家独角兽企业。企业扩大投资的意愿不强,全省民间投资占比由2016年的74.1%下降至2020年的50.7%,投资环境需进一步加强。由于

---

① 李政、王晓明:《吉林省创新驱动高质量发展的现实基础与主要路径》,《创新科技》2020年第4期。

吉林省民营企业产品档次相对不高，知名品牌少，导致吉林省民营企业产品在省外的知名度不高，竞争力不强。在地区分布上，工业领域的民营企业主要集中在长春，发展十分不平衡，除长春市以外民营企业数量与规模均比较小。

（五）区域经济规模小，财政能力弱，自我发展能力有待提高

一方面，2020年吉林省地区生产总值为12311.32亿元，在东北三省中低于黑龙江省和辽宁省。2020年吉林省地方财政一般收入为1085.02亿元，地方财政一般支出为4127.17亿元，自2016年以来地方财政一般收入呈逐渐下降的趋势（见图12-7）。另一方面，由于基础设施建设、公共服务和民生保障等各方面需求的增加，地方财政一般支出呈现出逐渐上升趋势。

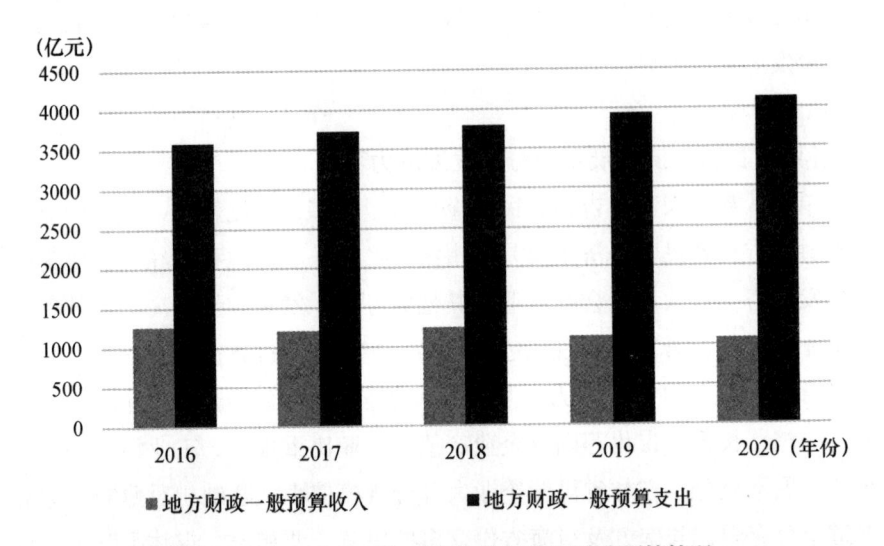

图12-7 "十三五"时期吉林省地方财政预算情况

资料来源：笔者根据历年吉林省统计年鉴整理绘制而成。

新发展经济学理论认为，相对欠发达地区发展无法完全放任市场自由发展，因为这些地区在与外部竞争中完全不具有竞争比较优势。要在低发展水平下和竞争中脱颖而出，必要的政府扶持，包括支持引入产业链上的市场主体、完善产业基础设施等都是必不可少的。显然，由于吉林省工业发展水平不足，高科技企业规模较小，整体经济规模偏小，规模以上工业企业的利润总额快速下降，地方财政一般预算收入较低，严重影响了地方政府支持产业发展的能力，也影响了区域经济自生能力的提高。

（六）开放合作通道和载体平台偏少，开放发展水平不高

深入推进东北振兴，开放发展是必经之路。习近平总书记就强调指出，"东北地区要深入融入共建'一带一路'，建设开放合作高地"。吉林省与俄罗斯和朝鲜接壤，毗邻日本、韩国和蒙古，有开放发展的地理区位优势，但开放发展水平不高，尤其是与俄罗斯、日本、韩国等的合作水平与国内其他地方比相对比较低。这一方面是因为，吉林省与上述国家对外合作通道建设仍处于初步阶段，合作载体和平台相对偏少，长春新区、中韩（长春）国际合作示范区、吉林中新食品区、珲春海洋经济发展示范区以及边境经济合作区等平台外资企业入驻数量较少，集聚效应尚不明显，对地区经济发展辐射带动作用不强，导致除梅河口和珲春等少数城市，以及中欧货运班列等，缺乏强有力的举措、突出开放型地区和标志性的开放发展成效。

从对外贸易来看，虽然近年自吉林省始发的中欧货运班列发展较快，但吉林省对外贸易规模总体仍然偏小，见图12-8。贸易总额近年虽然恢

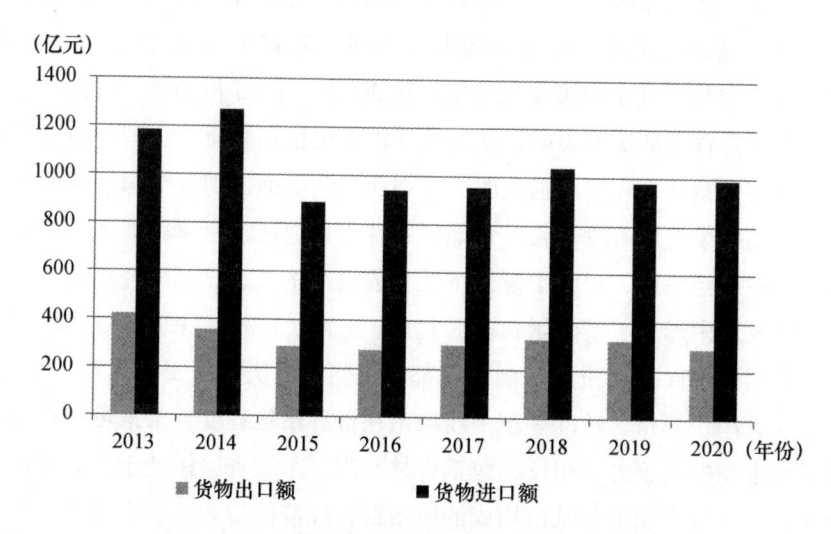

图12-8 2013—2020年以来吉林省对外贸易情况

资料来源：笔者根据历年吉林省统计年鉴整理绘制而成。

复增长，但增幅不快，尤其是货物出口仍存在波动。由于进出口额偏小，外贸依存度整体仍然很低。2020年吉林进出口总额为1280.1亿元，贸易逆差698.5亿元，进出口额仅占全国的0.4%。从具体结构来看，吉林优势产业在对外贸易中占比较小，没有在国际市场中形成强大的品牌形象。在利用外资方面，外资利用规模整体比较小。例如，2019年合同外商直接投资仅为10余亿美元，实际利用外资不足10亿元。外商投资的产业及区域分布不均衡。在对外投资方面，吉林对外直接投资不足1亿元，目前还处于"走出去"的起步阶段。

四 吉林省实现经济高质量发展面临的挑战

（一）两个百年背景下区域竞争格局的影响

在党的领导下，中国已成功实现了全面建成小康社会的目标，开启了建设社会主义现代化强国的新征程。第一个百年奋斗目标小康社会的全面建设，体现了中国经济实力和区域经济发展格局的巨大变化。从经济实力来看，以2021年地区生产总值计算，广东和江苏两省GDP均超过10万亿元，山东、浙江和河南5个省份GDP均超5万亿元，全国仅甘肃、海南、宁夏、青海和西藏5个省份GDP未超1亿元，吉林GDP总量居全国第26位，东北三省中的辽宁和黑龙江分别居第17位和第25位。按人均GDP计，吉林、辽宁和黑龙江分别居第26位、第16位和第30位。

上述各省经济实力表明，从区域经济发展格局来看，中国经济发展从空间分布上整体表现出南强北弱、东强西弱的局面。随着中国经济发展逐步进入高质量发展阶段。长三角地区、珠三角地区、京津冀地区与环渤海地区、中原经济区、长江中游经济区、成渝经济区、北部湾经济区等在区域经济发展中形成了新的增长极。北京、上海、广州、深圳等一线城市的经济发展始终保持高质量发展，成都、杭州、重庆、西安、苏州、武汉、南京、天津、郑州、长沙等新一线城市在资源聚集程度、未来可塑性等方面具有强劲的竞争力。相反，包括吉林在内，东三省整体处于相对欠发达地区，三省省会和主要城市构成的城市群在经济体量和竞争力等方面与东部、南部和京津冀等相比均存在先天弱势。未来区域经济之间的竞争将进一步转向城市群和大都市驱动的新时代，东北地区的这种弱势未来可能被进一步强化。

吉林省拥有东北老工业基地、中国重要的商品粮基地、东北全面振兴政策等优势，但经济规模相对比较小、产业以传统产业及初级加工为主，占主导的汽车产业链条短，创新链与产业链缺乏有机融合，以及开放水平不高等问题比较明显。在当前中国经济全面高质量发展的背景下，吉林省加入全国区域之间的竞争，机遇与挑战并存。如何发挥吉林省的优势，融入新一轮科技和产业变革的发展和机遇中，挑战自己的不足与劣势，是吉林省产业能否成功转型升级、顺利实现经济高质量发展的重大考验。

（二）经济发达地区虹吸效应导致人口等生产要素外流的压力较大

根据 2020 年第七次人口普查数据，吉林省常住人口为 2407.3 万人，比 2010 年减少 338 万人，大量劳动力向经济发达地区迁移，15—59 岁劳动力 10 年间减少 291.9 万人，特别是以青壮年和高学历人口居多。究其原因，见图 12-9，吉林省城乡居民收入低于全国平均水平，2020 年城镇居民人均可支配收入 33396 元，远低于全国水平 43834 元，仅高于黑龙江的 31115 元，居于全国倒数第 2 位。城镇居民人均可支配收入是区域城市经济发展水平的重要写照，吉林省经济发展水平相对低于南方发达地区。正是由于人均收入和经济发展水平的差距，高收入地区凭借自身的经济、文化和人文环境优势产生了虹吸效应，导致吉林省人口等生产要素流向其他经济发展活跃的高收入地区。

另外，从产业和就业来看，吉林省是老工业基地和主要粮食产区，产业主要是传统产业和制造业，新兴产业规模尚小，提供的工作岗位数量相对固定，薪资水平相对稳定，缺少能够提供广阔机遇与薪酬的新兴产业与龙头企业，在全国区域经济竞争过程中，很多地区凭借良好的产业布局和人才政策吸引了大量的人才，吉林省每年有大量的毕业生和高等人才流向其他机会更多、发展活力更强的区域。因此，吉林省面临着如何避免人才的进一步流失以及如何让人才回归吉林省发展的挑战。

（三）实现碳达峰、碳中和的挑战

实现碳达峰、碳中和是中央统筹国内国际两个发展大局，着力破解资源环境约束，践行生态文明，构建人类命运共同体的战略决策。与此同

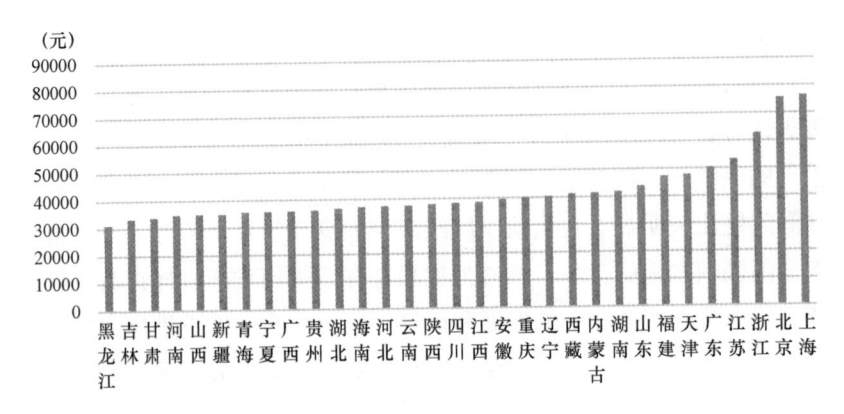

图 12-9 2020年全国城镇居民人均可支配收入比较

资料来源：笔者根据历年中国统计年鉴整理绘制而成。

时，实现碳达峰、碳中和也是一场广泛而深刻的经济社会变革，必须以技术创新为支撑，尽快形成绿色低碳循环发展的经济体系，形成节约资源和保护环境的产业结构、生产方式、生活方式、空间格局。

当前吉林省能源结构仍然以化石能源消费为主体，产业结构仍然以传统产业为主。"十三五"期间，吉林省六大高耗能行业能源消费增长了11.8%，煤炭消费占能源消费总量的比重高达66.8%，高于全国平均水平近10%。风能、太阳能、生物质能等新能源开发比例均不足10%。总体来看，吉林省当前处于经济发展的转型期，资源型产业及初级加工为主的产业处于转型升级的关键阶段，完成工业化还需要较长时间，而新兴产业还处于起步阶段，短期内无法形成规模。因此，在现有发展水平基础上实现碳达峰、碳中和目标对吉林省产业结构调整、能源结构优化、重点行业效能提升都是巨大挑战。

（四）新科技革命和产业变革的挑战

当今社会，技术发展的主要特征是以新一代信息技术、新能源等为代表以及新兴产业之间的深入融合，信息化与工业化的深入融合使得产业之间的边界日益模糊。结合吉林省的产业特点，新一轮科技革命和产业变革在给吉林省带来机遇的同时，吉林省也面临着巨大挑战。这是因为，"十三五"期间，除智能制造等少数领域外，吉林省利用新科技革命发展新产业、新模式和新业态工作进展和成效并不显著。"十四五"时期是新一代信息技术全面引领创新、构筑产业信息化新优势的战略机遇期，一方面吉林省需要通过新一代信息技术引领产业结构升级，社会治理创新与营商环境的优化，通过信息技术推动产业提质增效；另一方面，更需要通过信息技术与传统产业链、创新链的深度融合，不断催生新业态、培育新动能、重构吉林省产业链，加快推动产业数字化与数字产业化，加快利用新一代信息技术对传统产业进行全方位、全链条的改造。当前正在进行的新一轮科技革命也是新一轮产业革命，如果吉林省不能把握机遇，抓住机会，迎头赶上，未来可能需要付出更大努力和成本，甚至被低端锁定。

（五）省域经济协调发展的挑战

吉林省下辖长春市、吉林市、四平市、通化市、白山市、辽源市、白城市、松原市和延边朝鲜族自治州，各地区经济发展水平、产业结构、人均GDP、固定资产投资、人口分布等存在着不平衡、不协调的问题。从经济发展水平来看，长春市经济总量处于绝对领先的水平，2020年长春市地区生产总值为6638.03亿元，占吉林地区生产总值的53.92%，而其他8个地区的地区生产总值规模与长春市有非常大的差距，地区经济总量发展极度不平衡，省会首位度处于全国第一的位置。从人均GDP的角度考虑，长春市人均GDP在2020年高于全国平均水平，而吉林省其他地区的人均生产总值远低于长春市，松原市、四平市、白城市等地区的人均GDP不及长春市的一半，地区之间人均GDP差异较大。同时，在固定资产投资、劳动力人口分布、科技与教育资源分布、重点产业布局等方面均存在着同样的问题。汽车产业在长春市占有绝对主导地位，汽车产业虽然也是松原市和吉林市等部分城市的主导产业，但总体上，长春市与其他城市之间缺乏产业体系的融合，对其他城市的辐射带动作用尚未充分发挥。地区间资源分布与经济社会发展水平的不平衡不充分导致的问题，将是吉林省实现协调发展面临的严峻挑战。

第十三章

加快吉林省经济高质量发展的政策建议

加快吉林省经济高质量发展，须立足吉林省自身的地理区位优势和产业特色，寻求新的经济增长突破点，构筑全方位的现代产业体系。建立涵盖上中下游全产业链条，保证产业发展安全并增强产业发展韧性。通过重大项目、高新技术区、园区等经济聚集模式形成规模经济，做强特色产业，打造具有国内国际市场竞争力的龙头企业。实现创新驱动发展，集聚科技优势资源，凝聚高技术人才，形成创新合力，构建科学技术共享平台，推进科技成果落地转化。进一步提升优势产业和地区的辐射带动功能，形成点—线—面的吉林省全域经济发展格局，加强省际区域间互联互通，依托"一带一路"，开拓新的国际市场，建立立体化的国内国际双循环通道。

一 依托吉林省主导和特色产业打造产业链优势

（一）以汽车产业为主导，推动制造业转型升级

汽车行业是吉林省工业的第一支柱产业。2020年以一汽为主导的汽车产业占工业的比重为46.1%，工业增加值占吉林省工业的1/4以上，利润占全省工业的一半以上。然而，汽车工业先进制造技术仍在海外，零部件配套技术以及产品有待进一步完善，整体产业链亟待进一步延长。

补足汽车产业链的产品线。作为新中国汽车工业成长地的吉林省，汽车产业具有悠久的历史。然而，传统的中国一汽集团以国产汽车"红旗""解放""奔腾"为核心产品品牌，虽然不断在更新换代，但在全球呼吁绿色能源替代传统能源时代，其汽车份额逐步被压缩，甚至与同企业的合

资汽车奥迪和丰田相比较也处于劣势，与国际特斯拉和国内比亚迪的新产品开发比较更具有较大差距。因此，吉林省汽车工业应逐步与时代接轨，引进和借鉴世界汽车先进技术，推陈出新，完善新的产品线，逐步替代耗能高和污染较为严重的汽车生产线。此外，除了补齐环保型乘用车生产外，还应拓宽其产品宽度，在专用车上实现突破，同时通过生产线产品的差异化定位，挖掘汽车产品的深度，实现吉林省汽车行业的转型和纵深发展，满足消费者的偏好需求，提升汽车整车的综合价值。

强化汽车产业链的竞争能力。具有时代特色的汽车工业基础设施可能成为汽车产业转型的障碍，因此，要打破传统的汽车制造工程模式，建立现代化制造流程工艺。消费升级带动汽车产业融合发展新需求，新时代汽车产业提出"智造"三大主攻方向：智能化、轻量化和新能源。在智能化方面，吉林省汽车行业优先布局智能汽车发展方向，结合现有及可能的未来通信技术、智能传感器等物联网技术和具有中央计算单元的智能芯片，实现与道路设施、其他道路使用者、云端甚至卫星的连接，以实现对道路环境信息的掌握、资讯交互和共享等功能。在汽车轻量化方面，吉林省汽车行业应结合相关新材料的研究技术，将碳纤维等复合材料应用于汽车零部件或者车身之中，减轻汽车的重量。在新能源方面，加大自身研发力度，增强汽车电池续航里程。

拓展汽车产业链，提高产业链附加值。（1）上游建立自主汽车整车研发实验环境。吉林省自主成长的国产汽车在安全实验和驱动系统实验尚达不到国际先进水平，因此，应加大汽车产业上游研发能力，集中科技人力、资金开发新技术，在耐久性、安全性等基础性能方面和动态性、敏感性等质量提升方面实现技术突破和引领，进而以创新驱动汽车产业价值增值。（2）中游打造汽车零部件配套产业集群。为实现吉林省汽车行业发展智能化和高端化，汽车零部件供应链应加速向核心链强力突破，推进汽车动力系统、车身系统、底盘系统和电子系统技术研发，持续加大政策引进和培育力度，使零部件创新水平与汽车整车智能化、高端化相适应，同时抓住国内外汽车产业链和配套链重塑的契机，推动吉林省内多级供应商的协作，引导整车企业应用地区零部件的配套份额。（3）下游建立新能源汽车整车检测和维修平台。由于没有有效的协同网络，导致吉林省汽车服务业相对缺位，因此，利用云技术建立汽车产业整车—零部件—维修三环节沟通平台，形成产业链、信息链和服务链有机融合，为消费者提供高体验感的售后服务，完善汽车行业从消费者需求出发再回到消费者价值的闭循环生态链。

（二）打造冰雪特色旅游，形成服务业竞争优势

深挖"冷资源"价值，形成冰雪"热品牌"。吉林省在打造冰雪旅游强省过程中，应不断深挖冰雪资源价值，形成品牌特色。在冰雪运动方面，东部以雪地为优势，主要承接国际、国内和省级的滑雪项目，打造以长白山山脉为主的滑雪赛事国际知名品牌，同时配备完善基础设施和服务；中部以吉林市松花湖和北大湖的资源优势，同时借助其毗邻长春市的区位优势，依托"一主、六双"战略布局，借助长春市和吉林市已有的200多个冰场设施，逐步壮大其国内国际滑冰运动品牌。在冰雪旅游方面，东部以雪地项目为核心，进一步拓展其雪地徒步、雪地摩托等旅游新业态，中部加快冰雪主题公园建设，形成日常化休闲旅游的胜地。西部以查干湖为依托，不断扩大其冬季渔猎旅游的影响力。在冰雪文化方面，推进吉林省文化艺术与冰雪文化进一步融合。吉林省应将满族、朝鲜族文化、美术、文学与冰雪结合打造艺术展和影视基地，形成一批有影响力的特色品牌。

完善冰雪产业链，促进产业集群集聚。新冠肺炎疫情和逆全球化思潮相互叠加导致旅游服务经济遭遇寒冬，吉林省应乘借北京2022年冬奥运会的契机和由此形成的冰雪热情，以冰雪场地为主体，形成现代化产业链条，推进吉林省冰雪产业提质增效。首先，以冰雪旅游吸引上游冰雪装备业集聚，同时冰雪运动倒逼装备升级。加快冰雪旅游发展，形成强大的冰鞋、冰刀、冰服等冰雪装备市场落户吉林省，从而形成上游产业集聚。而面对吉林省冰雪产品的低端化问题，以赛事为目标的冰雪运动则能倒逼企业生产更加安全可靠的高端化产品，从而促进索道、造雪机、雪车、雪板以及医疗康复装备床创新发展。其次，借冬奥会余温，催生冰雪产业中冰雪场所在吉林省开花结果。虽然2022年冬奥会结束，但武大靖等吉林省健儿的表现将进一步燃起人们的冰雪热情，从而加速冰雪场地开发，而竞争促进中游冰雪场地服务质量提升。先天优势不及黑龙江省、区位优势不及河北省的吉林省在激烈竞争中，冰雪场所要提高消费者沉浸式旅游的满意度，必须提高其服务设施及服务质量升级。在冰雪旅游活动中，提高消

费者的冰雪运动参与感，同时在专业人员陪同下减少其不必要的意外损伤。最后，推动线上和线下渠道集聚推介吉林省冰雪旅游产品，大范围吸引消费群体。吉林省通过政策措施吸引飞猪、携程以及去哪儿等旅游网络电商平台向冰雪旅游释放资源，辅以线下高质量实体旅游服务，形成集聚效应，进一步通过抖音以及海外版 TikTok 等自媒体平台，大力向国内乃至国际宣传吉林省冰雪旅游，从而形成大规模需求市场。

建立健全冰雪人才培养体制，促进未来全产业链升级。由于中国的冰雪事业起步较晚，在全国范围内未形成合理有效的冰雪人才培养机制，因此，吉林省应先行先试，率先逐步形成多层面人才的培养体系，为吉林省未来冰雪产业升级打下基础。首先，夯实冰雪运动的教育基础。推进"冰雪运动入校园"，扩大青少年对冰雪运动的认知，提高冰雪运动的参与率，为挑选冰雪人才打好坚实基础。其次，促进社会力量参与冰雪人才培养。吉林省引导社会力量通过建立校外培训基地、俱乐部、协会等多种形式参与人才培养，而企事业单位可通过赞助体育赛事为冰雪运动提供一定的资金支持。最后，健全高级人才的引进机制和培训机制。从北京冬奥会看，中国本土培养的运动员并不多，特别是滑雪项目。究其原因是本土的顶级冰雪教练员和技术人员稀缺。因此，针对匮乏的人才，比如滑雪项目教练员，通过高待遇和便利签证制度，聘请国外人才长期为吉林省培养人才，而针对省内已有的技术人才，应定期提供出国学习机会，提升其业务能力和水平，进而为培养新一代高水平冰雪人才奠定基础。

（三）有效融合种植业、畜牧业和农产品加工业，贯通和延伸产业链

形成种植业集约生产体制，为畜牧业提供丰富饲料。得天独厚的黑土地赋予了吉林省种植业独有的优势。吉林省作为中国重要的粮食生产基地，主要以玉米和水稻为主，享有"黄金玉米带"和"黄金水稻带"的美誉。秸秆中丰富的粗纤维含量以及较高的粗蛋白含量使其成为潜在的、间接的、巨大的饲料资源，可用于肉牛、肉羊生产，有效解决国家间贸易争端导致的蛋白质饲料短缺问题。传统以户为单位的种植业生产模式，导致玉米和水稻秸秆等农业废弃物在秋末春初被无组织分散焚烧，极大地浪费了资源，同时带来环境的污染和不安全因素。随着科技手段进步，集约化生产形成了规模经济，促进副产品的商品化。强化农村合作社的功能和

作用，推进农业机械化生产作业，既降低成本，又能形成以秸秆为主的农业附属商品交易市场，提高农业的综合效益。

形成种植业集约生产体制，为菌类提供生产原料。以秸秆为原料制作菌类生产培养基质，栽培木耳、平菇、香菇等食用菌类，既能满足人们对食品的需求，又能提高玉米秸秆的利用率。用玉米秸秆代替部分木屑混合生料地栽香菇，既降低了生产成本，又提高了食用菌的产量和品质，具备较高的推广价值。

数字化推进畜牧业精细化管理，同时为种植业提供有机肥料。传统养殖业与现代云计算、物联网等新一代信息技术融合，对畜牧业进行数字化管理。从养殖户生产投入到回收资金，从牲畜的食物摄入到科学育种养殖，形成一套规范合理的精细化管理模式。通过数据资源监督形成反馈回路，有力降低畜牧业风险，形成良性发展格局。大规模数字技术养殖提高家禽牲畜成活率，防范动物疫病发生，由此降低粪便携带不明病菌的概率，再经微生物或蚯蚓等生物处理，可替代尿素等化肥，有利于土壤的生物修复和农业的可持续发展。饲料作物种质及其利用、家畜生产体系建设、适合家畜生产的饲料加工贮存与利用和开发、以种植—家畜养殖—蚯蚓处理粪便为链条的土壤生物修复技术等形成绿色良性的农业生态产业链。"秸秆变肉"工程尽快形成信息反馈机制，建立起有效的农业循环利用体制机制，并不断向外推广。

金融服务促进种植业和畜牧业良性互动。加大金融精准扶持力度，推动种植业和畜牧业规模生产，从而更好地服务双业良性循环。打造"政府＋企业＋银行＋保险＋合作社农户"五位一体的种植和养殖模式。政府搭建平台，核心企业提供优良品种和科技辅导，银行和担保公司提供金融助力，保险机构兜底，合作社农户自愿有偿参与种植和养殖，拓展多种金融支持方式，最大化发挥普惠金融的作用。

聚焦发展玉米深加工龙头企业。一是成立种粮大县粮食深加工扶持专项基金。改变"撒胡椒面"式的财政扶持方式，聚焦扶持粮食深加工龙头企业。建议成立龙头企业引导专项基金，对于年主营业务收入2000万元及以上的玉米深加工企业，并符合就地采购、自建仓储设施等，可享受补贴政策，补贴标准为200元/吨。二是鼓励粮食加工企业的技术升级改造。在更新加工设备、提供技术支持、引进专业人才等方面为大企业提供专项补贴，推动大企业由大变强，发展为行业龙头。三是鼓励企业兼并重组。鼓励企业通过兼并、重组、收购、控股等方式整合资源要素，鼓励金融机构提供发放并购贷款，支持符合条件的企业发行并购票据和引入并购基金。四是引进大型粮食深加工企业。加大招商引资力度，重点引进中粮集团、北大荒集团、大成集团等国内和省内带动能力较强的玉米加工龙头企业在种粮大县设立分支公司。

延伸玉米深加工链和产业链。首先，延伸深加工链。加快技术改造和装备升级，实现新旧动能转换，提高产品附加值，提升企业加工转化增值能力。其次，延伸产业链，提升价值链。坚持延链、强链、补链原则，集合资源要素，集中点面布局，重点打造鲜食玉米、酒精、淀粉、蛋白、糖、酶工程、玉米芯及秸秆高值化利用等产业链，通过对玉米产品第次开发，原料循环利用，促进产业链延伸、价值链提升。最后，建设玉米深加工特色产业园区。完善园区配套服务，通过政府投资固定资产租赁、税收减免、人才引进、融资支持等措施，引导和促进产业链条各个环节的玉米加工企业向园区集中，构建形成链条完整、体系健全的玉米深加工产业集群，促进产业集聚化、规模化、协作化发展。

二 打造良好营商环境，培育壮大战略新兴和特色产业

（一）持续推进战略新兴产业发展

实施战略新兴产业重大项目。吉林省传统的产业结构保持了经济稳步发展，却难以形成经济增长点。战略新兴产业经过"十三五"发展粗具规模。为持续加快工业结构调整步伐，吉林省应继续实施一批重大项目规划建设，逐步建立产业支撑园，特别是以集成电路技术为核心的相关产业园，助力集成电路产业发展；打造"互联网+"平台，特别是工业互联网，为推进制造业转型提供服务；推进生物医药重点工程建设，特别是肿瘤、疫苗等研发项目，为医药产业链延伸提供动力。战略新兴产业重大项目建设推动吉林省传统产业生产线更新换代，未来形成具有一定竞争力的产业发展新格局。

推动新兴战略产业融合发展。吉林省利用产业关联性加速产业协同互

动发展。拓展新兴产业技术应用领域。利用数字化技术推进吉林省汽车电子行业提供技术支撑，促使汽车产业向数字化转型。扩大集成电路在吉林省优势行业汽车产业、高端装备产业以及生物医药产业等的应用，以规模市场推进新兴战略产业互动融合发展。拓展互联网和人工智能技术服务空间，实施"云服务"互联网建设工程和开放人工智能平台，为工业互联和产业赋智提供技术支撑和互动服务。

壮大战略新兴产业集群。吉林省在实施战略新兴产业"十三五"规划基础上，进一步做强做大新兴产业集群。促进医药产业集群联动发展，以国家级通化市生物医药产业集群为依托，辐射带动敦化市医药健康、梅河口生物医药以及长春市生物医药省级集群发展，并为重点培育的白山市医药健康产业集群提供发展模式示范，使吉林省成为中国医药产业的集散地。推进产业集群升级发展。建立国家级别、省级和重点培育的三级阶梯式发展模式，为产业集群壮大提供政策支持通道，形成有效地推进产业集群发展的体制机制。

（二）形成多样化产业结构，增强产业发展韧性

战略新兴产业与传统汽车工业形成互补。战略新兴产业大都属于先进技术范畴，具有极强的技术渗透性与广泛的技术适用性，因此，传统汽车优势产业应与信息技术、集成电路技术、新能源技术结合。产业间技术协同融合能不断增强新技术在传统产业发展中的渗透性、扩散性，最终形成产业间互补式的协同融合发展。产业融合不仅体现在技术的融合上，而且会通过技术产品和设备形成深入融合互补。

渔业和林业增添农业新特色。吉林省境内松花江、鸭绿江、图们江、辽河和绥芬河五大水系赋予吉林省渔业大发展的前景。优良的天然生长环境形成了多样化的野生鱼群，而良好的科学养殖环境壮大渔业规模。利用具有规模性的渔业资源，餐桌上丰富吉林省饮食文化，工业中形成特色加工渔产业。通过持续推广水产健康养殖示范场，形成大规模渔业生产链条，通过有机、绿色、地理标志等认证，突出品牌创建，打造驰名品牌商标。同时重点发展生态净水型渔业、绿色生产型渔业、旅游观光型渔业，形成多层次水域产业。与水资源相映成趣的便是森林资源，吉林省森林覆盖率达40%以上。依托森林资源优势，积极发展林产品精深加工、林地

经济、矿产资源开发等产业，拓展木制品、药品、森林食品、矿产品等一系列林产品深加工体系，形成吉林省农业重要增长点。

生态旅游与民俗旅游协同促进服务业发展。多样化的土著鱼类和引进的大银鱼、池沼公鱼、美洲红点鲑、三倍体虹鳟、鲟鱼等珍贵品种以及冰雪气候确定了渔业生态差异化的发展战略，而森林、草原、湿地"三大生态空间"为野生动物提供良好的生存环境。加上冰雪资源，吉林省的生态旅游具有多样化的特色，天然的自然环境保留东北虎的栖息环境，也吸引了候鸟驻留。利用满族、朝鲜族、蒙古族服饰和餐饮文化以及关东的文化特色，结合生态旅游和冰雪旅游，优化旅游线路，打造独特的吉林省旅游体验。

（三）大力扶植民营经济，建立公平竞争机制

构建民营企业多渠道融资体系，提高信贷可得性。民营经济活力不足源于民营资本缺位，因此提高民营企业参与意愿意在解决民营企业融资困境。建立传统银行、证券公司、网络平台等多方位渠道，通过不动产抵押、知识产权质押、供应链上存货和仓单抵押以及信用进行融资，缓解企业融资压力，此外，增加信贷额度，适当延缓利息支付。吉林省应不断加大民营企业贷款规模，提高中长期信贷支持比重，在利率可浮动范围内实施低利率政策，促进民营经济发展。

降低投融资门槛，形成公平竞争氛围。吉林省的民营企业集中于批发零售和餐饮服务等第三产业，且未能形成规模优势。政府应加大垄断部门改革力度，逐步开放食品加工业和制造业等领域，降低民营企业投资准入门槛，鼓励民营企业扩宽其经营范围。在企业经营过程中，消除公有和私有偏见，减少民营企业在行政手续审批、金融信贷等方面的隐形障碍，为民营企业提供公平、公正、合理的竞争，允许并鼓励民间资本在各个行业做大做强。

三 凝聚创新优势资源，实现创新驱动发展

（一）留住和吸纳创新资本和人才，加大科技要素投入

建立政府创新专项资金池，撬动创新风险资本。吉林省创新投入不足

导致科技成果形成速度较慢，进而影响创新成果的产业化，难以形成吉林省新的经济增长动力。为推动创新资本快速集聚，应发挥政府积极引导作用，建立政府创新项目资金池，通过科技研发、成果转化、"专精特新"中小企业创新项目，提高创新专项资金在财政支出中的比重。吉林省应通过政府资本的杠杆作用，辅以配套措施，鼓励企业、社会资金积极参与，大规模吸引创新资本入驻吉林省企业，提高整体研发投入。

实施多层次集聚人才方案，打通人才流动通道。发达地区的虹吸效应使得吉林省科技人才流失严重。吉林省应建立人才评价体系和多层次的人才引进政策，广纳贤才。启动高端人才项目，为高端人才提供资金服务、团队服务和有关设施设备服务，同时提供其他公共服务资源，如医疗和子女教育等。特别是在汽车、高速动车组、现代农业、生物医药等行业具有重大创新成果的人才，尽可能形成其自由流动制度，以促进技术交流合作。建立吉林省区域性人才工程建设项目，在编制和待遇上给予适当倾斜，提高其创新积极性和能动性。

设立科技资源共享平台，优化创新要素配置。吉林省民营企业创新不活跃导致技术要素闲置和资源浪费。设立科学资源共享平台，拓展创新要素服务空间和时间，提高其利用率。利用吉林省现有的生物医学重点实验室、农业科技重点实验室、仪器装备实验室等和创新基地，比如吉林省工程仿生、人兽共患病预防和控制、农业生物技术、建筑电气综合节能等以及工程技术中心，对各类仪器设备进行数字化编码，入驻科技资源共享平台，为吉林省企事业单位提供仪器设备功能查询以及预订服务，同时辅之以操作演示服务。此外，对于不涉及关键技术和机密的科技数据，可提供查询服务，为企事业单位进一步延伸产业链和技术创新提供借鉴。

（二）持续推进重大科技创新平台建设，加强基础研究

组建多层次科技创新平台。创新平台旨在推动基础研究和技术攻关，依托高校和科研院所形成科学技术突破合力。根据吉林省产业特色和科技领域的研发现况，建立不同类别的科技创新和合作平台，如国际、国内和省域的创新平台。比如吉林省汽车产业，可以与国际先进研究机构合作建立科研平台，实现关键技术突破，以保持技术产品在国内乃至国际的领先水平，同时可以适当开拓国际技术市场。对于吉林省处于弱势的技术项

目，可以建立国内的创新合作平台。加强各类别创新平台的功能和领域布局，注重相互衔接，避免重复设立、定位不清，各类别平台间既相对独立，又互为支撑，形成开放共享、多元投入、动态调整的创新平台建设发展体系。

完善科技创新平台评价机制。创新平台应重视和加强内部管理，营造创新环境。建立健全科研诚信、人才引进与培养、重大事项报告、科研工作及原始科研数据档案管理制度，形成鼓励创新、宽容失败、甘于寂寞、潜心研究的良好学术氛围，通过科技资源服务平台实现科研资源共联共享，加大开放力度，加强产学研联合创新和协同创新，开展学术交流和产学研对接活动，吸引国内外高水平研究人员开展合作研究。此外，建立合理的进入和退出机制，形成良性竞争机制。

（三）聚焦创新研发高地，提高科技成果转化

推进产业园区建设，为科技成果转化提供扩散场所。净月高新区的产业竞争力不强以及治理服务能力欠缺的短板制约了科技成果转化。分散的经济形式难以造就技术规模市场。因此，吉林省应加强净月高新区、农业科技园区、化工园区等的建设，形成相关产业集聚高地，建立产业联盟组织，健全信息互通有无的体制机制，形成规模经济优势，促进产业内科技创新和自有成果转化。

连接创新实体和产业园区，打通科技成果转化通道。吉林省应加快产学研布局，建立具有创新成果的高校、科研院所与产业园区的创新链反馈回路，通过多向联合体合作模式降低创新风险。首先，基于地理临近性原则，布局创新实体和产业园区。新建产业园区可围绕具有相关技术的高校，为吸收新技术寻求知识源泉；而高校的新建校区可居于产业园区附近，尽量为技术应用提供实践场地。其次，网络降低了地理临近的重要性，可建立有效的产学研网络沟通平台。利用现有技术和产业规划，建立技术发布—产业需求—科技资源共享交互式的平台，通过高效快速的信息共享实现科技成果转化。最后，鼓励人才跨领域发展。具有科研能力的人才可以在产业园离岗创业，实现由技术专业向实业部门转换；具有企业家才能的人才可以企业技术需求为依托，提升自身技术水平或创办技术人才培养机构，实现由实业家向技术人员的身份转换。人才跨领域发展直接打

通科技成果通道，减少技术信息损失环节。

完善科学技术成果转化制度。一方面，提高科技成果转化报酬。通过建立科技成果转化薪酬制度，明确主要贡献人员获得的奖励份额，通过薪酬促进其知识产权转让，保护相关利益人的合法合规权益。另一方面，搭建资金融通平台和服务平台。通过政府支持、企业委托和金融机构投融资等多渠道争取科技成果转化资金汇集，并且建立中小企业科技成果转化风险补偿机制，降低其科技成果转化成本。搭建科技成果转化的政策服务和技术服务平台，承接先进技术成果转化的企业可享受税费减免和政策奖励政策，同时形成研发主体—转化主体—服务主体的合作平台，加快科技成果转化速度。

四 突破区域发展屏障，畅通双循环通道

（一）形成点—线—面的吉林省全域经济均衡发展新格局

打造经济集聚点。在吉林省域内，借助"一主"（长春经济规划圈），集中优势产业和科学教育资源，推动创新要素向中心区汇集，打造以长春为核心的经济增长点，通过构建现代化产业体系和发展数字经济打造2万亿元环长春区域经济体。在市级范围内，强化园区的集聚功能。建立具有可持续的园区规划战略，合理布局园区相关产业分布，通过"生产+加工+科技"模式，聚集现代生产要素，同时避免产业园区之间可能削弱集聚能力的相互竞争。比如加强净月高新区和汽车零部件产业园区对高技术产业和汽车产业的集聚能力，扩大吉林市化学工业循环示范园区和非金属材料产业园区集聚范围。

连通产业发展线。以环长春四辽吉松工业走廊和长辽梅通白敦医药健康产业走廊"双廊"为载体，加快汽车、石化、农产品加工等传统产业改造提升，同时形成医药大健康产业集聚发展优势；以长春国家级创新创业基地和白城国家级高载能高技术基地"双基地"为支撑，构建创新技术新高地，为吉林省经济转型升级提供动力源泉；以长春—吉林一体化协同和长春—公主岭同城化协同"双协同"为方向，发挥长春核心工业区的辐射带动功能，开拓吉林市和公主岭市的经济发展新局面。

扩大交通辐射面。一方面，逐步完善省域公路网。以抵边通道、都市

圈环线通道为重点，加快构建覆盖县市的高速循环快速网，服务产业和旅游发展，完成多个项目 1000 千米以上高速公路建设。续建大蒲柴河至烟筒山、烟筒山至长春、九台至双阳等高速公路，新开工防川至珲春等多条交通要道，实现经济关键区域节点的连通。延伸普通干线支撑网，以升级"沿边路"、打通"断头路"、疏通"瓶颈路"为重点，推进普通国省干线公路提质增效。另一方面，挖掘吉林省水运服务潜力。开展绿色和生态航道建设。加快实施松花江吉林市区至雾凇岛段航道建设工程，推广使用航道生态护岸、生态护滩等新技术，改善通航条件。配合沿边开放，加大鸭绿江集安长川至安子哨段、鸭绿江临江洋鱼头至云峰大坝段航道整治。

（二）加强省际互联互通

拓展省际合作交通通道。首先，加快"北接"交通布局。为形成东北冰雪经济和黑土地农业共赢发展格局，尽快建立与黑龙江省连通的铁路网络，着力推进通辽高铁经白城至齐齐哈尔高速铁路建设，加快投入敦化至牡丹江高速铁路建设资金，并实施轴线带动发展战略。其次，完善"南连"的陆海联运通道。为了进一步畅通吉林省陆海货物联运通道，努力推动吉林省与辽宁省的路网协同发展。借助辽宁省的港口优势，加速布局长春市、四平市与辽宁省锦州港、营口港、丹东港的铁路和公路网，为吉林省尽快融入沿海经济开放带奠定基础。最后，拓展"西通"运输道路。为进一步落实吉林省和内蒙古自治区的战略合作框架协议以及物流战略联盟，积极推进始于长春途经白城西至乌兰浩特的高速公路建设，同时修建内蒙古通辽市分别至长春和长岭的高速公路和普通公路，提高吉林省与内蒙古自治区双向物流运输能力，实现东西方面区域合作。

推进省际科技协同创新。自 2017 年吉林省与浙江省对口合作以来，共发布科技成果 2300 项，省际协同有利于科技攻坚。因此，应不断加强吉林省和浙江省的深度技术合作。以省政府牵头，促进两省高校和科研院所以及龙头企业之间进行技术互助，借助于浙江省的技术优势，围绕碳达峰、碳中和、黑土地保护、粮食安全、生物多样性保护等重大战略任务开展广泛而行之有效的合作，同时深化一汽、中车长客等企业和浙江省企业技术交流，构建高水平创新链，推进创新链与产业链融合对接，让更多科技成果落地转化。此外，吉林省以中科院为纽带，与黑龙江省不断加强在基础研究领域的技术攻关。依据吉林省和黑龙江省共性资源和产业，拓展两省在现代农业、装备制造和化工材料等领域的人才交流、技术互助，共享创新平台，以期实现省际协同发展。

（三）依托"一带一路"，拓展国际市场

深度融入"中蒙俄"开放经济。中蒙俄经济走廊是中国"一带一路"倡议的北部路线，吉林省应借此路线逐步提高对外贸易，实现高水平的对外开放。蒙古和俄罗斯是吉林省拓展国际市场的重要前沿阵地。吉林省积极融入中俄蒙经济走廊既有区位优势，又有产业基础，应主动对接俄罗斯"欧亚经济联盟"和蒙古"草原之路"，借力沿中蒙俄开发开放经济带发展规划，加快吉林省与蒙古和俄罗斯的跨境经济合作，利用"滨海2号"运输通道，聚集物流、人流和信息流，以跨境口岸为节点，布局海陆空交通网络建设，增进吉林省与蒙俄两国的经济紧密度和结合度，推进农产品及加工业融合发展，形成重大装备制造和能源保障供应基地。

持续推进东北亚交流合作。吉林省东部临近朝鲜、韩国、日本以及俄罗斯，具备与东北亚国家的良好通商条件。一方面，应积极主动吸引外商投资。吉林省依据其资源和产业的比较优势，放开外资企业市场准入领域，开通绿色通道，为外商投资提供便利化的行政服务，并且提供省级财政优惠政策，同时建立负面清单制度，营造良好的公平竞争环境，进一步激发市场活力。例如，吉林省汽车产业通过与韩国、日本的成熟汽车技术融合发展，加快其改革步伐，提升其国际竞争力。另一方面，利用便利交通和区域平台开展经济和技术交流。2020年区域全面经济伙伴关系协定（RCEP）正式签署后，应发挥沿图们江鸭绿江开发开放经济带发展规划和长吉珲大通道发展规划的巨大作用，利用一体化的交通网络并通过享受关税红利，扩大企业对外产品和技术贸易规模。

参考文献

一 著作类

《资本论》，人民出版社 2004 年版。

《共产党宣言》，中央编译出版社 2005 年版。

《邓小平文选》，人民出版社 1993 年版。

高培勇：《经济高质量发展理论大纲》，人民出版社 2020 年版。

国家统计局：《全面建设小康社会统计监测方案》，（国统字〔2008〕77 号）。

伍斌、魏庆华：《中国滑雪产业发展报告》，社会科学文献出版社 2019 年版。

易昌良：《2015 中国发展指数报告："创新协调绿色开放共享"新理念、新发展》，经济科学出版社 2016 年版。

张五常：《中国的经济制度》，中信出版社 2009 年版。

中共中央宣传部：《习近平总书记系列重要讲话读本》，学习出版社 2014 年版。

[德] 弗里德里希·李斯特：《政治经济学的国民体系》，陈万煦译，商务印书馆 2009 年版。

[美] 约瑟夫·熊彼特：《经济发展理论》，何畏、易家祥译，商务印书馆 1990 年版。

[美] 迈克尔·波特：《国家竞争优势》，李明轩、邱如美译，华夏出版社 2002 年版。

[美] 罗斯托：《经济增长理论史》，陈春良等译，浙江大学出版社 2016 年版。

［英］大卫·休谟：《休谟经济论文选》，陈玮译，商务印书馆 1984 年版。

［英］大卫·李嘉图：《政治经济学及赋税原理》，郭大力、王亚南译，商务印书馆 2021 年版。

［英］马尔萨斯：《人口原理》，朱泱、胡企林、朱和中译，商务印书馆 1992 年版。

［英］亚当·斯密：《国富论》，郭大力、王亚南译，商务印书馆 2015 年版。

［英］约翰·穆勒：《政治经济学原理》，赵荣潜等译，商务印书馆 2009 年版。

二　期刊类

边境：《吉林依托西部生态优势　迈出绿色发展步伐》，《中国水利》2020 年第 24 期。

卞元超、白俊红：《"为增长而竞争"与"为创新而竞争"——财政分权对技术创新影响的一种新解释》，《财政研究》2017 年第 10 期。

蔡昉：《万物理论：以马尔萨斯为源头的人口—经济关系理论》，《经济思想史学刊》2021 年第 2 期。

蔡之兵、张可云：《区域发展的逻辑及启示》，《教学与研究》2015 年第 11 期。

钞小静、任保平：《中国经济增长质量的时序变化与地区差异分析》，《经济研究》2011 年第 4 期。

钞小静、薛志欣：《新时代中国经济高质量发展的理论逻辑与实践机制》，《西北大学学报》（哲学社会科学版）2018 年第 6 期。

陈景华、陈姚、陈敏敏：《中国经济高质量发展水平、区域差异及分布动态演进》，《数量经济技术经济研究》2020 年第 12 期。

陈友华：《全面小康社会建设评价指标体系研究》，《社会学研究》2004 年第 1 期。

程承坪：《高质量发展的根本要求如何落实》，《国家治理》2018 年第 5 期。

丁宝君：《东北地区玉米深加工产业存在的问题、原因及对策》，《农业经济》2009 年第 11 期。

丁声俊:《站在新时代高度认识农业粮食高质量发展》,《价格理论与实践》2018 年第 1 期。

丁涛、胡汉辉:《创新驱动经济高质量发展分析——以中美贸易战为背景》,《技术经济与管理研究》2019 年第 12 期。

杜宇玮:《高质量发展视域下的产业体系重构:一个逻辑框架》,《现代经济探讨》2019 年第 12 期。

《奋力谱写新时代吉林振兴发展新篇章》,《人民日报》2021 年 5 月 12 日第 9 版。

封凯栋:《百年变局中的国家创新系统》,《中国科技论坛》2021 年第 6 期。

冯志峰:《供给侧结构性改革的理论逻辑与实践路径》,《经济问题》2016 年第 2 期。

付作伟、高明通、王国林:《浅谈松原市防沙治沙示范区建设》,《中国工程咨询》2016 年第 12 期。

辜胜阻等:《创新驱动与核心技术突破是高质量发展的基石》,《中国软科学》2018 年第 10 期。

顾海良:《新发展理念与当代中国马克思主义经济学的意蕴》,《中国高校社会科学》2016 年第 1 期。

郭凯明、颜色、李双潞:《结构转型、生育率选择与人口转变》,《世界经济》2021 年第 1 期。

全面建设小康社会统计监测课题组:《中国全面建设小康社会进程统计监测报告(2011)》,《调研世界》2011 年第 12 期。

国家统计局调研组等:《和谐社会统计监测指标体系研究》,《统计研究》2006 年第 5 期。

国务院发展研究中心管理世界杂志社等:《1991 年 188 个地级以上城市经济社会发展水平评价》,《管理世界》1992 年第 6 期。

何红光、宋林、李光勤:《中国农业经济增长质量的时空差异研究》,《经济学家》2017 年第 7 期。

何立峰:《大力推动高质量发展积极建设现代化经济体系》,《宏观经济管理》2018 年第 7 期。

洪银兴:《再论产业化创新:科技创新和产业创新的衔接》,《经济理论与经济管理》2016年第9期。

洪银兴：《准确认识供给侧结构性改革的目标和任务》，《中国工业经济》2016年第6期。

胡鞍钢、周绍杰、任皓：《供给侧结构性改革——适应和引领中国经济新常态》，《清华大学学报》（哲学社会科学版）2016年第2期。

扈春荣、刘啸：《冬奥会背景下河北省冰雪产业发展的优劣势分析》，《体育世界》（学术版）2019年第6期。

黄莉芳、吴福象：《双循环大背景下中国制造业的国际贸易格局演变：事实与启示》，《兰州学刊》2021年第11期。

黄阳华：《战后发展经济学的三次范式转换——兼论构建迈向高质量发展的发展经济学》，《政治经济学评论》2020年第2期。

《吉林市冰雪产业发展纪实》，《吉林日报》2019年3月25日。

《坚持新发展理念深入实施东北振兴战略》，《瞭望》2020年第30期。

简新华、聂长飞：《中国高质量发展的测度：1978—2018》，《经济学家》2020年第6期。

蒋抒博：《吉林省冰雪产业发展现状及对策研究》，《税务与经济》2019年第1期。

金碚：《关于"高质量发展"的经济学研究》，《中国工业经济》2018年第4期。

金英姬：《新时代我国国家经济发展方式的选择——自由的市场经济vs协调的市场经济》，《上海经济研究》2021年第9期。

金铸：《区域经济政策的演化经济学思考》，《现代管理科学》2013年第2期。

李帮喜等：《生产结构、收入分配与宏观效率——一个马克思主义政治经济学的分析框架与经验研究》，《经济研究》2019年第3期。

李金昌、史龙梅、徐蔼婷：《高质量发展评价指标体系探讨》，《统计研究》2019年第1期。

李娟伟、任保平：《重庆市经济增长质量评价与分析》，《重庆大学学报》（社会科学版）2014年第3期。

李克强：《全面建成小康社会新的目标要求》，《人民日报》2015年11月6日第3版。

李猛:《新发展理念:全面建成社会主义现代化强国的方法论创新》,《江苏社会科学》2021年第5期。

李伟:《我国有能力有条件长期保持高质量发展的良好态势》,《求是》2018年第16期。

李义平:《我们为什么选择了社会主义市场经济》,《南方经济》2021年第8期。

李政、王晓明:《吉林省创新驱动高质量发展的现实基础与主要路径》,《创新科技》2020年第4期。

梁闯:《农安:交出高质量发展的新时代答卷》,《长春日报》2021年1月12日。

林毅夫:《新结构经济学——重构发展经济学的框架》,《经济学》(季刊)2010年第1期。

林兆木:《关于我国经济高质量发展的几点认识》,《人民周刊》2018年第2期。

刘建丽:《新中国利用外资70年:历程、效应与主要经验》,《管理世界》2019年第11期。

刘涛:《现代农业产业体系建设路径抉择——基于农业多功能性的视角》,《现代经济探讨》2011年第1期。

刘志彪:《理解高质量发展:基本特征、支撑要素与当前重点问题》,《学术月刊》2018年第7期。

刘志彪:《理解高质量发展:基本特征、支撑要素与当前重点问题》,《学术月刊》2018年第7期。

刘志彪:《理解高质量发展:基本特征、支撑要素与当前重点问题》,《学术月刊》2018年第7期。

刘志彪、凌永辉:《结构转换、全要素生产率与高质量发展》,《管理世界》2020年第7期。

吕薇:《打造高质量发展的制度和政策环境》,《经济日报》2018年4月27日第14版。

麻智辉:《推动江西经济高质量发展的重点和路径》,《江西日报》2018年4月16日第B3版。

慕晶、李可夫等:《农作物深加工对农业经济的影响探析》,《种子科技》

2021 年第 17 期。

牛桂敏、王会芝：《生态文明视域下我国经济社会发展评价体系研究》，《理论学刊》2015 年第 5 期。

齐心、梅松：《大城市和谐社会评价指标体系的构建与应用》，《统计研究》2007 年第 7 期。

钱学锋、刘钊、陈清目：《多层次市场需求对制造业企业创新的影响研究》，《经济学动态》2021 年第 5 期。

曲玥：《制造业劳动生产率变动及其源泉——基于中国2000—2007 年规模以上制造业企业数据的估算》，《经济理论与经济管理》2010 年第 12 期。

任保平：《新时代高质量发展的政治经济学理论逻辑及其现实性》，《人文杂志》2018 年第 2 期。

任晓：《高质量发展之钥》，《温州人》2021 年第 9 期。

邵腾伟、丁忠民：《科学发展观的评价指标体系构建》，《西南农业大学学报》（社会科学版）2006 年第 2 期。

史琳琰、胡怀国：《高质量发展与居民共享发展成果研究》，《经济与管理》2021 年第 5 期。

宋林飞：《中国小康社会指标体系及其评估》，《南京社会科学》2010 年第 1 期。

宋明顺等：《经济发展质量评价体系研究及应用》，《经济学家》2015 年第 2 期。

孙金山、李钢、汪勇：《中国潜在增长率的估算:人力资本变化的视角》，《中国人口·资源与环境》2021 年第 7 期。

孙祁祥、周新发：《科技创新与经济高质量发展》，《北京大学学报》（哲学社会科学版）2020 年第 3 期。

陶长琪、彭永樟：《从要素驱动到创新驱动:制度质量视角下的经济增长动力转换与路径选择》，《数量经济技术经济研究》2018 年第 7 期。

王嵩、范斐、卢飞：《国内大循环、国际大循环与区域高质量发展》，《统计与决策》2021 年第 19 期。

吴秀坤、袁福珍：《构建冰雪文化全产业链》，《吉林日报》2021 年 3 月 21 日。

伍斌、魏庆华:《中国滑雪产业发展报告》,社会科学文献出版社 2019 年版。

肖宏伟:《我国全面建成小康社会评价指标体系研究》,《发展研究》2014 年第 9 期。

徐康宁:《当代世界经济重大变革的政治经济学分析》,《江海学刊》2020 年第 1 期。

徐现祥等:《中国经济增长目标的选择:以高质量发展终结"崩溃论"》,《世界经济》2018 年第 10 期。

徐一石:《基于 SWOT 分析的吉林市冰雪经济发展策略》,《中国集体经济》2021 年第 19 期。

徐赟:《选准推动高质量发展的着力点》,《中国改革报》2018 年 2 月 5 日第 2 版。

许经勇:《刘易斯二元经济结构理论与我国现实》,《吉首大学学报》(社会科学版) 2012 年第 1 期。

颜色、郭凯明、杭静:《需求结构变迁、产业结构转型和生产率提高》,《经济研究》2018 年第 12 期。

杨伟民:《解读中国经济高质量发展理念内涵》,《全球商业经典》2018 年第 2 期。

杨晓艳:《查干湖生态保护和发展生态旅游纪实》,《吉林日报》2020 年 9 月 24 日。

杨新洪:《"五大发展理念"评价指标体系构建——以深圳市为例》,《调研世界》2017 年第 7 期。

杨勇、李忠民:《供给侧结构性改革背景下的要素市场化与工业全要素生产率——基于 31 个地区的实证分析》,《经济问题探索》2017 年第 2 期。

尹艳秀、庞昌伟:《中国共产党生态文明建设百年探索的演进逻辑》,《青海社会科学》2021 年第 4 期。

余平:《吉林省玉米深加工业的发展及面临的挑战》,《吉林工商学院学报》2009 年第 3 期。

岳富荣:《不断开创新时代吉林振兴发展新局面——访吉林省委书记巴音朝鲁》,《人民日报》2018 年 4 月 4 日第 2 版。

张彩霞:《河北省区域经济评价研究——基于科学发展观视角》,《河北经贸大学学报》2011年第3期。

张德存:《和谐社会评价指标体系的构建》,《统计与决策》2005年第21期。

张海军、岳华:《科技创新投入、金融发展与经济增长——基于门槛模型的实证分析》,《贵州社会科学》2019年第3期。

张海鹏:《中国城乡关系演变70年:从分割到融合》,《中国农村经济》2019年第3期。

张晗、李平:《冬奥会背景下河北冰雪经济可持续发展的策略选择》,《商业经济》2021年第3期。

张红玉:《查干湖扎实走好保护生态和发展生态旅游相得益彰之路纪实》,《吉林日报》2020年9月18日。

张竞、徐敏:《吉林市冰雪产业发展现状与政策进路》,《北华大学学报》(社会科学版)2020年第1期。

张军扩:《高质量发展怎么看、怎么干?》,《经济日报》2018年2月1日第14版。

张军扩等:《高质量发展的目标要求和战略路径》,《管理世界》2019年第7期。

张涛:《高质量发展的理论阐释及测度方法研究》,《数量经济技术经济研究》2020年第5期。

张小筠、刘戒骄:《新中国70年环境规制政策变迁与取向观察》,《改革》2019年第10期。

张晓黎:《净月高新区:新电商经济成发展新引擎》,《长春日报》2021年12月2日。

张永恒、郝寿义:《高质量发展阶段新旧动力转换的产业优化升级路径》,《改革》2018年第11期。

张瑜洪:《大力实施河湖连通工程 西部生态环境呈现勃勃生机》,《中国水利》2018年第4期。

赵昌文:《推动我国经济实现高质量发展》,《学习时报》2017年12月25日第1版。

赵娟:《创新驱动对经济增长形成惯性发展了吗——基于44个国家的研

究》,《广东财经大学学报》2021年第5期。

赵紫燕:《中国的全面小康指数——指标体系建构及综合评价》,《国家治理》2016年第32期。

郑魁浩、张红营:《区域经济综合评价及评价指标体系的设置》,《当代经济科学》1990年第6期。

钟钰:《向高质量发展阶段迈进的农业发展导向》,《中州学刊》2018年第5期。

周长城、谢颖:《科学发展综合指标评价体系构建研究》,《理论月刊》2008年第10期。

周文、李思思:《高质量发展的政治经济学阐释》,《政治经济学评论》2019年第4期。

周永道、孟宪超、喻志强:《区域综合发展的"五位一体"评价指标体系研究》,《统计与信息论坛》2018年第5期。

朱乐尧:《区域经济发展效果的宏观评价》,《数量经济技术经济研究》1989年第9期。

朱启贵:《建立推动高质量发展的指标体系》,《文汇报》2018年2月6日第12版。

朱启贵:《全面建成小康社会评价指标体系研究》,《人民论坛·学术前沿》2017年第4期。

朱庆芳:《社会指标的应用及评价比较实例——改革开放以来哪些地区经济社会发展速度快、水平高》,《社会学研究》1993年第2期。

邹怡琪:《黑龙江省冰雪经济发展路径研究》,《企业改革与管理》2021年第13期。

三 网络文献

《习近平在福建考察时强调 在服务和融入新发展格局上展现更大作为 奋力谱写全面建设社会主义现代化国家福建篇章》,http：//m. xinhuanet. com/2021 - 03/25/c_1127254519. htm。

伍斌:《2020中国滑雪产业白皮书（暨2020—2021雪季财年报告）》,http：//www. pinchain. com/article/250554。

《一汽红旗打造"旗智春城智能网联示范工程"》,http：//news. yongzhou. gov. cn/chanjing/2022 - 03 - 25/nXBlsfinOt3ETyT5. html。

央广网:《习近平:生态保护和生态旅游发展相得益彰》, http: // news. cnr. cn/dj/20210518/t20210518_525489687. shtml。

吉林省统计局:《松原市2019 年国民经济和社会发展统计公报》, http: // tjj. jl. gov. cn/tjsj/tjgb/ndgb/202012/t20201211_7821065. html。

吉林省统计局:《松原市2020 年国民经济和社会发展统计公报》, http: // www. jlsy. gov. cn/zwgk/sjsy/tjgb/202106/t20210611_437582. html。

陈俊、孟含琪:《"网红" 唤醒一座城——吉林松原发展 "网红经济" 新观察》, http: //www. xinhuanet. com/fortune/2020 - 11/08/c _ 1126713 125. htm。

四 英文

Abraham Harold Maslow, "A Theory of Human Motivation", *Psychological Review*, Vol. 50, No. 1, 1943.

Theodore W. Schultz, "Investment in Human Capital", *The American Economic Review*, Vol. 51, No. 1, 1961.

Paul M. Romer, "Increasing Returns and Long - Run Growth", *The Journal of Political Economy*, Vol. 94, No. 5, 1986; Gary S. Becker, Kevin M. Murphy and Robert Tamura, "Human Capital, Fertility, and Economic Growth", *Journal of Political Economy*, Vol. 98, No. 5, 1990.

Erik S. Reinert, "The Role of the State in Economic Growth", *Journal of Economic Studies*, Vol. 26, No. 4/5, 1999.

Daron Acemoglu, Simon Johnson and James Robinson, "The Rise of Europe: Atlantic Trade, Institutional Change, and Economic Growth", *The American Economic Review*, Vol. 95, No. 3, 2005.